Effective C#

강력한 C# 코드를 구현하는
50가지 전략과 기법

빌 와그너 **지음**
김명신 **옮김**

Addison-Wesley 한빛미디어 Hanbit Media, Inc.

이펙티브 C#

강력한 C# 코드를 구현하는 50가지 전략과 기법

초판 1쇄 발행 2007년 01월 11일
3판 1쇄 발행 2017년 11월 06일
3판 4쇄 발행 2022년 08월 10일

지은이 빌 와그너 / **옮긴이** 김명신 / **펴낸이** 김태헌
펴낸곳 한빛미디어(주) / **주소** 서울시 서대문구 연희로2길 62 한빛미디어(주) IT출판부
전화 02-325-5544 / **팩스** 02-336-7124
등록 1999년 6월 24일 제25100-2017-000058호 / **ISBN** 979-11-6224-003-8 93000

총괄 전정아 / **책임편집** 서현 / **기획 · 편집** 박지영 / **교정** 홍성신 / **진행** 정지수
디자인 표지 • 내지 김연정 전산편집 이경숙
영업 김형진, 김진불, 조유미 / **마케팅** 박상용, 송경석, 한종진, 이행은, 고광일, 성화정 / **제작** 박성우, 김정우

이 책에 대한 의견이나 오탈자 및 잘못된 내용에 대한 수정 정보는 한빛미디어(주)의 홈페이지나 아래 이메일로 알려주십시오. 잘못된 책은 구입하신 서점에서 교환해 드립니다. 책값은 뒤표지에 표시되어 있습니다.

한빛미디어 홈페이지 www.hanbit.co.kr / 이메일 ask@hanbit.co.kr

말린, 끊임없이 새로운 영감을 주고

우리가 함께해야 할 일을 늘 도맡아 해주는 당신께

지은이 · 옮긴이 소개

지은이 **빌 와그너** Bill Wagner

일리노이 대학에서 컴퓨터 과학을 전공했고 현재 마이크로소프트의 .NET Core 콘텐츠 팀에서 .NET 관련 교육 자료를 작성하는 업무를 담당하고 있다. 세계 최고의 C# 전문가 중 한 명이며 ECMA C# 표준 위원회의 멤버이기도 하다. 휴매니테리언 툴박스(Humanitarian Toolbox)의 대표이자 마이크로소프트 지역 디렉터인 동시에 11년간 .NET 분야의 MVP이기도 하다. 최근에는 .NET Foundation 자문 위원으로 위촉되었다. 스타트업부터 대기업에 이르기까지 다양한 기업의 개발 프로세스를 개선하고 개발팀을 성장시키는 일을 돕고 있다. 앞서 『Effective C#』의 1판과 2판을 출간한 바 있다.

옮긴이 **김명신** himskim@msn.com, facebook/twitter : himskim

마이크로소프트의 기술을 더 많은 사람이 올바르게 이해하고 사용하기를 바라는 마음으로 한국마이크로소프트의 수석 에반젤리스트로 일하고 있다. 이전에는 마이크로소프트의 아태지역 글로벌 핵심 개발자 지원팀 수석 엔지니어였으며 다년간 C++와 C# 분야의 마이크로소프트 MVP이기도 했다. 클라우드, 분산 컴퓨팅 아키텍처, 대용량 네트워크 프로그래밍, 프로그래밍 방법론, 소프트웨어 공학 등 다양한 분야에 두루 관심이 많고, 다양한 개발자 콘퍼런스에 단골 발표자로 참가하고 있어서 쉽사리 만나볼 수 있는 쉬운 남자다.

바이크에 심취하여 잠시 일탈을 꿈꿨으나 좌절하고, 최근에는 해양 스포츠를 넘보고 있다. 당장 필요하지도 않은 개발 공부야말로 인생에서 포기할 수 없는 마지막 사치라고 터무니없는 주장을 하는 그는 "내일부터 운동해야지"라는 말을 15년째 반복하고 있으며, 최근에는 35년간 공부한 내용을 어디에다가 써먹을 수 있을지 다시금 고민을 시작했다. 『Advance C Programming』, 『Unix System V』 등을 집필했고 『Effective C#(1판)』, 『제프리 리처의 Windows via C/C++』(이상 한빛미디어), 『제프리 리처의 CLR via C#』, 『마스터링 Microsoft Azure IaaS』, 『Microsoft Azure 에센셜』(이상 BJ퍼블릭) 등을 번역했다.

새로운 기술이 하루가 다르게 출시되고, 온갖 버즈워드가 세상을 집어삼킬 듯이 등장하는 세상이다. 전문가를 자처하는 수많은 사람이 새로운 기술이 어떻게 세상을 혁명적으로 변화시킬 것인지를 힘주어 설파하지만, 그런 기술 대부분이 존재하였다는 흔적조차 남기지 못하고 사라지곤 한다. 이처럼 소용돌이치는 변화의 중심에서 오랫동안 하나의 기술이 진화하고 발전하는 모습을 지켜보는 것은 마치 아이의 성장을 바라보는 것만큼이나 기특하고 흐뭇하다.

2002년 첫 출시 이후로 C# 또한 참으로 많이 바뀌었다. 개발자 편의를 위해 기능이 추가되기도 하고, 다른 언어의 장점을 수용하기 위해 변경된 부분도 있다. 잘 쓰이지 않는 부분은 자연스럽게 도태되고, 부족한 부분은 개선되었다. .NET Framework는 .NET Core로 진화하였고, 이제 윈도우 운영체제의 종속성을 벗어나 리눅스를 포함한 다양한 운영체제를 포괄할 수 있게 되었다. 모바일 분야에서도 C#을 이용하여 앱을 개발하는 개발자가 늘어나는 추세다. 이처럼 변화하고 발전하는 것이 언어이고 환경일 것이다. C#의 변화에 발맞추기 위해서 이 책 또한 제목을 제외하고는 거의 같은 내용을 찾아볼 수 없을 만큼 많은 부분이 바뀌거나 새롭게 쓰였다.

역자로서 이 책의 첫 번째 번역서를 출간한 지 10년 만에 세 번째 판본의 번역서를 또다시 출간하게 되었다. 역자 대부분이 그러하듯, 좀 더 많은 개발자가 한글로 편하게 기술 서적을 읽었으면 하는 바람으로 번역을 시작하였지만, 그 결과물을 접하고 나니 또다시 부끄러워진다. 하지만 좋은 책 한 권을 후배에게 추천하듯 가벼운 마음으로 출간하려 한다. 부디 책을 읽는 동안만이라도 행복한 개발자가 되시길 기원한다.

많은 분께 감사의 말씀을 전한다. 먼저 이 책을 기획하고 마지막까지 최선을 다해 부족한 역자를 도와주신 한빛미디어의 박지영 님께 감사드린다. 저희 팀의 수다쟁이 탱[김태영], 쫑[성지용], 빽[백승주], 홍[최한홍]에게도 감사의 말씀을 전한다. 하지만 텔레그램에 읽지 않은 글 365는 견디기 힘들었다.

가족은 모든 힘의 원천이다. 묵묵히 남편의 빈자리를 메워주는 아내 미영, 똘똘이 스머프 같은 찬우, 항상 웃음 가득한 선우에게도 고맙다는 말을 꼭 전하고 싶다. 소고기 먹으러 가자.

추천사

1990년대 중반부터 자바로 많은 개발업무를 수행해온 나는 2000년대 후반에 들어서 본격적으로 C#을 익혔다. 아마 3.5 버전이었을 텐데 매우 신선했다. 2000년대 초반에 1.0 버전이 나왔을 때 C#은 자바를 흉내낸 언어에 불과했다. 하지만 2000년대 후반에는 이미 발전이 정체된 자바를 뛰어넘었다. C#은 자바의 닮은꼴로 시작했지만 지금은 스칼라와 더 많은 공통점을 가지고 있을 정도로 진보를 거듭했다. 스칼라를 만든 마틴 오더스키가 스칼라를 발전시키는 과정에서 C#의 영향을 일부 받았다고 밝혔을 정도다.

나는 C# 5.0이 등장한 2013년을 전후해서 스칼라를 주로 사용하게 되었고, 따라서 2017년에 발표된 7.0은 물론 2015년에 발표된 6.0의 기능조차 제대로 알고 있지 못하다. 로슬린 컴파일러나 async-await 정도가 내가 기억하는 C#의 마지막 혁신이다. 이 책은 바로 나처럼 C# 6.0 이후의 언어적 특성이 궁금한 사람이 읽으면 좋은 책이다. 유명한 'Effective(이펙티브)' 시리즈물의 장점도 생생하게 살아있다.

처음 C#을 공부하던 시절 내가 좋아한 저자가 3명 있었다. 그들의 이름은 빌 와그너Bill Wagner, 조셉 알바하리Joseph Albahari, 그리고 존 스키트Jon Skeet였다. 와그너는 물론 이 책을 쓴 저자다. 조셉 알바하리는 오라일리에서 나오는 C# 책의 저자인데 그가 만든 링큐패드LINQPad라는 편집기를 가지고 많은 학습용 코드를 작성했던 기억이 있다. 존 스키트는 설명이 필요없는 업계의 고수다. 스택오버플로에서 최고의 포인트를 보유하고 있는 그는 일반 대중이 척 노리스를 주인공으로 농담을 만들어내는 것처럼 프로그래머 사이에서 존 스키트 농담의 대상으로 이용된다. "존 스키트는 0으로 나눌 수 있다"는 식의 농담이다.

그 무렵에 닷넷락스.NETRocks!라는 팟캐스트 방송을 열심히 들었는데, 앞의 세 명은 종종 방송에 등장해서 C#을 공부하는 사람들에게 많은 도움과 영감을 주었다. var 키워드를 놓고 와그너와 스키트는 가벼운 논쟁을 벌이기도 했다. 나는 미국에서 일했기 때문에 이런 저자들의 글과 말을 모두 영어로 소비했다. 세 사람은 영어로 표현하는 방식이 매우 간결하고 이해하기 쉽다는 공통점을 가지고 있다. 내가 세 사람을 특별히 좋아하는 이유다. 기술적으로 심오한 이야기는 조금만 잘못해도 씹을 수 없을 정도로 딱딱하게 굳기 마련이다. 그걸 부드럽게 풀어서 다른 사람이 소화하기 편하게 만들어주는 능력에 커다란 가치를 부여하는 나로서는 특히 와그너의 'Effective' 시리즈가 최고다.

와그너의 책을 우리말로 번역한 버전은 이번에 처음 읽었다. 그리고 놀랐다. 번역이 부드럽게 잘 되어 있어서 원서로 읽을 때보다 내용이 더 잘 이해되는 것이다. 번역 자체가 가지고 있는 한계 때문에 영어권에서 생활하는 사람에게 원서보다 역서가 더 잘 읽히는 경우는 드물다. 그 어려운 일을 김명신 역자가 해낸 것이다. 그럴 수 있는 것이, 김명신 역자는 그냥 역자가 아니라 국내에서 닷넷 기술과 관련해 최고봉을 다툴 정도로 조예가 깊은 사람이기 때문이다. 빌 와그너라는 걸출한 저자와 김명신이라는 뛰어난 프로그래머 역자의 조합은 독자에게 좀처럼 만나기 어려운 축복이다. 이 정도 조합이면 닷넷 기술을 쓰지 않는 사람이라고 해도 이 책은 무조건 읽어야 옳다. 이 책을 읽고 나면 프로그래밍 실력이 두 눈금 정도 향상될 것이다. 내 이름을 걸고 약속한다.

우면동에서, 임백준

오랜만에 출간되는 C# 관련 Effective 서적이다. 10여 년 전에 출간된 『Effective C#(1판)』과 마찬가지로 알아두면 쓸모있는 재치있는 팁들로 채워져 있다. 물론 Effective 시리즈답게 이제 막 개발을 시작하는 이들에게는 다소 어려울 수 있는 내용이겠지만, 이미 C#을 사용하고 있는 개발자라면 상당히 도움될 만한 흥미로운 팁들로 잔뜩 채워져 있다. 특히 성능과 효율을 고려하면서 우아한 코딩을 하고 싶은 개발자라면 이 책에서 설명하는 다양한 기법이 좋은 팁이 될 것이다. 또한, 예상보다 읽기에 그렇게 부담스러운 서적은 아니기에 '오홍~' 하면서 편하게 읽어볼 수 있을 듯하며, 어쩌면 읽을 때마다 새로운 깨달음을 얻을 수도 있다. 그렇기에 여력이 된다면 시간을 두고 천천히 여러 번 보시기를 조심스럽게 권해본다.

김태영(Taeyo)

개발자라면 항상 효율과 생산성 측면에서 수많은 고민을 거듭하게 된다. 통상은 같은 개발 언어와 플랫폼을 사용하는 다른 개발자들과의 소통을 통하여 고민거리를 공유하고 조언이나 경험담을 통하여 문제를 해결하거나 고민을 해소하게 된다. 아마도 개발자들이 커뮤니티, 콘퍼런스와 개발 서적 등에 목말라 하는 이유가 거기에 있지 않을까 하는 생각이 든다. 안타깝게도 국내에서는 이러한 고민의 무게를 덜어줄 수 있는 전문 개발 서적은 전혀 없다시피 하다. 이런 환경에 비추어보면, 『Effective C#』의 세 번째 개정판 출간은 매우 놀랍고도 환영할 만한 일이다. 게다가 C# 전문가인 김명신 님의 훌륭한 번역까지 더해졌으니 더할 나위 없다. 한 걸음 더 나아가고자 하는 개발자들에게 일독을 권한다.

광화문에서, 성지용

들어가며

이 책을 처음 출간한 2004년 당시와 지금은 여러 가지 면에서 큰 차이가 있다. 그간 C# 커뮤니티는 폭발적으로 성장했으며 수많은 개발자가 자신의 주요 언어로 C#을 사용하고 있다. 이들은 더 이상 기존 언어를 구사하는 방식으로 C# 프로그램을 개발하지 않는다. 해를 거듭하면서 C# 커뮤니티는 새로운 경험을 축적하고 있으며 새롭게 C#에 입문하는 개발자들도 그간의 경험을 발판 삼아 빠르게 전문가로서의 입지를 다져가고 있다. C#을 이용하면 서버, 웹 사이트, 데스크톱, 모바일에 이르기까지 다양한 플랫폼에서 수행되는 응용프로그램을 개발할 수 있다.

이번 개정판을 준비하면서 언어적인 변화뿐 아니라 C# 커뮤니티에서 논의됐던 기술적인 경험들을 녹여내고 싶었다. 역사적으로 C#이 어떻게 변경되고 발전되어 왔다는 내용을 다루기보다는 최신 C#을 어떻게 사용할지에 대한 조언을 담고 싶었다. 이전 판에서는 다뤘지만 더 이상 유용하지 않다고 생각되는 항목들은 과감히 제거했고, C#과 .NET Framework에 새롭게 추가된 내용과 C# 커뮤니티의 축적된 경험을 정리하여 새로운 항목을 구성했다. 필자의 또 다른 책인『More Effective C#』을 읽어본 독자라면 일부 동일한 내용이 포함되어 있다는 것을 알 것이다. 하지만 훨씬 더 많은 항목을 새롭게 추가했다. 전체적으로 진일보한 전문 C# 개발자가 되기 위해 반드시 필요한 50가지 추천 항목으로 구성했다.

이 책은 독자가 C# 6.0 이상을 사용할 것이라 가정하고 있지만 언어의 최신 기능을 빠짐없이 소개하는 책은 아니다. 'Effective' 소프트웨어 개발 시리즈에 속한 다른 책과 마찬가지로 이 책 또한 개발자가 일상에서 접하는 문제를 해결하는 데 실질적인 도움이 되는 기능을 중심으로 소개하고 있다. 특히 C#의 최신 기능을 이용하여 양질의 코드를 작성하는 방법을 다루고 있다. 인터넷을 검색해 해결책을 찾는 경우도 많겠지만 검색 결과가 유용하지 않거나 너무 오래 전 방식일 가능성이 많다. 이 책에서는 구체적으로 어떤 방법이 예전 기법이고, 언어의 보강된 기능을 이용하여 어떻게 동일한 문제를 더 세련되게 해결할 수 있는지도 다룬다.

이 책에서 다루는 다양한 지침들은 Roslyn을 기반으로 작성된 분석기와 Code Fix를 이용하여 자동 검출할 수 있다. 관련 소스는 다음 주소에서 확인할 수 있다.

- https://github.com/BillWagner/EffectiveCSharpAnalyzers

새로운 아이디어가 있거나 기여하고 싶은 부분이 있다면 언제든 풀 리퀘스트pull request를 보내주기 바란다.

이 책의 대상 독자

이 책은 C#을 주요 언어로 사용하는 전문 개발자들을 위해 쓰였으며, 이 책의 독자라면 이미 C#의 문법과 언어 기능에 대해서는 충분히 숙지하고 있을 것으로 가정했다. 이 책은 C#의 기능을 세부적으로 알려주는 책이라기보다 그러한 기능을 개발 현장에서 어떻게 적용할 수 있을지를 알려주는 책이다.

C#의 기능뿐 아니라 공용 언어 런타임Common Language Runtime, CLR과 JITJust-In-Time 컴파일러에 대해서도 일정 수준의 지식이 있을 것으로 가정하고 있다.

이 책에서 다루는 내용

1장 C# 언어 요소에서는 C#으로 개발할 때 가장 널리 사용되는 언어의 기능에 대해서 다룬다. 그리고 개발자가 반드시 알고 있어야 하는 관용적 표현에 대한 내용을 담고 있다. 새로운 타입을 작성하고 알고리즘을 구현할 때 필요한 기초 빌딩 블록에 대한 내용을 주로 이야기한다.

2장 .NET 리소스 관리에서는 세부적으로 최적화를 수행하기에 앞서 관리 환경을 어떻게 효율적으로 활용할 수 있을지에 대한 디자인 기법을 주로 다루고 있다. 관리 환경하에서 프로그램을 작성한다고 해서 개발자의 책임이 완전히 사라지지는 않는다. 일정 수준 이상의 성능을 반드시 보장해야 하는 응용프로그램을 개발하려면 성능 테스트와 성능 튜닝과는 별도로 관리 환경에 대해서도 잘 알아야 한다.

3장 제네릭 활용에서는 제네릭을 이용한 다양한 활용에 대해 학습한다. 제네릭은 C# 2.0에 추가된 기능으로 이를 이용하여 System.Object, 캐스트 연산을 대체하는 방법, 한정자, 제네릭 특수화, 메서드 한정자, 하위 호환성 확보 방안 등을 다룬다. 또한 제네릭을 이용하여 개발자의 의도를 좀 더 쉽게 드러내는 방법에 대해서도 배울 수 있을 것이다.

4장 LINQ 활용에서는 LINQ 및 쿼리 문법과 관련된 내용을 주로 다룬다. 특정 타입 내에 직접적으로 코드를 구현하지 않고 확장 메서드를 이용하여 기능을 구현하는 것이 좋은 경우에 대해 알아보고, C#의 클로저를 효율적으로 사용하는 방법과 익명 타입을 작성하는 방법에 대해서도 알아본다. 4장을 통해서 컴파일러가 쿼리 표현식을 메서드 호출 방식으로 어떻게 변환하는지, 델리게이트와 표현식 트리(그리고 상호 간에 변환하는 방법)가 어떻게 다른지, 쿼리를 통해 스칼라 값을 획득하는 것이 좋은 사례 등에 대해서도 배울 수 있을 것이다.

5장 예외 처리에서는 현대적인 C# 프로그램에서 예외와 오류를 관리하는 방법에 대한 가이드를 제시한다. 에러를 보고하는 개선된 방법과 오류 발생 시에도 프로그램의 상태를 손상시키지 않고 유지하는 방법들을 다룬다. 그리고 개발자가 디버깅을 좀 더 편리하게 수행할 수 있도록 예외를 관리하는 방법에 대해서도 배울 수 있다.

이 책의 예제 소스

전체 코드 중에 설명에 필요한 부분만을 발췌했다. 간혹 메서드만 발췌하거나 전체 클래스 중 일부를 생략한 경우도 있다. 지면을 절약하고자 에러 처리와 관련된 코드를 과감히 삭제하기도 했다. public 메서드에 대해서는 매개변수와 여타의 입력값을 포함시켰지만 세부적인 코드는 삭제한 경우도 있다. 메서드 내에서 복잡한 알고리즘을 구현할 경우 반드시 필요한 유효성 검사나 try/finally 절 등도 삭제한 경우가 있다. 모든 예제는 다음의 네임스페이스를 기본적으로 포함하고 있다고 가정해도 좋다.

```
using System;
using static System.Console;
using System.Collections.Generic;
using System.Linq;
using System.Text;
```

감사의 글

이 책을 출간할 때까지 정말 많은 이가 물심양면으로 도움을 주었다. 지난 수십 년 동안 필자는 놀라운 C# 커뮤니티의 일원으로 나름의 특권을 누려왔다고 생각한다. C# Insiders 메일링 리스트에 포함된 모든 사람(마이크로소프트 내외부의 모든 분)이 다양한 아이디어와 의견을 보내주었다.

구체적인 아이디어와 기술적인 권장 사항을 작성하는 데 직접적인 도움을 준 분들에게도 감사의 말씀을 전하고 싶다. 존 스키트Jon Skeet, 더스틴 캠벨Dustin Campbell, 캐빈 필치 비슨Kevin Pilch-Bisson, 제러드 파슨스Jared Parsons, 스콧 앨런Scott Allen, 그리고 가장 중요한 매드 토거슨Mads Torgersen이 이 책의 근간을 이루는 핵심 아이디어를 제공한 분들이다.

이번 개정판을 출간하기 위해서 기술적인 검토를 담당해준 분들에게도 감사의 말씀을 전하고 싶다. 제인슨 보크Jason Bock, 마크 마이클스Mark Michaelis, 에릭 리퍼트Eric Lippert가 본문과 예제를 검토해준 덕분에 책의 품질이 엄청나게 개선됐다. 이들의 완벽한 검토가 없었다면 이 정도 수준의 책이 출간되지 못했을 것이다. 책을 검토하면서 다양한 의견을 전달해준 덕분에 책의 내용을 좀 더 완벽하게 작성할 수 있었다.

에디슨 웨슬리Addison-Wesley 출판사는 정말 드림팀이다. 트리나 맥도널드Trina Macdonald는 환상적인 편집자일 뿐 아니라 작업을 완료할 수 있도록 지속적인 성원을 보내주었다. 마크 렌프로Mark Renfro, 올리비아 바세지오Olivia Basegio로부터도 정말 큰 도움을 받았다. 원고부터 표지까지 그들의 손길이 닿지 않은 곳이 없다. 커트 존슨Curt Johnson은 이 책과 관련된 기술 마케팅을 담당했다. 그가 선택한 책이라면 어떤 형식의 책이라도 훌륭한 성과를 만들어낸다.

스콧 마이어스Scott Meyers 시리즈의 일부로 이 책을 출간할 수 있어서 얼마나 영광스러웠는지 모른다. 스콧 마이어스는 놀랄 만큼 철저할 뿐 아니라 소프트웨어 개발 분야에서 엄청난 전문성을 가지고 있어서, 전문 분야가 C#이 아님에도 불구하고 책의 내용이 명확하지 않은 부분을 수정하고, 권고 사항을 올바르게 작성하는 데 큰 도움을 주었다. 그의 피드백은 항상 놀라움으로 가득 차 있었다.

우리 가족은 내가 이 책을 출간할 수 있도록 돕기 위해 함께할 수 있는 많은 시간을 포기해야만 했다. 아내 말린Marlene은 함께해야 하는 일을 도맡아 주었다. 그녀의 지원이 없었다면 절대 이 책을 출간할 수 없었을 것이다.

CONTENTS

CHAPTER 3 제네릭 활용

CHAPTER 4 LINQ 활용

CONTENTS

CHAPTER 1

C# 언어 요소

지금까지의 방식으로도 그럭저럭 잘 개발해온 우리에게 변화가 필요한 이유는 무엇인가? 이 질문에 대한 필자의 대답은 더 나은 개발자로 성장하기 위해서라고 생각한다. 더 생산적이며 안정적인 프로그램을 개발하기 위해서 새로운 도구와 언어를 배워야 하지 않겠는가? C#은 2001년 발표 당시 C++나 자바와 많은 부분이 닮아 있었다. 하지만 발전을 거듭하는 과정에서 완전히 다른 계통 언어들의 장점을 수용했고, 이제 그 언어의 모습 또한 이전과는 많이 바뀌었다. 이런 이유로 C++나 자바에서 사용하던 기법들을 그대로 적용하면 C#의 고유한 장점을 살릴 수 없을 뿐더러 심각한 문제 상황에 처할 수도 있다. 이미 다른 언어를 충분히 경험한 개발자더라도 C#을 새롭게 배우고자 한다면 C#의 핵심 요소를 새롭게 살펴보는 것이 좋다. 이 장에서는 바로 그러한 내용을 다룰 것이다.

아이템 1: 지역변수를 선언할 때는 var를 사용하는 것이 낫다

지역변수의 타입을 암시적으로 선언하는 것이 좋은 이유는 C# 언어가 익명 타입anonymous type을 지원하기 위해서 타입을 암시적으로 선언할 수 있는 손쉬운 방법을 제공하기 때문이다. 또한 일부 쿼리 구문의 경우 IEnumerable〈T〉를 반환하는 경우도 있지만 IQueryable〈T〉를 반환하기도 하는데, 정확한 반환 타입을 알지 못한 채 올바르지 않은 타입을 명시적으로 지정하게 되면 득보다 실이 많다. 예를 들어 IQueryable〈T〉 컬렉션을 IEnumerable〈T〉로 강제 형변환하게 되면 IQueryProvider가 제공하는 장점을 모두 잃게 된다(**아이템 42: IEnumerable<T> 데이터 소스와 IQueryable<T> 데이터 소스를 구분하라** 참조). 코드를 읽을 때도 var를 사용하여 암시적으로 변수를 선언한 코드가 더 잘 읽힌다. 코드를 읽다 보면 Dictionary〈int, Queue〈string〉〉과 같이 정확히 기술된 타입 자체보다 jobsQueuedByRegion과 같이 타입을 유추할 수 있는 변수의 이름이 더 큰 도움이 된다.

이런 여러 가지 이유로 지역변수를 선언할 때는 var를 사용하는 편이 낫다. var를 사용하면 개발자 입장에서는 변수의 타입과 같이 지엽적인 부분보다 변수의 의미 파악에 더 집중할 수 있다. 컴파일러 관점에서 살펴본다면 개발자가 특정 객체의 타입을 명시적으로 지정하지 않더라도 객체 생성에 문제가 있을 경우 오류를 보고할 수 있다. 타입을 명시적으로 지정할 경우 타입 안정성이 향상될 것이라 생각하지만 이 또한 사실이 아니다. 앞서 살펴본 IQueryable〈T〉와 IEnumerable〈T〉의 예와 같이 개발자가 올바르게 타입을 지정하지 않으면 오히려 타입 안정성을 해치는 꼴이 될 수도 있다.

지역변수에 대한 타입 추론이 C#의 고유 특성이라 할 수 있는 정적 타이핑static typing을 훼손하는 것은 아니다. 이를 이해하려면 먼저 지역변수에 대한 타입 추론과 동적 타이핑dynamic typing이 서로 다른 것임을 알아야 한다. C#에서 특정 변수를 var로 선언하면 동적 타이핑이 수행되는 것이 아니라 할당 연산자 오른쪽의 타입을 확인하여 왼쪽 변수의 타입을 결정하게 된다. 컴파일러에게 변수의 타입을 명시적으로 알려주지 않아도 개발자를 대신하여 올바른 타입을 추론해 주는 것이다.

타입을 명시적으로 지정하면 잘못된 동작을 미연에 방지하는 효과가 있을 때도 있다(**아이템 42: IEnumerable<T> 데이터 소스와 IQueryable<T> 데이터 소스를 구분하라** 참조). 하지만 대체로 var를 사용하여 컴파일러에게 적절한 타입을 선택하도록 위임하는 편이 더 나은 결과를 보여줄 때가 많다. 간혹 var를 과도하게 사용한 나머지 코드의 가독성을 해치는 경우도 있고, 내부적으로 이루어지는 자동 타입 변환 과정으로 인해 발견하기 어려운 버그를 만들 경우도 없지 않다.

가독성 문제를 유발하는 몇 가지 예를 살펴보자. 지역변수를 초기화할 때 var를 사용하는 경우는 비교적 문제를 일으킬 여지가 적다.

```
var foo = new MyType();
```

경험 있는 개발자라면 앞의 예에서 foo가 어떤 타입으로 추론될지 쉽게 짐작할 수 있을 것이다. 팩토리 메서드factory method를 사용하는 경우에도 지역변수가 어떤 타입으로 추론될지 어렵지 않게 유추할 수 있다.

```
var thing = AccountFactory.CreateSavingsAccount();
```

이와는 달리 메서드 이름만으로는 반환 타입을 짐작하기 어려운 경우도 있다.

```
var result = someObject.DoSomeWork(anotherParameter);
```

물론 이 예제는 조금 작위적이다. 실제 코드 작성 시에는 이보다 훨씬 명확하게 메서드의 이름을 지을 것이며 또한 반드시 그래야만 한다. 하지만 이 경우에도 변수명을 조금 달리하면 그 의미를 더 명확하게 드러낼 수 있다.

```
var HighestSellingProduct = someObject.DoSomeWork(anotherParameter);
```

이 코드에는 타입과 관련된 정보가 없지만 HighestSellingProduct라는 변수 이름을 통해서 Product 타입임을 미루어 짐작할 수 있다.

물론 DoSomeWork를 어떻게 작성했는지에 따라 HighestSellingProduct 변수가 Product 타입이 아닐 수도 있다. 실제로는 Product를 상속한 다른 타입일 수도 있고, Product 타입이 구현한 인터페이스일 수도 있을 것이다. 하지만 어느 경우라도 컴파일러는 DoSomeWork의 정의에 부합하도록 HighestSellingProduct의 타입을 추론한다.

이처럼 var를 이용하여 특정 메서드의 반환값을 저장할 변수를 선언할 경우 코드를 읽기가 조금 어려울 수 있다. 코드를 읽는 동안 개발자는 변수의 타입을 특정 타입으로 가정하고 코드를 읽게 될 텐데 대부분 런타임의 타입으로 가정하는 경우가 많다. 하지만 현재의 C# 컴파일러는 런타임에 객체가 어떤 타입이 될지를 추론할 만큼 훌륭하지 않아서 단순히 컴파일타임 타입과 메서드의 원형을 기반으로 변수의 타입을 추론할 뿐이다. 따라서 앞의 예제의 경우에도 런타임에 HighestSellingProduct의 타입이 Product인지는 사실 고려 대상조차 되지 못한다.

타입을 명시적으로 기술한 코드를 읽는 경우에는 눈으로 타입을 직접 확인할 수 있지만, var를 사용한 경우에는 어떤 타입으로 추론될지를 직접 눈으로 확인할 수는 없다. 가끔은 개발자가 짐작한 타입과 컴파일러가 실제로 추론한 타입이 달라서 문제가 되는 경우도 있다. 이로 인해 미묘한 버그가 발생할 수 있으며 이 경우 코드 수정이 쉽지 않다.

이에 대한 예로 내장 숫자 타입과 var를 함께 사용한 경우를 살펴보자. 내장된 숫자 타입들 간에는 다양한 변환 연산이 자동으로 수행된다. float에서 double로의 변환과 같이 확대 변환은 항상 안전하게 수행된다. 반면 long에서 int로의 변환과 같이 축소 변환은 정밀도에 손실이 발생한다. 숫자를 저장할 변수의 타입을 명시적으로 선언하면 변환 과정에서 발생할 수 있는 위험성을 컴파일러가 사전에 경고한다.

다음 코드를 살펴보자.

```
var f = GetMagicNumber();
var total = 100 * f / 6;
Console.WriteLine($"Declared Type: {total.GetType().Name}, Value: {total}");
```

total은 무슨 타입일까? total의 정확한 타입은 GetMagicNumber() 메서드의 반환 타입에 의해 결정될 것이므로 GetMagicNumber()의 반환 타입을 5가지 경우로 바꿔가며 그 결과를 출력했다.

```
Declared Type: Double, Value: 166.666666666667
Declared Type: Single, Value: 166.6667
Declared Type: Decimal, Value: 166.66666666666666666666666667
Declared Type: Int32, Value: 166
Declared Type: Int64, Value: 166
```

이러한 차이는 컴파일러가 f 변수의 타입을 추론하는 방식으로부터 기인한다. 컴파일러는 GetMagicNumber() 메서드의 반환 타입으로 f의 타입을 결정한다. total 계산 시에 사용한 상수는 모두 리터럴literal이므로 컴파일러가 이 상수들을 f와 동일한 타입으로 변환한 후 계산하게 되는데 이런 이유로 결괏값에 차이가 생기는 것이다.

이는 사실 언어 차원의 문제는 아니다. C# 컴파일러 입장에서는 사용자의 요청을 정확히 수행했다고 볼 수 있다. 사용자가 var를 사용하여 컴파일러에게 타입 추론을 위임한 경우, 컴파일러는 할당문 오른쪽의 내용을 기반으로 타입을 결정하기 때문이다. 이런 이유로 내장된 숫자 타입과 var를 함께 사용할 때는 항상 주의해야 한다. C#이 제공하는 내장 숫자 타입들은 매우 다양한 형변환 기능을 가지고 있고 정밀도도 각기 다르다. 이로 인해 숫자 타입과 var를 함께 사용하면 가독성 문제뿐 아니라 정밀도와 관련된 혼돈스러운 문제를 유발할 가능성이 있다.

당연한 이야기지만 문제를 일으키려고 var를 사용하는 사람이 어디 있겠는가? 하지만 불행히도 앞의 코드만 들여다봤을 때는 GetMagicNumber() 메서드의 반환 타입을 정확히 추론하기 어렵고, 내장된 형변환 기능이 함께 동작하기 때문에 그 결과를 예상하기가 어렵다. 앞의 코드에서 f 변수에 대한 선언문을 제거하더라도 문제는 해결되지 않는다.

```
var total = 100 * GetMagicNumber() / 6;
Console.WriteLine($"Declared Type: {total.GetType().Name}, Value: {total}");
```

하지만 total의 타입을 명시적으로 선언하면 문제를 해결할 수 있다.

```
double total = 100 * GetMagicNumber() / 6;
Console.WriteLine($"Declared Type: {total.GetType().Name}, Value: {total}");
```

앞의 예에서 total의 타입은 double이다. 따라서 GetMagicNumber()가 정수를 반환하면 잘림이 발생할 수 있다. 여기서의 문제는 앞의 코드만 봐서는 GetMagicNumber()의 반환 타입을 알 수 없으므로 어떤 변환이 수행될지 짐작할 수 없다는 점이다.

GetMagicNumber()가 어떤 타입의 값을 반환할지 확인하기 위해서 어림짐작으로 변수를 선언한 후에 테스트 컴파일을 수행해볼 수는 있다. 적절하지 않은 타입으로 변수를 선언했다면 컴파일러가 그 문제를 알려줄 것이기 때문이다. 하지만 GetMagicNumber()의 실제 반환 타입에서 어림짐작한 f 변수의 타입으로 암시적 변환이 가능한 경우 올바른 경고 메시지를 받지 못한다. f를 decimal로 선언하고, GetMagicNumber() 함수가 int를 반환하는 경우가 그러하다. 암시적 변환이 불가능한 경우라면 컴파일 오류가 발생할 것인데 이 경우에는 반환 타입에 대한 가정이 잘못된 것이므로 코드를 면밀히 살펴보고 수정해야 한다.

이처럼 var를 사용하면 코드의 유지보수가 더 어려운 경우도 발생할 수 있다. 컴파일러는 일관된 방식으로 타입 추론을 수행하겠지만 개발자 입장에서는 내부적으로 이뤄지는 타입 추론 과정과 암시적 변환 과정을 쉽사리 이해하기 어렵기 때문이다. 이러한 이유로 혹자는 지역변수에 대해 var를 사용하는 것이 적절하지 않다고 말하곤 하지만 이는 너무 가혹하다.

때로는 변수의 타입을 명시적으로 선언하는 것보다 컴파일러에게 타입을 추론하도록 맡기는 편이 더 낫기 때문이다. 다음 코드는 데이터베이스에서 특정 문자열로 시작하는 고객의 이름을 검색하는 코드다.

```
public IEnumerable<string> FindCustomersStartingWith1(string start)
{
    IEnumerable<string> q =
        from c in db.Customers
        select c.ContactName;

    var q2 = q.Where(s => s.StartsWith(start));
    return q2;
}
```

이 코드는 사실 매우 심각한 성능 문제를 유발한다. 결과를 받아올 용도로 사용한 변수 q를 IEnumerable〈string〉 타입으로 명시적으로 선언했기 때문이다. 데이터베이스에서 쿼리가 수행되는 경우 LINQ 쿼리는 실제로 IQueryable〈string〉 타입을 반환하지만, 개발자가 q를 IEnumerable〈string〉으로 선언해버렸기 때문에 IQueryable〈string〉과 관련된 장점을 모두 잃게 된다.

이런 문제가 발생하는 이유는 IQueryable〈T〉가 IEnumerable〈T〉를 상속하다 보니 컴파일러 입장에서는 앞의 코드가 완전히 타당하다고 판단하기 때문이다. 이제 두 번째 쿼리 부분을 컴파일할 때 Where 메서드는 Queryable.Where가 아닌 Enumerable.Where로 해석된다. 컴파일러가 IEnumerable〈string〉보다는 IQueryable〈string〉을 사용하는 것이 좋다고 사용자에게 알려줄 수 있다면 좋겠지만, IQueryable〈string〉에서 IEnumerable〈string〉으로의 암시적 변환이 허용되는 상황에서는 이조차 가능하지 않다. 다시 말하지만 IQueryable〈T〉는 IEnumerable〈T〉를 상속하기 때문에 암시적 변환이 허용된다.

이제 두 번째 LINQ 쿼리 구문에서 Queryable.Where 대신 Enumerable.Where가 호출되면 성능에 큰 문제가 생긴다. **아이템 42: IEnumerable<T> 데이터 소스와 IQueryable<T> 데이터 소스를 구분하라**에서 자세히 살펴보겠지만 IQueryable〈T〉를 사용하면 원격지에 데이터가 있는 데이터베이스를 이용하는 경우, 여러 단계에 걸쳐 수행되는 다수의 LINQ 쿼리 표현식들을 단일의 SQL 쿼리로 합한 후 단번에 수행할 수 있다. 하지만 이 경우에는 두 번째 LINQ 쿼리(where 절)의 대상이 IQueryable〈T〉가 아니라 IEnumerable〈string〉이므로 첫 번째

LINQ 쿼리가 즉각 수행되고, 원격지로부터 필터링되지 않은 연락처 이름이 모두 로컬 컴퓨터로 반환된다. 이후 두 번째 LINQ 쿼리(where 절) 구문이 차례로 수행되는데, 이때 앞서 반환된 데이터로부터 필터링된 결과가 반환된다.

앞의 버전과 비교해볼 만한 코드는 다음과 같다.

```
public IEnumerable<string> FindCustomersStartingWith(string start)
{
    var q =
        from c in db.Customers
        select c.ContactName;

    var q2 = q.Where(s => s.StartsWith(start));
    return q2;
}
```

여기서 유심히 살펴볼 부분은 q를 선언할 때 var를 이용했다는 점이다. 이제 q는 IQueryable〈string〉으로 추론된다. 컴파일러는 이제 LINQ 쿼리의 소스로부터 반환 타입을 추론하기 때문이다. 첫 번째 LINQ 쿼리 문장이 수행되면 데이터베이스가 있는 원격지로 아무런 SQL 쿼리도 전달하지 않는다. 두 번째 LINQ 쿼리 문장을 수행하면 앞서 첫 번째 LINQ 쿼리에 where 절을 추가하여 완성된 SQL 쿼리 구문을 작성하게 된다. 이번에는 호출자가 쿼리의 결과를 이용하여 그 값을 순회하는 시점까지 SQL 쿼리의 수행이 연기된다. 결과를 필터링하는 where 절까지 포함된 SQL 쿼리가 원격지로 전달되므로 돌아오는 결과에는 조건문에 따라 필터링된 연락처의 이름만 포함된다. 따라서 네트워크 트래픽도 적게 쓰고 효율적인 쿼리를 수행하게 된다. 이 예는 일정 부분 작위적이기도 하고 매우 간단한 LINQ 쿼리의 예이지만 실제 LINQ 쿼리는 이보다 훨씬 복잡하게 구성될 수도 있다. 이처럼 놀라운 성능 개선이 이루어질 수 있었던 이유는 컴파일러가 q의 타입을 IEnumerable〈string〉이 아니라 IQueryable〈string〉으로 추론했기 때문이다.

확장 메서드는 virtual로 선언될 수 없으므로 객체의 런타임 타입에 따라 다르게 동작하도록 작성할 수 없다. 또한 확장 메서드는 반드시 정적static으로 선언해야 한다. 이 때문에 컴파일러는 객체의 런타임 타입이 아니라 컴파일타임 타입에 준하여 메서드를 수행한다. 즉, 늦은 바인딩late binding 메커니즘이 적용되지 않는다는 것이다. 설사 런타임 타입에 준하여 호출할 수 있는 인스턴스 메서드가 있다 하더라도 컴파일러는 그 사실을 인지하지 못하며 호출 대상으로 삼지 않는다.

확장 메서드를 작성할 때 매개변수의 런타임 타입을 검사하여 서로 다르게 동작하도록 만들 수는 있다. 실제로 Enumerable.Reverse()는 매개변수가 IList<T>이거나 ICollection<T>일 경우 성능을 개선하기 위해서 런타임 타입 확인 기법을 활용하기도 한다(**아이템 3: 캐스트보다는 is, as가 좋다** 참조).

컴파일러가 컴파일타임에 변수의 타입을 결정하도록 하는 것이 개발자가 코드를 읽을 때 방해가 되지는 않을지 잘 판단해야 한다. 코드를 읽을 때 지역변수의 타입을 명확히 유추할 수 없고 모호함을 불러일으킬 가능성이 있다면 차라리 타입을 명시적으로 선언하는 것이 좋다. 하지만 대부분의 경우에 변수의 이름을 통해서 그 역할을 명확하게 드러내도록 코드를 작성하는 것이 훨씬 낫다. 앞서 살펴본 예제에서 q는 일련의 연락처 이름(아마도 문자열)이라는 것을 쉽게 짐작할 수 있다. 이는 초기화 문에서 명확하게 드러난다. 간혹 쿼리식에서 변수를 초기화하는 경우도 있는데 이 경우에는 변수의 타입이 명확하게 드러나는 경우에만 var를 사용하는 것이 좋다. 다시 말하지만 개발자가 코드를 읽을 때 변수의 타입을 쉽사리 짐작할 수 없는 경우라면 var를 사용하기보다 명시적으로 타입을 기술하는 편이 낫다.

요약하면, 코드를 읽을 때 타입을 명시적으로 드러내야 하는 경우가 아니라면 var를 사용하는 것이 좋다. 이번 아이템을 통해서 살펴본 내용은 항상 그렇게 해야 한다는 것이 아니라 더 나을 수 있다 정도로 이해하면 좋겠다. 다만 내장 숫자 타입(int, float, double 등)을 선언할 때는 명시적으로 타입을 선언하는 편이 낫다. 그 외에는 모두 var를 사용해보자. 명시적으로 타입을 나타내기 위해서 장황하게 타입명을 사용한다 하더라도 타입 안정성이 향상되거나 가독성을 개선하지는 못한다. 게다가 올바르지 않게 타입을 명시하게 되면 컴파일러의 도움을 얻어 충분히 피해갈 수 있는 문제를 강제로 일으키는 꼴이 되기도 한다.

아이템 2: const보다는 readonly가 좋다

C#은 컴파일타임 상수와 런타임 상수 두 유형의 상수를 가진다. 이 둘은 서로 다르게 동작하기 때문에 적절하지 않은 상수 타입을 사용하면 상응하는 대가가 따른다. 컴파일타임 상수보다는 런타임 상수를 사용하라. 컴파일타임 상수가 약간 더 빠르긴 하지만 런타임 상수에 비해 유연성이 상당히 떨어진다. 컴파일타임 상수는 성능이 매우 중요하고 상수의 값이 절대로 바뀌지 않는 경우에만 제한적으로 사용하는 것이 좋다.

런타임 상수는 readonly 키워드를 사용하여 선언하고, 컴파일타임 상수는 const 키워드를 사용한다.

```
// 컴파일타임 상수:
public const int Millennium = 2000;

// 런타임 상수:
public static readonly int ThisYear = 2004;
```

앞의 코드는 클래스나 구조체 내에서 사용할 수 있는 두 가지 상수 선언의 예를 보여준다. 컴파일타임 상수는 메서드 내부에서도 선언할 수 있지만, 런타임 상수는 메서드 내에서는 선언할 수 없다.

런타임 상수와 컴파일타임 상수가 서로 다르게 동작하는 이유는 값에 접근하는 방법이 서로 다르기 때문이다. 컴파일타임 상수는 컴파일타임에 변수가 값으로 대체된다. 다음을 보자.

```
if (myDateTime.Year == Millennium)
```

이 코드는 다음 코드와 정확히 동일한 IL[Intermediate Language] 코드로 컴파일된다.

```
if (myDateTime.Year == 2000)
```

반면, 런타임 상수는 런타임에 값이 평가된다. readonly 키워드를 이용하여 선언된 런타임 상수는 컴파일타임 상수처럼 컴파일타임에 값으로 대체되지 않고 상수에 대한 참조로 컴파일된다.

이러한 차이로 인해 각각의 상수형은 서로 다른 한계를 가진다. 컴파일타임 상수는 내장된 숫자형, enum, 문자열, null에 대해서만 사용될 수 있다. 이는 내장 자료형이어야만 컴파일타임에 상수를 리터럴로 대체할 수 있기 때문이다. 다음 코드는 컴파일타임 상수를 초기화하려 했으나 내장 자료형이 아닌 DateTime 타입을 이용했기 때문에 컴파일 오류가 발생한다.

```
// 컴파일되지 않는다. 대신 readonly를 사용해야 한다.
private const DateTime classCreation = new DateTime(2000, 1, 1, 0, 0, 0);
```

런타임 상수는 생성자에서 초기화될 수 있으며 그 이후에는 수정될 수 없다. 또한 그 값이 런타임에 할당된다는 면에서 컴파일타임 상수와는 다르다. 이런 동작 방식의 차이로 인해 런타임 상수는 컴파일타임 상수보다 더 유연하게 활용될 수 있다. 먼저 런타임 상수는 어떤 타입과도 함께 사용될 수 있다. 예를 들어 DateTime 구조체는 readonly로 선언할 수 있지만 const로는 선언할 수 없다. 또한 런타임 상수는 멤버 초기화 구문뿐 아니라 생성자를 통해서도 초기화할 수 있다.

클래스 내에서 런타임 상수를 정의하는 경우라면 동일 클래스의 인스턴스라 하더라도 인스턴스별로 서로 다른 값을 가질 수 있다. 반면 컴파일타임 상수는 정의에 따라 정적 상수이므로 모든 인스턴스가 동일한 값을 가질 수밖에 없다.

컴파일타임 상수와 비교되는 런타임 상수의 가장 중요한 차이는 상수의 값이 런타임에 평가된다는 점일 것이다. 런타임 상수를 참조하는 코드를 컴파일하면 컴파일타임 상수처럼 코드를 값으로 대체하지 않고, readonly 변수에 대한 참조 코드를 생성한다. 이러한 차이는 응용프로그램을 유지보수할 때 상당한 영향을 미친다. 컴파일타임 상수는 다른 어셈블리의 참조 여부와 상관없이 항상 숫자나 문자열 등을 직접 사용한 것과 완전히 동일한 IL 코드를 생성한다.

컴파일타임 상수와 런타임 상수의 이러한 차이로 인해 간혹 호환성 문제가 발생하곤 한다. Infrastructure라는 어셈블리 내에 const와 readonly 필드를 다음과 같이 정의했다고 하자.

```
public class UsefulValues
{
    public static readonly int StartValue = 5;
    public const int EndValue = 10;
}
```

이제 다른 어셈블리에서 이 값들을 다음과 같이 사용한다고 가정하자.

```
for (int i = UsefulValues.StartValue; i < UsefulValues.EndValue; i++)
    Console.WriteLine("value is {0}", i);
```

이 코드를 수행해보면 다음 결과가 출력될 것이다.

```
Value is 5
Value is 6
...
Value is 9
```

이제 Infrastructure 어셈블리를 다음과 같이 수정하자.

```
public class UsefulValues
{
    public static readonly int StartValue = 105;
    public const int EndValue = 120;
}
```

Infrastructure 어셈블리만 수정했으므로 응용프로그램 전체를 리빌드rebuild하지 않고 리빌드한 Infrastructure 파일만 배포할 수도 있다. 아마 다음 결과를 기대했을지 모르겠다.

```
Value is 105
Value is 106
...
Value is 119
```

하지만 실제로 수행해보면 아무런 결과도 출력되지 않는다. for 루프는 시작 값으로는 수정된 StartValue의 값인 105가 사용되지만, 종료 조건에서 사용한 EndValue 값은 수정하기 이전 값인 10을 계속해서 사용하기 때문이다. 반복해서 이야기하지만 C# 컴파일러는 const를 사용하는 컴파일타임 상수에 대해서는 참조 코드를 생성하지 않고 값으로 대체해버린다. 따라서 변경된 EndValue의 값을 참조하지 않고 앞서 컴파일 시점에 대체되었던 10으로 그 값이 유지된다. 반면 StartValue는 readonly를 사용하는 런타임 상수이기 때문에 컴파일 시에 StartValue에 대한 참조 코드가 생성되고 런타임에 비로소 그 값을 평가하게 된다. 이런 이유로 응용프로그램을 완전히 리빌드하지 않더라도 관련 어셈블리의 변경 사항을 올바르게 반영할 수 있다. 즉, 수정된 Infrastructure 어셈블리만을 배포하는 것만으로도 전체 응용프로그램이 수정된 값을 사용하게 된다. public으로 선언된 컴파일타임 상수의 값을 수정할 때는 타입의 인터페이스를 변경하는 것만큼이나 신중해야 하며 해당 상수를 참조하는 모든 코드를 반드시 재컴파일해야 한다. 하지만 런타임 상수를 사용하는 경우에는 값을 변경하는 것만으로 족하며 기존 코드와의 이진 호환성도 그대로 유지된다.

정반대의 경우로 상숫값이 포함되어 있는 어셈블리에서 그 값을 변경하는 경우에도 이를 참조하는 다른 어셈블리를 재컴파일하기 전까지는 기존 값을 그대로 유지하고 싶을 경우도 있다. 세금 계산 프로그램이 있다고 가정해보자. 세금 계산 방식은 관련 법령에 따라 늘 변경될 가능성이 있으므로 그 각각을 독립된 어셈블리로 분리했다고 하자. 이제 법령이 개정된 어셈블리만 수정을 하면 된다. 만약 이러한 어셈블리가 자신이 마지막으로 적용한 법령의 개정 정보를 반환해야 하는 기능이 필요하다면 다음과 같이 컴파일타임 상수를 활용할 수 있다.

우선 하나의 어셈블리에 마스터 정보를 저장해둔다.

```
public class RevisionInfo
{
    public const string RevisionString = "1.1.R9";
    public const string RevisionMessage = "Updated Fall 2015";
}
```

세금 계산을 수행하는 어셈블리는 마스터 어셈블리에서 법령 개정 정보를 가져온다.

```
public class ComputationEngine
{
    public string Revision = RevisionInfo.RevisionString;
    public string RevisionMessage = RevisionInfo.RevisionMessage;
   // 이하 생략
}
```

이제 세금 계산용 어셈블리를 재컴파일하면 마스터의 최종 갱신 내용이 반영된다. 하지만 마스터 어셈블리의 내용을 아무리 수정하더라도 기존 어셈블리를 재컴파일하지 않는 이상 아무런 영향을 미치지 않는다.

readonly 대신 const를 사용했을 때 얻을 수 있는 장점은 성능이 빠르다는 것이다. 상숫값으로 코드를 대체하면 readonly 변수를 통해 값을 참조하는 것보다 빠를 수밖에 없다. 하지만 이를 통해 얻을 수 있는 성능 개선 효과가 크지 않고 무엇보다 유연성을 해치는 단점이 있다. 유연성을 포기하기 이전에 어느 정도 성능 향상이 이루어질 수 있을지 반드시 성능을 측정해볼 것을 권한다(기존에 사용하던 도구가 없다면 https://github.com/PerfDotNet/

BenchmarkDotNet에서 내려받을 수 있는 BenchmarkDotNet을 사용해보라).

명명된 매개변수named parameter나 선택적 매개변수optional parameter도 앞서 알아본 상수의 특성과 연관이 있다. 선택적 매개변수에 대한 기본값은 컴파일타임 상수(const로 선언한 것)의 형태로 메서드를 사용하는 호출 측에 저장된다. 따라서 선택적 매개변수의 값을 변경할 때도 const 변수의 예와 마찬가지로 매우 신중하게 접근해야 한다(**아이템 10: 베이스 클래스가 업그레이드된 경우에만 new 한정자를 사용하라** 참조).

그 외에도 컴파일할 때 사용되는 상숫값을 정의할 때는 반드시 const를 사용해야 한다. 특성attribute의 매개변수, switch/case 문의 레이블, enum 정의 시 사용하는 상수 등은 컴파일 시에 사용돼야 하므로 반드시 const를 통해 초기화돼야 한다. 이러한 용도로 활용되는 상숫값들은 거의 수정되지 않는다. 몇 가지 예외적인 상황을 제외한다면 대부분의 경우 const보다는 readonly를 사용하는 것이 좋다.

아이템 3: 캐스트보다는 is, as가 좋다

C#은 정적 타이핑을 수행하는 언어다. 따라서 타입 불일치가 발생하더라도 컴파일러가 이를 걸러주기 때문에 런타임에 타입 검사를 자주 수행할 필요가 없다. 하지만 간혹 런타임에 반드시 타입을 확인해야 하는 경우도 있다. C#의 경우 .NET Framework에서 정의해둔 메서드의 원형에 따라 object 타입의 인자를 취하도록 메서드를 정의해야 하는 경우가 간혹 있다. 통상 이렇게 전달된 매개변수는 다른 클래스나 인터페이스로 형변환을 수행한 후 사용하게 된다. C#에서 형변환을 수행하는 방법에는 as 연산자를 사용하는 방법과 컴파일러의 캐스트 연산자 구문을 사용하는 두 가지 방법이 있다. 더 방어적인 코드를 작성하려는 경우에는 우선 is 연산자로 형변환이 가능한지를 확인한 후에 실제 형변환을 수행하도록 코드를 작성할 수도 있다.

형변환을 수행하는 경우 캐스팅을 사용하기보다 as 연산자를 사용하는 것이 좋다. as를 사용하는 편이 더 안전하기도 하거니와 런타임에 더 효율적으로 동작한다. 다만 as나 is 연산자를 사용하면 사용자 정의 형변환은 수행되지 않는다. 이런 이유로 런타임에 객체의 타입이 변환하려는 타입과 정확히 일치할 경우에만 형변환이 성공적으로 수행된다. 형변환 과정에서 새로운 객체가 생성되는 경우는 거의 없다(예외적으로 as 연산자를 이용하여 박싱된 값 타입의 객체를

nullable 값 타입의 객체로 변환하는 경우 새로운 객체가 생성된다).

간단한 예를 살펴보자. 다음 코드는 임의의 객체를 MyType으로 형변환한다.

```
object o = Factory.GetObject();

// 첫 번째 버전:
MyType t = o as MyType;

if (t != null)
{
        // MyType 타입의 t 객체 사용
}
else
{
        // 오류 보고
}
```

다음과 같이 코드를 작성할 수도 있다.

```
object o = Factory.GetObject();

// 두 번째 버전:
try
{
     MyType t;
     t = (MyType)o;
     // MyType 타입의 t 객체 사용
}
catch (InvalidCastException)
{
     // 오류 보고
}
```

첫 번째 코드가 작성하기도 쉽고 읽기도 편하다. try/catch 문이 없기 때문에 성능도 좋다. 캐스팅을 사용한 두 번째 코드의 경우 언뜻 보아 반환값의 null 여부를 확인할 필요가 없는 듯 보이지만, null은 어떤 참조 타입으로도 형변환 될 수 있기 때문에 반환값이 null인지를 여전히 확인해야 한다. as 연산자는 형변환을 수행할 수 없거나, null을 대상으로 형변환을 수행하는 경우 null을 반환한다. 이러한 이유로 캐스팅을 사용하면 예외처리 코드와 null 확인 코드가 모두 필요하지만 as 연산자를 사용하면 null 확인 코드만 있으면 된다.

as 연산자와 캐스팅의 가장 큰 차이는 사용자 정의 형변환을 어떻게 다루는가 하는 점이다. as나 is 연산자는 런타임에 객체의 타입을 확인하고 필요에 따라 박싱을 수행하는 것을 제외하고는 어떠한 작업도 수행하지 않는다. 임의의 객체를 다른 타입으로 형변환하려면 이 객체는 지정한 타입이거나 혹은 지정한 타입을 상속한 타입이어야 한다. 그 외의 경우는 모두 실패한다. 반면 캐스팅을 사용하는 경우에는 객체를 지정한 타입으로 변환하기 위해서 형변환 연산자가 개입될 수 있다. 대표적인 형변환 연산자가 바로 숫자 타입에 대한 형변환 연산자다(long 타입을 short 타입으로 캐스팅하면 일부 정보를 잃을 수도 있다는 것은 이미 잘 알려진 사실이다).

사실 이러한 문제는 내장된 형변환 연산자에만 국한된 문제는 아니며 사용자가 정의한 타입의 경우에도 동일한 문제가 발생할 수 있다. 다음의 예를 보자.

```
public class SecondType
{
    private MyType _value;

    // (중략)

    // 형변환 연산자
    // SecondType을 MyType 타입으로 변환한다. 아이템 29 참조
    public static implicit operator MyType(SecondType t)
    {
        return t._value;
    }
}
```

다음 코드의 Factory.GetObject() 메서드가 앞의 코드에서 정의한 SecondType의 객체를 반환한다고 가정하자.

```
object o = Factory.GetObject();

// o는 SecondType이다.
// 첫 번째 버전
MyType t = o as MyType; // o가 MyType이 아니면 실패

if (t != null)
{
```

```
    // MyType 타입의 t 객체 사용
}
else
{
    // 오류 보고
}

// 두 번째 버전
try
{
    MyType t1;
    t1 = (MyType)o; // o가 MyType이 아니면 실패
    // MyType 타입의 t 객체 사용
}
catch (InvalidCastException)
{
    // 형변환 오류 보고
}
```

이 두 버전은 모두 형변환에 실패한다. 왜 그럴까? 캐스팅을 사용하면 사용자 정의 형변환 연산자가 사용된다고 하지 않았던가? 따라서 두 번째 버전의 캐스팅은 성공했어야 했다. 하지만 컴파일러는 런타임에 객체가 어떤 타입일지를 예측하지는 못한다. 컴파일러는 단순히 컴파일 타임에 객체가 어떤 타입으로 선언됐는지만 추적하기 때문에 두 번째 버전 또한 실패한다.

더 자세히 알아보자. 컴파일러는 객체 o가 런타임에 어떤 타입인지를 알 방법이 없다. 따라서 컴파일러는 객체 o가 object 타입이라 생각하고 object 타입을 MyType으로 형변환할 수 있는 연산자가 정의됐는지만을 확인한다. 이러한 형변환 연산자를 정의하지 않았으므로 컴파일러는 이제 o 객체가 MyType 형식인지를 확인하는 코드만 생성한다. 불행히도 런타임에 o는 SecondType 형식의 객체이므로 형변환에 실패한다. 컴파일러는 런타임에 o가 어떤 타입일지를 예측하고 이를 기반으로 MyType으로 형변환이 가능한지를 고려하지는 않는다.

물론, 다음과 같이 코드를 변경하여 SecondType의 객체를 MyType으로 형변환할 수는 있다.

```
object o = Factory.GetObject();
 // 세 번째 버전:
SecondType st = o as SecondType;
try
{
     MyType t;
```

```
        t = (MyType)st;
        // MyType 타입의 t 객체 사용
    }
    catch (InvalidCastException)
    {
        // 형변환 오류 보고
    }
```

하지만 코드를 이처럼 흉하게 작성해서는 안 될 노릇이다. 사전에 적절한 검사를 수행해서 예외가 가능한 한 발생하지 않도록 코드를 작성하는 것이 보편적인 프로그래밍 방식이지 않은가. 이 코드는 그저 문제를 설명하기 위한 용도에 지나지 않는다. 안타깝게도 object 타입의 매개변수를 받는 함수를 반드시 작성해야 하고, 함수 내에서 올바르게 형변환이 이뤄져야만 하는 경우도 있을 수 있다.

```
object o = Factory.GetObject();
DoStuffWithObject(o);

private static void DoStuffWithObject(object o)
{
    try
    {
        MyType t;
        t = (MyType)o; // o가 MyType이 아닌 경우 실패
        // MyType 타입의 t 객체 사용
    }
    catch (InvalidCastException)
    {
        // 형변환 오류 보고
    }
}
```

사용자 정의 형변환 연산자는 객체의 런타임 타입이 아닌 컴파일타임 타입에 맞춰 수행된다는 점에 다시 한 번 유의하기 바란다. 런타임에 o 객체를 MyType으로 변환할 수 있는지는 중요하지 않다. 컴파일러는 이에 대해서 알지도 못하며 고려하지도 않는다. 사용자 정의 형변환 연산자가 정의되었다면 다음 코드는 st가 어떤 타입으로 선언되었느냐에 따라 다르게 동작할 수 있다.

```
t = (MyType)st;
```

반면, 다음 코드는 st가 어떤 타입으로 선언되었든 항상 동일한 결과를 반환한다. 이처럼 일관성이 높기 때문에 캐스팅보다 as를 사용하는 것이 좋다. 다음 코드의 경우 설사 사용자 정의 형변환 연산자가 정의됐다 하더라도 st가 MyType이나 MyType을 상속한 타입이 아니라면 컴파일 오류를 일으킨다.

```
t = st as MyType;
```

가능한 한 as를 사용하는 편이 좋다는 것은 알았으니, 이제 as를 사용할 수 없는 경우에 대해서도 알아보자. 다음 코드는 컴파일되지 않는다.

```
object o = Factory.GetValue();
int i = o as int; // 컴파일되지 않음
```

int는 값 타입이고 null이 될 수 없기 때문이다. 만약 o가 정수가 아니라면 i에는 어떤 값을 저장해야 할까? 어떤 값을 선택하더라도 유효한 정숫값을 선택할 수밖에 없다. 이런 이유로 as를 사용할 수 없는 것이다. 캐스팅 구문과 예외 처리 방법을 통해서 이 문제를 해결할 수 있지 않을까 생각할지도 모르겠다. 하지만 그보다 as 연산자를 그대로 이용하되 nullable 타입으로 형변환을 수행한 후 그 값이 null인지를 확인하는 편이 더 낫다.

```
object o = Factory.GetValue();
var i = o as int ?;
if (i != null)
    Console.WriteLine(i.Value);
```

이러한 방법은 as 연산자의 왼쪽 피연산자가 값 타입이거나 혹은 nullable 값 타입일 경우 언제든 사용할 수 있다.

이제 is, as, 캐스트의 고유 특성에 대해서 어느 정도 이해했으리라 생각한다. 이런 이해를 바탕으로 foreach 루프를 사용하는 경우에는 과연 이 중 어떤 방법을 사용하는 것이 좋을지 알아보자. foreach 루프는 제네릭generic 타입이 아닌 IEnumerable 인터페이스를 이용한다. 그리고 이를 구현하는 과정에서 형변환을 수행한다(대부분 타입 안정적인 제네릭 버전을 선호하겠지만 역사적인 이유와 늦은 바인딩late binding을 지원하기 위해서 제네릭이 아닌 버전도 여전히 쓰인다).

```
public void UseCollection(IEnumerable theCollection)
{
    foreach (MyType t in theCollection)
        t.DoStuff();
}
```

foreach 문은 캐스팅을 통해서 루프에서 사용되는 타입으로 객체를 형변환한다. foreach 문이 생성하는 코드는 다음과 유사하다.

```
public void UseCollectionV2(IEnumerable theCollection)
{
     IEnumerator it = theCollection.GetEnumerator();
     while (it.MoveNext())
    {
        MyType t = (MyType)it.Current;
        t.DoStuff();
    }
}
```

foreach 문은 값 타입과 참조 타입 모두에 대해서 형변환을 지원해야 하는데 캐스팅을 사용하면 대상 타입을 구분할 필요가 없어진다. 하지만 이로 인해 InvalidCastException이 발생할 가능성이 있다.

IEnumerator.Current는 System.Object 타입의 객체를 반환한다. 그리고 System.Object는 어떤 형변환 연산자도 포함하고 있지 않다. 따라서 SecondType 타입의 객체를 담고 있는 컬렉션을 UseCollection() 메서드에 매개변수로 전달할 수 없다. 왜냐하면 이미 살펴본 것과 같이 형변환에 실패할 것이기 때문이다. foreach 문장(캐스팅을 사용하는)은 컬렉션 내부의 객체가 런타임에 어떤 타입인지, 그 타입을 루프 변수 타입으로 형변환 가능한지 등을 확인하지 않는다. 단지 System.Object 타입(IEnumerator.Current의 반환형인)으로 형변환 가능한지와, Object 타입의 객체를 다시 루프 변수 타입(이 경우 MyType)으로 형변환 가능한지만을 확인할 뿐이다.

때로는 임의의 객체를 다른 타입으로 형변환 가능한지뿐 아니라 객체의 정확한 타입을 알고 싶을 때도 있다. is 연산자는 다형성polymorphism 규칙을 준수하기 때문에 fido is Animal;에서 fido가 Animal을 상속한 Dog 타입일 경우에도 true를 반환한다. 이에 반해 GetType() 메서드는 런타임에 객체의 타입을 정확히 가져온다. 이 메서드는 is나 as 문장이 제공하는 수준 이상으로 더욱 엄격하게 테스트를 수행해야 하는 경우에 주로 사용된다.

다음 코드를 살펴보자.

```
public void UseCollectionV3(IEnumerable theCollection)
{
    foreach (MyType t in theCollection)
        t.DoStuff();
}

public class NewType : MyType
{
     // 생략
}
```

NewType 클래스가 MyType을 상속했으므로 NewType 객체의 컬렉션에 대해서도 UseCollection 메서드가 정상적으로 동작할 것이다.

MyType 혹은 이를 상속한 파생 클래스 등에 대해서도 올바르게 동작하는 함수를 작성하려는 경우라면 이 방법도 괜찮다. 하지만 객체의 타입이 정확히 MyType인 경우에만 동작하는 함수를 만들고자 한다면 더 정밀한 타입 비교가 필요하다.

.NET 기본 클래스 라이브러리Base Class Library, BCL에는 시퀀스sequence 내의 개별 요소들을 특정 타입으로 형변환하는 Enumerable.Cast<T>()와 같은 함수가 있다. 이 함수는 IEnumerable 인터페이스만을 지원하는 컬렉션에 포함된 각각의 객체에 대해 형변환을 수행할 때 주로 사용한다.

```
IEnumerable collection = new List<int>() { 1,2,3,4,5,6,7,8,9,10 };

var small = from int item in collection
            where item < 5
            select item;

var small2 = collection.Cast<int>().Where(item => item < 5).Select(n => n);
```

앞의 코드에서 두 번째 줄의 LINQ 쿼리는 마지막 문장과 동일한 코드를 생성한다. 두 경우 모두 컬렉션 내의 개별 요소를 지정된 타입으로 형변환하기 위해서 Cast〈T〉 메서드를 호출한다. Enumerable.Cast〈T〉 메서드는 as 연산자 대신 캐스트 연산을 사용하는데, as 연산자를 사용하면 형변환하려는 타입에 제한이 생기기 때문이다. BCL 팀은 여러 개의 Cast〈T〉 메서드를 구현하는 대신 캐스트 연산을 사용하는 단일의 Cast〈T〉 메서드만을 작성했다. 이는 코드 개발자들이 간혹 경험하곤 하는 일종의 절충안이다. 따라서 Cast〈T〉의 타입 매개변수에 사용자 정의 타입을 전달하는 경우 캐스트 연산으로 형변환을 수행해도 문제가 없을지 살펴보고, 필요에 따라 사용자 정의 타입에 제약 조건을 추가할 것인지에 대해서도 검토해야 한다.

또한 제네릭 컬렉션에 대해서는 Cast〈〉를 호출할 수 없음에도 주의해야 한다. 즉, int형 시퀀스에 대하여 Cast〈double〉()을 수행하면 실패한다. C# 4.0부터는 dynamic, 런타임 타입 확인runtime type check 기능이 추가됨에 따라 타입 시스템이 더욱 풍성하게 변경됐다. 이러한 기능을 이용하면 특정 객체가 어떤 타입인지 혹은 어떤 인터페이스를 구현했는지를 단순히 따지는 것 외에도 어떤 작업을 수행할 수 있는지를 기준으로 객체를 다룰 수 있다.

다양한 사례들을 통해 객체 지향 프로그래밍에서는 가능하면 형변환을 피하는 것이 좋다는 것을 확인할 수 있다. 하지만 형변환이 불가피한 경우도 있기 마련이다. 이 경우에는 사용자의 의도를 명확히 표현할 수 있는 is와 as 연산자를 사용하라. 형변환을 위해 다양한 방법을 사용할 수 있지만 그 각각이 서로 다르게 동작한다는 점에 유념해야 한다. is와 as 연산자는 거의 항상 예상대로 동작하며 대상 객체를 올바르게 형변환할 수 있을 경우에만 성공한다. 캐스트 연산보다 is나 as를 사용하는 것이 의도하지 않은 부작용이나 예상치 못한 문제를 피할 수 있는 좋은 방법이다.

아이템 4: string.Format()을 보간 문자열로 대체하라

수십 년 전 컴퓨터 프로그램을 최초로 작성하기 시작한 시절부터 개발자들은 컴퓨터에 저장된 정보를 사람이 읽을 수 있는 형태로 변경하는 코드를 꾸준히 개발해왔다. C#에도 C에서 널리 사용되던 API를 그대로 수용하여 동일한 방법으로 문자열을 만들 수 있었다. 이제는 이러한 방법에서 벗어나 C# 6.0에 새롭게 도입된 문자열 보간 기능을 사용해보자.

이 기능은 고전적인 문자열 포매팅 방식에 비해 장점이 많다. 먼저 코드 가독성이 대폭 향상된다. 여기에 더해 컴파일러 입장에서는 정적 타입 검사를 수행할 수 있기 때문에 개발자의 실수를 미연에 방지할 수 있다. 마지막으로 기존 방식에 비해 문자열을 생성하기 위한 표현식이 더 풍성하다.

기존에 널리 사용되던 string.Format() 또한 문자열 변환 과정을 잘 수행하지만, 생성된 문자열을 직접 출력해보고 올바른 형태인지를 눈으로 직접 확인하기 전까지는 코드를 제대로 작성했는지 쉽게 짐작하기 어려웠다. 그 이유는 이 메서드가 포맷 문자열과 인자 리스트를 분리하여 전달하는 구조이기 때문이다. 또한 이 메서드는 포맷 문자열에 나타낸 인자의 개수와 실제로 전달되는 인자의 개수가 정확히 일치하는지를 확인하지 않는다. 자칫 실수하여 필요한 인자를 누락하면 런타임에 예외가 발생한다.

게다가 string.Format()의 예에서와 같이 포맷 문자열과 출력할 내용을 담고 있는 배열을 나누어 전달하면 인자의 순서가 올바른지를 확인하기도 어렵다. 결국 정확히 문자열이 생성되는지를 확인하기 위해서 항상 코드를 실행해보고 그 내용을 직접 확인해야만 했다.

이러한 작업이 큰 문제를 일으키는 것은 아니지만 제법 시간을 낭비하는 작업이라는 사실은 명확하다. C#에 새롭게 추가된 문자열 보간 기능을 이용하면 올바른 코드를 더 쉽게 작성할 수 있다.

보간 문자열을 사용하려면 문자열 앞에 '$'를 붙이면 된다. 문자열로 변경할 표현식은 {}(중괄호) 내에 둔다. 이를 대체 문자열이라 하는데 이런 형식을 띠는 덕분에 코드의 가독성이 상당히 좋다. 어느 부분이 어떻게 대체될지 바로 알 수 있기 때문에 결과를 예측하기도 쉽다. 문자열로 변경할 변수들을 다른 배열로 나누어 전달하는 방식도 아니기 때문에 인자의 개수를 틀리게 전달할 가능성이 없으며 출력될 위치를 잘못 지정할 가능성도 없다.

약간의 문법 설탕syntactic sugar으로 아주 괜찮은 기능을 구현했다고 생각한다. 실제 코드를 작성할 때 이 기능을 어떻게 활용할 수 있을지 몇 가지 예를 살펴보면 장점이 더 확연하게 드러날 것 같다.

문자열 보간 기능에 대해서 세부적인 예를 살펴보기에 앞서 대체 문자열에서 사용하는 표현식의 제약 사항부터 살펴보자.

사실 대체 문자열에서 사용하는 코드를 '표현식expression'이라고 하는 것은 상당히 조심스러운데,

이는 if/else나 while과 같이 제어 흐름을 변경하는 코드는 쓸 수 없기 때문이다. 만일 이러한 제어 흐름이 필요하다면 다른 메서드를 정의하여 관련 기능을 구현하고, 대체 문자열에서 그 메서드를 호출하는 방법을 취해야 한다.

문자열 보간 기능을 사용할 때는 string.Format() 구현 시 사용한 라이브러리를 거의 동일하게 사용할 수 있다(**아이템 5: 문화권별로 다른 문자열을 생성하려면 FormattableString을 사용하라**에서 다국어 지원 처리 방법에 대해 설명한다). 변수를 문자열로 변경하는 기능도 동일하게 활용할 수 있다. 다음의 예를 살펴보자.

```
Console.WriteLine($"The value of pi is {Math.PI}");
```

사용자가 문자열 보간 기능을 사용하더라도 실제 C# 컴파일러는 param을 이용하여 object 배열을 전달하는 기존 포매팅 함수를 호출하도록 코드를 생성한다. Math.PI는 double이므로 값 타입이다. 따라서 이를 object 타입으로 변경하려면 박싱을 수행해야 한다. 이런 이유로 이 같은 코드를 너무 자주 사용하거나 루프 내에서 사용하게 되면 성능에 좋지 않은 영향을 미칠 수 있다(**아이템 9: 박싱과 언박싱을 최소화하라** 참조). 따라서 다음과 같이 전달할 인자를 사전에 문자열로 변경하면 값 타입이 박싱되는 것을 피할 수 있다.

```
Console.WriteLine(
    $"The value of pi is {Math.PI.ToString()}");
```

기본으로 제공되는 ToString() 메서드가 반환하는 문자열이 썩 유용하지 않은 경우가 있다. 이 경우 문자열을 어떻게 포매팅할 것인지를 표현하기 위해서 추가적으로 인자를 전달할 수 있다. 이는 그리 복잡한 작업은 아니며 다음과 같이 코드를 작성하면 된다.

```
Console.WriteLine(
    $"The value of pi is {Math.PI.ToString("F2")}");
```

만약 더 정밀하게 문자열을 포매팅하려면 포맷 문자열을 추가하거나 반환된 문자열을 다시 한 번 변경할 수도 있다. 먼저 내장된 표준 포맷 문자열을 사용하는 방법부터 살펴보자. {} 사이에 ':'과 포맷 문자열을 추가하면 된다.

```
Console.WriteLine($"The value of pi is {Math.PI:F2}");
```

C#에 이미 익숙한 개발자라면 ':' 기호가 조건 표현식을 나타내는 용도로도 사용된다는 것을 알 것이다. 이런 이유로 조건 표현식을 문자열 보간 기능과 같이 사용하게 되면 약간의 충돌이 발생한다. C#은 ':'을 포맷 문자열의 시작을 나타내는 것으로 판단하기 때문이다. 따라서 다음과 같이 코드를 작성하면 컴파일 오류가 발생한다.

```
Console.WriteLine($"The value of pi is {round ? Math.PI.ToString() :
    Math.PI.ToString("F2")}");
```

앞의 코드를 컴파일되도록 변경하려면 컴파일러에게 ':'이 포맷 문자열이 아니라 조건 표현식의 일부임을 알려야 하는데 다음과 같이 간단히 괄호를 사용하면 된다.

```
Console.WriteLine($@"The value of pi is {(round ?
    Math.PI.ToString() : Math.PI.ToString("F2"))}");
```

문자열 보간 기능을 이용하여 문자열을 포매팅하면 매우 강력한 힘을 발휘한다. 문자열 보간 기능에서 {} 내의 표현식은 앞서 살펴본 것과 같이 그 자체만으로도 이미 유효한 C# 표현식이다. 이런 측면에서 보면 앞서 살펴본 예들은 너무 기초적이다. 다음 코드를 살펴보자. 값이 누락된 경우를 명쾌하게 처리하기 위해서 null 조건 연산자null conditional operator와 null 병합 연산자null propagation operator를 함께 사용했다.

```
Console.WriteLine(
   $"The customer's name is {c?.Name ?? "Name is missing"}");
```

보간 문자열의 표현식은 중첩해서도 사용할 수 있다. {} 문자 사이의 모든 구문은 C# 코드의 일부인 동시에 표현식으로 간주된다({} 내에서 ':'을 사용하는 경우가 유일한 예외에 해당한다).

다양한 기능이 제공된다는 것이 나쁠 것은 없지만 과도하게 사용하면 지독하게 이해하기 어려운 코드를 만들 수 있으므로 주의해야 한다. 보간 문자열을 사용할 때 추가적인 정보를 포함시키기 위해서 보간 문자열 내에 또 다른 보간 문자열을 포함시킬 수도 있다. 이러한 방식이 간혹 매우 요긴할 때가 있긴 하다. 다음 코드는 레코드 정보를 출력하는 예제인데 주어진 인덱스로 올바른 레코드 정보를 가져오지 못하면 그 인덱스의 값을 출력한다.

```
string result = default(string);
Console.WriteLine($@"Record is {(records.TryGetValue(index,out result) ? result :
    $"No record found at index {index}")}");
```

더 자세히 살펴보자. 레코드가 누락되었다면 조건 표현식의 false절(':' 기호 오른쪽)이 호출되는데, 이 경우 index의 값을 포함한 새로운 문자열을 만들어내기 위해서 문자열 보간 기능을 사용한다.

LINQ 쿼리(4장 **LINQ 활용** 참조) 구문과 문자열 보간 기능을 함께 사용하기도 한다. 다음 코드는 보간 문자열을 이용하여 출력 서식을 지정하는 예다.

```
var output = $@"The First five items are: {src.Take(5).Select(
   n => $@"Item: {n.ToString()}").Aggregate(
       (c, a) => $@"{c}{Environment.NewLine}{a}")})";
```

실제로 프로그램을 작성할 때 이처럼 복잡한 코드를 작성하는 경우는 거의 없을 것이다. 앞의 예는 보간 문자열이 C#과 얼마나 잘 결합되는지를 보여주기 위한 용도에 지나지 않는다. 문자열 보간 기능은 ASP.NET MVC의 Razor View 엔진에도 통합됐다. 이를 이용하면 웹 응용프로그램 내에서 HTML 결과물을 훨씬 쉽게 생성할 수 있다. 템플릿을 이용하여 생성한 기본 MVC 응용프로그램에서도 문자열 보간 기능의 예를 찾아볼 수 있다. 다음 코드는 현재 로그인한 사용자에 대한 정보를 표시하는 코드다.

```
<a asp-controller="Manage" asp-action="Index" title="Manage">
    Hello@User.GetUserName()!</a>
```

즉, 웹 응용프로그램에서 HTML 페이지를 생성할 때에도 문자열 보간 기능을 사용할 수 있으며 이를 이용하면 원하는 출력 결과를 더 간결하게 표현할 수 있다.

이 예는 문자열 보간 기능의 강력함을 드러내는 데 부족함이 없어 보인다. 그리고 전통적 방식의 문자열 포매팅 기능보다 문자열 보간 기능이 훨씬 편리하다는 것을 잘 보여준다. 어떤 경우라도 문자열 보간 기능의 결과가 문자열이라는 사실을 잊어서는 안 된다. 모든 값이 대체되고 나면 단일의 문자열만이 남을 뿐이다. 이런 사실은 SQL 쿼리문을 생성하는 경우에 간혹 혼동을 일으키기도 한다. 문자열 보간 기능은 매개변수화된 SQL 쿼리를 생성하지 않으며 단일의 문자열을 만들 뿐이다. 이 때문에 SQL 명령을 만들 때 문자열 보간 기능을 사용하는 것은 그리 추천할 만한 방식이 아니다. 나중에 객체나 데이터로 재해석이 필요한 문자열을 생성해야 하는 경우라면 문자열 보간 기능을 사용할 때 각별히 주의해야 한다.

컴퓨터가 내부적으로 데이터를 저장하는 방식을 고려하여 사람이 읽을 수 있는 문자열을 만들어내는 작업은 상당 기간 동안 프로그래밍의 주요 관심사였다. C#과 같은 현대적 프로그래밍 언어를 사용하는 지금까지도 개발자들이 문자열을 만들어내는 과정을 수십 년 전에 C 언어에서 사용하던 방식을 그대로 사용한다는 것은 매우 실망스러운 부분이다. 게다가 기존 방식은 오류를 유발할 가능성도 높다. 문자열 보간 기능은 실수를 줄일 수 있고 더욱 강력할 뿐 아니라 활용도 또한 매우 높은 기술이다.

아이템 5: 문화권별로 다른 문자열을 생성하려면 FormattableString을 사용하라

아이템 4: string.Format()을 보간 문자열로 대체하라에서 문자열 보간 기능을 이용하여 변수와 서식을 결합하여 손쉽게 문자열을 만들 수 있음을 알아봤다. 하지만 여러 문화권과 다양한 언어를 다뤄야 하는 경우 세부적인 제어가 필요하기 때문에 문자열을 생성하는 과정을 좀 더 자세히 알고 있어야 한다.

마이크로소프트의 언어 설계팀은 여러 문화권과 다양한 언어를 다루는 문제에 대해서 상당한 고충이 있었다고 한다. 그들이 이루고자 한 목표는 모든 문화권을 포괄하는 문자열 생성 시스템을 만드는 동시에 단일의 문화권만을 고려할 경우 코드를 가능한 한 단순하게 작성할 수 있는 시스템을 만드는 것이었다. 이 두 가지 목표를 조화롭게 구현하려면 문화권을 고려한 문자열 보간 기능을 만들어야 하는데 이는 동작 방식이 복잡할 수밖에 없다.

문자열 보간 기능을 사용할 때 사용자가 하는 작업이라고는 '$' 문자를 선두에 추가하고 생성할 구조를 잡아 문자열을 만드는 것이 전부다. 대부분의 경우 이러한 작업은 매우 간단하게 이뤄진다. 특이한 것은 문자열 보간 기능의 결과로 생성되는 반환값은 문자열일 수도 있지만 FormattableString을 상속한 타입일 수도 있다는 점이다.

다음은 문자열 보간 기능을 사용하여 새로운 문자열을 생성하는 코드다.

```
string first = $"It's the {DateTime.Now.Day} of the {DateTime.Now.Month} month";
```

다음은 문자열 보간 기능을 이용하여 FormattableString을 상속한 타입의 객체를 생성하는 코드다.

```
FormattableString second = $"It's the {DateTime.Now.Day} of the {DateTime.Now.
    Month} month";
```

만약 다음 코드와 같이 third를 var로 선언하면 이 변수는 string 객체가 될 수도 있겠지만 FormattableString을 상속한 타입의 객체가 될 수도 있다.

```
var third = $"It's the {DateTime.Now.Day} of the {DateTime.Now.Month} month";
```

실제로 이 코드를 컴파일하면 컴파일러는 컴파일타임의 몇 가지 조건을 고려하여 서로 다른 코드를 생성한다. 만약 third가 string이 아니라 FormattableString을 상속한 타입의 객체라면 이를 통해 현재 컴퓨터에 지정된 문화권을 고려하여 문자열을 생성할 수 있다. 즉, 이 코드를 미국에서 수행하면 소수점 기호 '.'가 되고, 유럽에 속한 대부분의 국가에서 수행하면 소수점 기호 ','가 생성되도록 할 수 있다.

사용자는 문자열 혹은 FormattableString 타입의 객체를 생성할 수도 있는 컴파일러의 특성을 잘 이해해야 한다. FormattableString 타입의 객체를 활용하면 문화권과 언어를 지정하여 문자열을 생성할 수 있기 때문이다. 다음 코드는 FormattableString 타입의 객체를 이용하여 문화권과 언어를 지정하여 문자열을 생성하는 방법을 나타낸다.

```
public static string ToGerman(FormattableString src)
{
    return string.Format(null,
        System.Globalization.CultureInfo.CreateSpecificCulture("de-de"),
        src.Format, src.GetArguments());
}

public static string ToFrenchCanada(FormattableString src)
{
    return string.Format(null,
        System.Globalization.CultureInfo.CreateSpecificCulture("fr-CA"),
        src.Format, src.GetArguments());
}
```

두 메서드는 FormattableString 타입의 매개변수 하나만을 취한다. 메서드 내에서는 언어와 문화권(독일어/독일 문화권 혹은 불어/캐나다 문화권)을 지정하여 FormattableString을 최종적으로 문자열로 변경한다. 문자열 보간의 결과로 반환된 객체를 매개변수로 전달하여 최종 문자열을 얻는 식이다.

이처럼 var로 변수를 선언했음에도 FormattableString 객체가 반환되기를 기대한다면 몇 가지 주의가 필요하다. 먼저 문자열을 매개변수로 취하는 메서드에 이 변수를 전달하는 코드를 작성하면 안 된다. 이 경우 var로 선언한 변수가 string 타입이 된다. 둘째로 string과 FormattableString을 모두 받아들일 수 있는 오버로딩 메서드를 작성해서는 안 된다. 이 경우에도 var로 선언한 변수가 string 타입이 된다.

또한 앞의 예제에서 두 메서드가 모두 확장 메서드가 아님에도 주목해야 한다. 컴파일러가 문자열을 생성할지 아니면 FormattableString 타입을 상속한 객체를 생성할지를 결정하는 또 다른 논리는 반환 객체 오른쪽에 '.'를 사용하는 경우가 있는지를 살펴보는 것이다. 만약 반환 객체 오른쪽에 '.'가 직접 사용된 경우가 있다면 문자열을 생성한다. 문자열 보간 기능의 여러 목표 중 한 가지는 기존에 사용하던 문자열 클래스와도 잘 어울려야 한다는 것이었다. 이와 동시에 모든 글로벌화 시나리오에 쉽게 적용할 수 있어야 했다. 약간의 추가 작업이 필요하지만 온전히 이러한 목표를 달성한 것으로 여겨진다.

문자열 보간 기능은 글로벌화 혹은 지역화에 필요한 거의 모든 기능을 갖추고 있다. 게다가 문화권을 고려하여 문자열을 생성하는 내부적인 복잡함을 잘 감추고 있기도 하다. 문화권을 임의로 지정해야 하는 경우에는 명시적으로 FormattableString 타입의 객체를 생성하도록 코드를 작성하고 이 객체를 통해 문자열을 얻어 오는 방법을 사용하는 것이 좋다.

아이템 6: nameof() 연산자를 적극 활용하라

분산 시스템이 점차 대중화됨에 따라 서로 다른 시스템 사이에 데이터를 주고받아야 하는 일이 많아졌다. 이는 이질적인 플랫폼과 서로 다른 언어로 개발된 프로그램 사이에서 데이터를 주고받아야 하는 일이 많아졌다는 것을 의미하기도 한다. 이러한 차이를 극복하기 위해서 이름이나 문자열 식별자에 의존하는 간단한 라이브러리들이 많이 사용되곤 한다. 하지만 이 같은 방식이 간편할지는 몰라도 그에 준하는 추가 비용이 발생한다는 것을 잊어서는 안 된다. 대표적인 단점이 바로 타입 정보를 손실한다는 것이다. 이로 인해 타입 정보를 활용하여 추가 기능을 제공하는 개발 도구의 도움을 더 이상 받지 못하며 정적 타입 언어의 주요 장점을 상실하는 문제도 있다.

C# 언어 설계팀은 이러한 문제를 인지하고 C# 6.0에 nameof()라는 연산자를 추가했다. 이 키워드의 역할은 심볼 그 자체를 해당 심볼을 포함하는 문자열로 대체해준다. 가장 일반적인 활용 예의 하나로 INotifyPropertyChanged 인터페이스의 구현부를 살펴보자.

```
public string Name
{
    get
    {
        return name;
    }
    set
    {
        if (value != name)
        {
            name = value;
            PropertyChanged?.Invoke(this,
                new PropertyChangedEventArgs(nameof(Name)));
        }
    }
}

private string name;
```

nameof() 연산자를 사용했기 때문에 속성의 이름을 변경할 경우 이벤트의 인자로 전달해야 하는 문자열도 쉽게 변경할 수 있다. 이것이 nameof()의 가장 간단한 사용 예다.

nameof()는 심볼의 이름을 평가하며, 타입, 변수, 인터페이스, 네임스페이스에 대하여 사용할 수 있다. 완전히 정규화된 이름fully qualified name을 사용할 수도 있지만 정규화되지 않은 이름도 제한 없이 사용할 수 있다. 다만 제네릭 타입을 사용할 경우에는 부분적으로 제약이 있어서 모든 타입 매개변수를 지정한 닫힌 제네릭 타입만을 사용할 수 있다.

nameof() 연산자는 이처럼 다양하게 활용할 수 있고 항상 로컬 이름을 문자열로 반환하는 역할을 수행한다. 설사 완전히 정규화된 이름(예: System.Int.MaxValue)을 사용하더라도 항상 로컬 이름(MaxValue)을 반환한다.

앞의 예와 유사한 기본적인 활용 예는 이미 많이 살펴봤을 것이다. 또한 지역변수의 이름을 문자열로 변경하는 등의 기본적인 사용법은 이미 잘 활용하고 있을 것 같다. 너무 기초적인 방식에만 익숙한 나머지 다양한 방식으로 nameof() 연산자를 활용할 수 있음을 잊어버리지 않길 바란다.

대부분의 예외 타입은 매개변수의 이름 자체를 생성자의 매개변수로 취한다. 문자열을 하드코딩하는 대신 nameof()를 사용하면 이름 바꾸기rename 작업을 수행할 때도 실수를 줄일 수 있다.

```
public static void ExceptionMessage(object thisCantBeNull)
{
    if (thisCantBeNull == null)
        throw new ArgumentNullException(nameof(thisCantBeNull),
            "We told you this cant be null");
}
```

Exception 타입의 생성자는 2개의 문자열을 취하기 때문에 매개변수의 순서를 혼돈하기 쉽다. 정적 분석 도구를 이용하면 인자의 이름을 전달해야 하는 매개변수에 정확히 그 값을 전달했는지 확인할 수 있다.

특성attribute의 매개변수로 문자열을 전달해야 하는 경우에도 nameof() 연산자를 (위치 인자, 명명된 인자 모두에 대해서) 사용할 수 있다. 이는 MVC 응용프로그램이나 Web API 응용프로그램 개발 시에 경로route를 지정할 때 특히 유용하다. 경로 이름으로 네임스페이스 이름을 사용하는 것을 고려해보는 것도 좋다.

nameof() 연산자를 사용하면 심볼의 이름을 완전히 바꾸거나 수정할 경우에도 손쉽게 그 변경 사항을 반영할 수 있다. 정적 분석 도구를 이용하면 인자의 이름을 매개변수로 취하는 메서드를 사용할 때 저지르곤 하는 실수들을 미연에 방지할 수 있다. 이러한 도구는 편집기나 IDE에 포함된 정적 분석기의 형태로 제공되는 것이 일반적이지만 빌드 도구나 지속적 통합Continuous Integration 도구와 결합되어 완전히 다른 형태로 유사한 기능을 제공하기도 한다. 가능한 한 (문자화되지 않은 형태로) 심볼을 유지할 수만 있다면 자동화 도구를 활용할 수 있는 가능성이 높아지기 때문에, 다른 도구를 사용하거나 개발자가 직접 내용을 눈으로 검토하는 것에 비해 오류를 발견하기 쉬워진다. 결국 더 어려운 문제에 역량을 집중할 수 있다.

아이템 7: 델리게이트를 이용하여 콜백을 표현하라

아빠: "찬우야, 아빠가 책 읽는 동안 마당의 잔디를 깎아주렴."

아들: "아빠, 우선 마당 청소를 했어요."

아들: "아빠, 잔디깎기에 기름을 넣었어요."

아들: "아빠, 잔디깎기가 동작하지 않아요."

아빠: "그래 내가 동작시켜볼게."

아들: "아빠, 다 했어요."

이 간단한 대화는 콜백call-back을 설명하기 위한 것이다. 아빠는 아들에게 일을 시켰고, 아들은 수차례에 걸쳐 아빠에게 상태를 보고했다. 상태를 확인하기 위해 잠깐씩 책을 읽는 것을 멈추긴 했지만 책 읽기를 완전히 중단한 채로 아들이 일을 마치기를 기다리지는 않았다. 아들은 중요하다고 생각하는 상태를 아빠에게 알리면서 도움을 요청하기도 했다. 콜백은 서버가 클라이언트에게 비동기적으로 피드백을 주기 위해서 주로 사용하는 방법이다. 이를 위해 멀티스레딩 기술도 사용되고, 동기적으로 상태를 갱신하는 기법도 활용된다. 콜백은 C#에서 델리게이트를 이용하여 표현된다.

델리게이트를 이용하면 타입 안정적인 콜백을 정의할 수 있다. 대부분의 경우에 델리게이트는 event와 함께 사용되지만 반드시 그래야 하는 것은 아니다. 여러 클래스가 상호 통신을 수행해야 할 때 클래스 간의 결합도를 낮추고 싶다면 인터페이스보다 델리게이트를 사용하는 것이 좋다. 델리게이트는 런타임에 통지 대상을 설정할 수 있고, 다수의 클라이언트에게 통지를 보낼 수도 있다. 하나의 델리게이트는 여러 메서드에 대한 참조를 포함할 수 있기 때문이다. 각 메서드는 정적 메서드일 수도 있고, 인스턴스 메서드일 수도 있다. 즉, 델리게이트를 사용하면 통지를 전달하려는 대상이 한 개일 수도 있고 여러 개일 수도 있다. 런타임에 구성하기 나름이다.

콜백과 델리게이트는 C#이 제공하는 관용구의 하나이며 람다 표현식을 사용하는 경우에도 널리 활용된다. .NET Framework 라이브러리는 Predicate〈T〉, Action〈〉, Func〈〉와 같은 형태로, 자주 사용되는 델리게이트를 정의해두고 있다. Predicate〈T〉는 조건을 검사하여 부울값을 반환하는 델리게이트다. Func〈〉는 여러 개의 매개변수를 받아 단일의 결괏값을 반환하는 델리게이트다. 따라서 Func〈T, bool〉은 Predicate〈T〉와 동일하다고 볼 수 있다. 일반적으로 동일한 타입의 매개변수를 취하더라도 반환 타입이 다른 경우 서로 다른 델리게이트 타입으로 간주하며, 컴파일러는 이 둘 사이의 형변환을 허용하지 않는다. 마지막으로 Action〈〉은 여러 개의 매개변수를 받지만 반환 타입이 void인 델리게이트다.

LINQ는 이러한 개념을 기반으로 만들어졌다. 실제로 List〈T〉는 콜백을 사용하는 다양한 메서드를 가지고 있다. 다음 예를 살펴보자.

```
List<int> numbers = Enumerable.Range(1, 200).ToList();

var oddNumbers = numbers.Find(n => n % 2 == 1);
var test = numbers.TrueForAll(n => n < 50);

numbers.RemoveAll(n => n % 2 == 0);

numbers.ForEach(item => Console.WriteLine(item));
```

Find() 메서드는 Predicate〈int〉 형식의 델리게이트를 사용하여 리스트 내에 포함된 요소에 대하여 테스트를 수행한다. 매우 단순한 콜백의 형태다. Find() 메서드는 이 콜백을 사용하여 각 항목을 테스트하며, 테스트를 통과한 항목만을 반환한다.

TrueForAll() 또한 매우 유사한 방법으로 동작하는데, 각 요소를 개별적으로 테스트하되 모든 항목이 테스트를 통과한 경우에만 true를 반환한다. RemoveAll()은 델리게이트에서 정의한 테스트를 통과한 항목들을 리스트에서 제거한다.

마지막으로 ForEach() 메서드는 리스트 내의 각 요소에 대하여 델리게이트로 지정한 동작을 수행한다. 컴파일러는 람다 표현식을 메서드로 변환한 후, 이 메서드를 참조하는 델리게이트를 생성한다.

.NET Framework를 사용하다 보면 유사한 개념을 기반으로 하는 다양한 예를 무수히 살펴볼 수 있다. LINQ는 모두 델리게이트를 기반으로 한다. WPF Windows Presentation Foundation나 윈폼 Windows Forms에서 여러 스레드를 넘나들 경우 반드시 마샬링 marshaling이 필요한데, 이 경우에도 콜백이 사용된다. 또한 .NET Framework에서 매개변수로 단일 메서드를 필요로 하는 모든 경우에 람다 표현식을 쓸 수 있도록 델리게이트를 사용한다. 이런 이유로 동일한 구조의 API를 직접 만드는 경우에도 가능한 한 이와 유사한 방식으로 작성하는 것이 좋다.

역사적인 이유로 모든 델리게이트는 기본적으로 멀티캐스트 multicast가 가능하다. 멀티캐스트 델리게이트는 한 번만 호출하면 델리게이트 객체에 추가된 모든 대상 함수가 호출된다. 하지만 이러한 구조에는 두 가지 주의해야 할 부분이 있다. 먼저 예외에 안전하지 않다. 그리고 마지막으로 호출된 대상 함수의 반환값이 델리게이트의 반환값으로 간주된다.

멀티캐스트 델리게이트의 내부 동작 방식은 대상 함수들을 연속적으로 호출하는 형태로 구현된다. 델리게이트는 어떤 예외도 잡지catch 않으며, 따라서 예외가 발생하면 함수 호출 과정이 중단된다.

반환값에 대해서도 유의해야 할 부분이 있다. 델리게이트를 선언할 때는 반환 타입을 void가 아닌 다른 타입으로 지정할 수 있다. 사용자가 임의로 중단 가능하도록 다음과 같이 메서드를 만들었다고 가정해보자.

```
public void LengthyOperation(Func<bool> pred)
{
    foreach (ComplicatedClass cl in container)
    {
        cl.DoLengthyOperation();
        // 사용자가 임의로 중단을 요청했는지 확인
        if (false == pred())
            return;
    }
}
```

이 메서드를 유니캐스트unicast 델리게이트 형태로 사용하면 문제가 없지만 멀티캐스트 델리게이트 형태로 사용하면 문제가 발생한다.

```
Func<bool> cp = () => CheckWithUser();
cp += () => CheckWithSystem();
c.LengthyOperation(cp);
```

델리게이트의 반환값은 멀티캐스트 체인에서 마지막으로 호출된 함수의 반환값이 되며, 다른 반환값은 모두 무시된다. 따라서 앞의 예제의 경우 CheckWithUser()의 반환값은 무시된다.

이러한 두 가지 문제를 해결하려면 델리게이트에 포함된 호출 대상 콜백 함수를 직접 다뤄야 한다. 델리게이트는 추가된 메서드의 리스트를 가지므로, 이 리스트를 살펴서 직접 호출하는 방식으로 코드를 작성하는 것이다.

```
public void LengthyOperation2(Func<bool> pred)
{
    bool bContinue = true;
    foreach (ComplicatedClass cl in container)
    {
        cl.DoLengthyOperation();
        foreach (Func<bool> pr in pred.GetInvocationList())
            bContinue &= pr();

        if (!bContinue)
            return;
    }
}
```

이와 같이 코드를 작성하면 델리게이트에 추가된 개별 메서드가 true를 반환한 경우에만 다음 메서드에 대한 호출을 이어간다.

델리게이트는 런타임에 콜백을 구성하는 최고의 방법이다. 델리게이트를 사용하면 콜백을 사용해야 하는 클라이언트를 더욱 단순하게 구성할 수 있을 뿐 아니라 런타임에 콜백 함수를 구성할 수 있다. 게다가 하나의 델리게이트에 여러 개의 콜백 함수를 추가할 수도 있다. .NET 환경에서 콜백이 필요한 경우에는 반드시 델리게이트를 사용하자.

아이템 8: 이벤트 호출 시에는 null 조건 연산자를 사용하라

언뜻 보면 이벤트를 발생시키는 작업은 그리 어려운 부분이 없어 보인다. 이벤트를 정의하고, 이벤트를 발생시켜야 할 경우 이벤트를 호출하기만 하면 이벤트에 결합되어 있는 이벤트 핸들러가 호출될 것이기 때문이다. 멀티캐스트 델리게이트의 경우 이벤트에 결합된 이벤트 핸들러가 여러 개지만 내부적으로 이를 순차적으로 호출해줄 것이므로 복잡성이 외부로 드러나지 않는다. 하지만 실제로는 이처럼 단순한 방식으로 이벤트를 호출하는 경우 다양한 문제가 발생하곤 한다. 우선 이벤트에 결합된 이벤트 핸들러가 없다면 어떻게 될까? 이벤트 핸들러가 결합되어 있는지를 확인하는 코드를 추가하면 된다고 생각할지 모르지만, 이벤트 핸들러가 결합되어 있는지를 확인하는 코드와 이벤트를 발생시키는 코드 사이에 경쟁 조건race condition이 발생할 가능성이 있다. 이 문제는 C# 6.0에 새롭게 추가된 null 조건 연산자null conditional operator를 사용하면 깔끔하게 해결할 수 있다. 가능한 한 빨리 새로운 구문에 익숙해지기를 바란다.

먼저 예전 방식을 살펴보고 안전하게 이벤트를 발생시키기 위해서 무엇을 어떻게 해야 하는지 살펴보자. 간단한 이벤트 발생 코드는 다음과 유사할 것이다.

```
public class EventSource
{
    private EventHandler<int> Updated;

    public void RaiseUpdates()
    {
        counter++;
        Updated(this, counter);
    }

    private int counter;
}
```

이 코드는 문제가 있는 코드다. 우선 Updated 이벤트에 이벤트 핸들러가 결합돼 있지 않다면 NullReferenceException 예외가 발생한다. 이벤트 핸들러가 결합되지 않은 이벤트는 null 값을 갖기 때문이다.

따라서 이벤트를 발생시키기 이전에 유효한 이벤트 핸들러가 결합되었는지를 확인하도록 코드를 추가해야 한다.

```
public void RaiseUpdates()
{
    counter++;
    if (Updated != null)
        Updated(this, counter);
}
```

이렇게 코드를 수정하면 대부분의 경우 잘 동작하지만 여전히 숨어 있는 버그가 있다. if 문을 호출하여 Updated 이벤트가 null이 아님을 확인했다고 하자. 그런데 이벤트를 발생시키는 코드를 수행하기 직전에 다른 스레드가 이벤트 핸들러의 등록을 취소했다고 생각해보자. 다시 원래 스레드로 돌아와 이벤트를 발생시키려 하면, 이벤트 핸들러는 null 값을 가지게 되므로 NullReferenceException 예외가 발생한다. 이 같은 오류는 흔히 나타나지 않으며 문제

증상을 재현하기도 쉽지 않다.

이러한 버그는 분석하기도 어렵고 문제를 고치는 것도 여간 까다로운 게 아니다. 코드에 문제가 있을 것이라고 가늠하기도 어렵고 오류 재현 환경을 만들려면 여러 스레드의 수행 과정을 정밀하게 제어해야 하기 때문이다. 숙련된 개발자조차 이러한 코드 구성이 매우 위험하다는 사실을 지독한 경험으로부터 체득할 수밖에 없었다.

```
public void RaiseUpdates()
{
    counter++;
    var handler = Updated;
    if (handler != null)
        handler(this, counter);
}
```

이 예제가 바로 .NET과 C#을 이용하여 안전하게 이벤트를 발생시키는 권장 코드다. 이 코드는 멀티스레드 환경에서도 안전하게 동작한다. 하지만 여전히 코드의 가독성 측면에서 문제가 있다. 이전 코드를 이렇게 변경함으로써 어떻게 스레드 안정성을 확보할 수 있었는지가 코드를 통해 명확하게 드러나지 않기 때문이다.

이 코드가 어떻게 동작하는지 그리고 멀티스레드와 연계된 복잡한 문제를 어떻게 해결했는지 알아보기로 하자.

먼저 할당문을 통해서 현재 이벤트 핸들러를 새로운 지역변수에 할당했다. 이 지역변수는 멀티캐스트 델리게이트를 포함할 수 있다. 또한 이 델리게이트는 내부적으로 원래 이벤트의 이벤트 핸들러 목록을 그대로 가지고 있을 것이다.

이벤트에 대한 할당 구문은 할당문 오른쪽 객체에 대한 얕은 복사본shallow copy을 만든다. 이 복사본은 여러 개의 이벤트 핸들러가 포함된 리스트의 복사본을 생성하게 된다. 만약 이벤트 핸들러가 결합되지 않은 경우라면 할당문 오른쪽 값이 null일 것이기 때문에 새로운 변수의 값도 null이 된다.

만약 다른 스레드가 이벤트에 대한 구독을 취소하면 기존 객체에 포함된 이벤트 필드의 내용은 수정되겠지만 복사된 지역변수의 내용은 변경되지 않는다. 따라서 지역변수에는 이전에 복사됐던 이벤트 핸들러가 그대로 남아 있게 된다.

이제 복사된 지역변수의 null 여부를 확인해보면 복사가 수행되었던 시점에 이벤트 핸들러가 존재했는지를 확인하게 되므로 모든 이벤트 핸들러가 정상적으로 호출된다.

이 코드는 잘 수행되는 코드이지만 경험이 많지 않은 .NET 개발자들이 이 코드를 처음 보았을 때 이 같은 세부적인 내용을 온전히 이해하기란 쉽지 않다. 게다가 이벤트를 발생시키려는 위치마다 매번 이러한 코드를 반복해서 사용하거나, 혹은 유사한 코드를 포함하고 있는 private 메서드를 만들어두고 이 메서드를 이용하여 이벤트를 발생시키도록 코드를 작성해야만 한다.

이는 마치 필요 없는 코드처럼 보이기도 할뿐더러 이벤트를 발생하기 위해서 이처럼 복잡한 코드를 사용하는 것도 적절해 보이지 않는다.

null 조건 연산자를 사용하면 코드를 매우 간단하게 작성할 수 있다.

```
public void RaiseUpdates()
{
    counter++;
    Updated?.Invoke(this, counter);
}
```

이 코드는 null 조건 연산자(?.)를 사용하여 안전하게 이벤트 핸들러를 호출한다. '?.' 연산자의 동작 방식은 연산자의 왼쪽을 평가하여 이 값이 null이 아닌 경우에만 연산자 오른쪽의 표현식을 실행한다. 만약 연산자 왼쪽이 null이면 아무 작업도 수행하지 않고 다음 단락으로 이동한다.

이는 if 문을 사용하는 이전 예제와 언뜻 비슷해 보인다. 하지만 if 문과 다른 점은 '?' 연산자의 왼쪽을 평가하고 메서드를 수행하는 과정이 원자적으로 수행된다는 점이다.

'?.' 연산자를 이용하여 이벤트를 발생시킬 때는 이벤트 이름 뒤에 ()를 붙여 호출할 수 없으므로 Invoke 메서드를 사용해야 한다. C# 컴파일러는 모든 델리게이트와 이벤트에 대하여 Invoke() 메서드를 타입 안정적 형태로 생성해 주므로 이 메서드를 호출하는 것은 ()를 이용하여 이벤트를 직접 발생시키는 코드와 완전히 동일하다.

이 코드는 멀티스레드 환경에서도 안전할 뿐 아니라 이전 코드보다 더욱 간결하다. 겨우 한 줄에 불과하므로 이를 위해 따로 헬퍼 메서드를 만들거나, 이러한 기능을 구현하기 위해서 독립적인 클래스를 작성할 필요가 없다. 우리가 진정으로 원한 것은 간략하게 한 줄로 이벤트를 발생시키는 것이지 않는가.

오래된 습관은 쉽사리 바뀌지 않는다. .NET을 오랫동안 사용해온 개발자라 하더라도 새로운 방식을 사용할 것을 추천한다. 이전에 널리 사용한 코드가 도처에 널려 있을 수 있고, 팀 내에서 새로운 방식을 사용하자고 이야기하는 것이 어려울 수도 있다. 게다가 온라인상에는 이미 수십 년에 걸쳐 쌓여온 오래된 관례가 있기 때문에 NullReferenceExceptions에 대한 해결책으로 새로운 방법보다 이전 방식의 해결책을 찾을 가능성이 매우 높다.

하지만 어떤 경우라도 null 조건 연산자를 이용하는 방식을 고수하기 바란다. 이 방식이 기존 방식보다 더욱 단순하고 명확하기 때문이다.

아이템 9: 박싱과 언박싱을 최소화하라

값 타입은 주로 값을 저장할 때 쓰는 저장소이며 다형적polymorphic이지 못하다. 반면에 .NET Framework는 모든 타입의 최상위 타입을 참조 타입인 System.Object로 정의하고 있다. 이 두 가지는 서로 양립할 수 없는 것처럼 보인다. 하지만 .NET Framework는 박싱boxing과 언박싱unboxing이라는 방법을 통해서 이 두 가지 서로 다른 타입을 이어준다.

박싱이란 값 타입의 객체를 타입이 정해져 있지 않은 임의의 참조 타입 내부에 포함시키는 방법이다. 이를 이용하면 참조 타입이 필요한 경우에도 값 타입을 쓸 수 있다. 언박싱이란 반대로 박싱되어 있는 참조 타입의 객체로부터 값 타입 객체의 복사본을 가져오는 방법이다. 박싱과 언박싱은 System.Object 타입이나 인터페이스 타입이 필요한 곳에서 값 타입을 사용하기 위해 반드시 필요한 메커니즘이다. 하지만 박싱과 언박싱은 성능에 좋지 않은 영향을 미친다. 때로는 박싱과 언박싱을 수행하는 과정에서 임시 객체가 생성되기도 하는데, 간혹 이로 인해 예상치 못한 버그가 발생하기도 한다. 따라서 박싱과 언박싱은 가능한 한 피하는 것이 좋다.

다시 말하지만 박싱은 값 타입을 참조 타입으로 변경한다. 이 과정에서 새롭게 생성된 참조 타입의 객체는 힙에 생성되며, 값 타입의 복사본이 새롭게 생성된 객체 내부에 저장된다. [그림 1.1]에 박싱된 객체가 어떤 모습을 띠고, 어떻게 사용되는지를 나타냈다.

그림 1.1 박스 내에 값 타입이 포함된다. 값 타입을 System.Object 참조 타입으로 변경하기 위해서 익명의 참조 타입이 생성된다. 값 타입은 이 익명의 참조 타입 내에 저장된다. 값 타입에 접근하기 위한 모든 메서드들은 Box를 지나쳐 내부에 저장된 값 타입으로 전달된다.

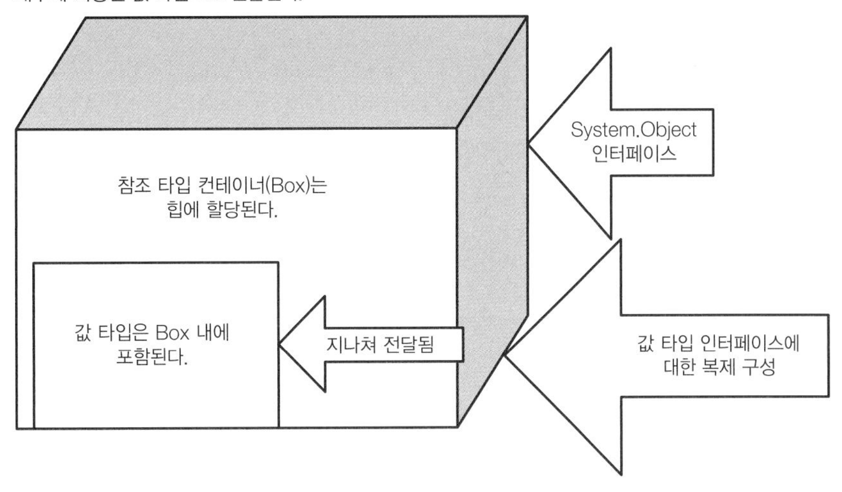

대부분의 경우 .NET 2.0에 추가된 제네릭 클래스와 제네릭 메서드를 사용하면 박싱과 언박싱을 피할 수 있다. 제네릭 관련 기능을 활용하면 값 타입 객체에 대한 불필요한 박싱 작업이 수행되지 않도록 코드를 작성할 수 있다는 것이다. 하지만 .NET Framework의 도처에는 여전히 System.Object 타입의 객체를 요구하는 경우가 있으며, 이러한 API들은 여전히 박싱과 언박싱 작업을 수행한다. 박싱과 언박싱은 모두 자동으로 이뤄진다. System.Object와 같은 참조 타입을 요구하는 곳에 값 타입의 객체를 사용하면 컴파일러는 자동으로 박싱과 언박싱을 수행하는 코드를 생성한다. 또한 인터페이스를 통해 값 타입의 객체를 참조하는 경우에도 박싱과 언박싱을 수행하는 코드를 생성한다. 컴파일러는 어떠한 경고 메시지도 출력하지 않으며 박싱 작업은 자연스럽게 수행된다. 다음과 같이 단순한 코드에서조차도 박싱의 예를 쉽게 찾아볼 수 있다.

```
Console.WriteLine($"A few numbers:{firstNumber}, {secondNumber}, {thirdNumber}");
```

보간 문자열을 만드는 위 작업은 실제로 System.Object 객체에 대한 배열을 사용한다. 정숫값은 값 타입이므로 값을 문자열로 변환하기 위한 함수를 호출하려면 반드시 박싱을 수행해야 한다. 3개의 정수를 System.Object 타입으로 변환하는 유일한 방법이 박싱이기 때문이다. 이제 박싱된 객체의 ToString() 메서드를 호출하는데, 동작 방식은 다음 코드와 유사하다.

```
int i = 25;
object o = i; // 박싱
Console.WriteLine(o.ToString());
```

보간 문자열 생성의 예에서 박싱과 언박싱 작업은 개별 객체 단위로 반복적으로 이뤄진다. 메서드 내에서 인자로 주어진 객체를 이용하여 문자열을 생성하는 작업은 다음 코드와 유사하다.

```
object firstParm = 5;
object o = firstParm;
int i = (int)o; // 언박싱
string output = i.ToString();
```

이 같은 코드를 직접 작성하지는 않을 것이다. 이는 컴파일러가 값 타입의 객체를 System.Object로 변경하기 위해 자동으로 생성하는 코드일 뿐이며 어찌 보면 사용자의 편의를 위한 것이다. 컴파일러는 값 타입의 객체를 System.Object 타입의 객체로 변환해야 하는 경우 항상 박싱과 언박싱 코드를 자동으로 생성해준다. 하지만 이로 인해 발생하는 성능상의 취약점을 개선하고 싶다면 WriteLine 메서드에 값 타입의 객체를 직접 전달하지 말고 문자열 인스턴스를 전달하는 것이 좋다.

```
Console.WriteLine($@"A few numbers:{firstNumber.ToString()},
    {secondNumber.ToString()}, {thirdNumber.ToString()}");
```

이와 같이 코드를 작성하면 값 타입인 정수 타입 객체를 System.Object 타입으로 변경하는 것을 피할 수 있다. 이 코드는 박싱을 피하는 규칙을 잘 드러내는 예이기도 한데, 그 첫 번째 규칙은 System.Object 타입으로 박싱이 이루어지는지 유심히 살펴보고 이를 개선하라는 것이다.

박싱과 언박싱을 피할 수 있는 비교적 손쉬운 또 다른 규칙은 가능한 한 .NET 1.x의 컬렉션을 사용하는 것을 피하고 대신 .NET 2.0에 추가된 제네릭 컬렉션을 사용하라는 것이다. 물론 .NET 1.x의 컬렉션을 요구하는 컴포넌트가 여전히 도처에 널려 있기는 하지만 말이다.

.NET 1.x의 컬렉션은 System.Object 타입의 객체에 대한 참조를 저장하도록 구현되어 있다. 따라서 컬렉션에 값 타입의 객체를 추가하려는 경우 박싱을 피할 수 없다. 컬렉션으로부터 객체를 가져오는 경우에도 박싱된 객체의 복사본을 가져온다. 매번 객체에 대한 복사가 일어난다

는 것이다. 이로 인해 간혹 버그가 발생하는 경우가 있다. 이러한 버그는 박싱과 관련된 규칙에 기인한다. 컬렉션 내에 저장된 구조체 객체에 대하여 그 값을 수정하는 간단한 예를 살펴보자.

```
// 컬렉션 내에서 Person 타입을 사용한다.
var attendees = new List<Person>();
Person p = new Person { Name = "Old Name" };
attendees.Add(p);

// Name을 변경하려 했다.
// Person이 참조 타입이라면 정상 동작한다.
Person p2 = attendees[0];
p2.Name = "New Name";

// "Old Name"을 출력한다.
Console.WriteLine(attendees[0].ToString());

int i = 25;
object o = i; // 박싱
Console.WriteLine(o.ToString());
```

Person은 값 타입이다. JIT 컴파일러는 List〈Person〉과 같이 닫힌 제네릭 타입을 생성하여, attendees 컬렉션에 Person 객체를 저장할 때 박싱이 일어나지 않도록 했다. 하지만 Name 속성을 변경하기 위해서 컬렉션으로부터 Person 객체를 가져오는 순간 새로운 복사본이 생성된다. 이후의 속성 변경 코드는 모두 복사본을 대상으로 이뤄진다. 사실 attendees[0]에 대해 ToString() 메서드를 호출할 때 또 다른 복사본이 만들어지기도 한다. 이러한 문제점뿐 아니라 다른 여러 가지 이유에서라도 변경 불가능한immutable 값 타입을 만드는 것이 여러모로 좋다.

결론적으로 값 타입은 System.Object 타입이나 여타의 인터페이스 타입으로 변경할 수 있다. 이러한 변환 작업은 암시적으로 이뤄지며, 실제로 어떤 부분에서 이러한 변환 작업이 행해지는지도 찾아내기 어렵다. 수행 환경과 개발 언어별로 다양한 규칙이 존재하기 때문이다. 박싱과 언박싱 작업은 부지불식간에 객체에 대한 복사본을 생성하곤 하는데, 이로 인해 버그가 발생할 수도 있고 값 타입을 다형적으로 처리하는 과정에서 성능을 느리게 만든다. 제네릭이 아닌 컬렉션 내에 값 타입의 객체를 저장하거나 System.Object 내에 정의된 메서드를 호출하기 위해서 System.Object 타입으로 형변환을 수행하는 것과 같이 값 타입을 System.Object 타입이나 인터페이스 타입으로 변경하는 코드는 가능한 한 작성하지 말아야 한다.

아이템 10: 베이스 클래스가 업그레이드된 경우에만 new 한정자를 사용하라

베이스 클래스에서 virtual로 선언하지 않은 멤버를 재정의하려는 경우 new 한정자를 사용할 수 있다. 하지만 사용할 수 있다는 것과 잘 사용한다는 것은 전혀 다른 이야기다. 왜냐하면 virtual로 선언되지 않은 메서드를 재정의하면 메서드의 동작 방식을 모호하게 만들 우려가 있기 때문이다. 베이스 클래스의 메서드와 하위 클래스에서 재정의한 메서드가 완전히 다른 내용을 구현했다 하더라도 이를 사용하는 대부분의 개발자는 두 메서드가 완전히 동일한 작업을 수행할 것으로 기대할 것이다.

```
object c = MakeObject();

// MyClass 타입의 참조를 이용하여 메서드를 호출한다.
MyClass cl = c as MyClass;
cl.MagicMethod();

// MyOtherClass 타입의 참조를 이용하여 메서드를 호출한다.
MyOtherClass cl2 = c as MyOtherClass;
cl2.MagicMethod();
```

다음과 같이 MyOtherClass에서 new 한정자를 이용하여 MagicMethod()를 재정의했다면 두 메서드의 호출 결과가 달라진다.

```
public class MyClass
{
    public void MagicMethod()
    {
        Console.WriteLine("MyClass");
        // 세부 내용 생략
    }
}

public class MyOtherClass : MyClass
{
    // MagicMethod를 재정의
    public new void MagicMethod()
    {
        Console.WriteLine("MyOTherClass");
```

```
        // 세부 내용 생략
    }
}
```

이와 같이 코드를 작성하면 개발자들은 혼돈스러울 수밖에 없다. 동일한 객체를 이용하여 동일한 메서드를 호출했다면 동일한 작업이 실행되기를 기대하는 것은 당연하다. 메서드를 호출할 때 사용한 참조나 레이블을 변경한다고 해서 동작 방식이 바뀔 것이라고 생각하지는 않을 것이기 때문이다. 이는 일관성이 없다고 봐야 한다. 앞의 예제에서 MyOtherClass 타입의 객체는 이 객체를 어떻게 참조하느냐에 따라 다르게 동작한다. 사실 new 한정자는 비가상 메서드를 가상 메서드로 만드는 것이 아니라 클래스의 명명 범위naming scope 내에 새로운 메서드를 추가하는 역할을 수행한다.

비가상 메서드는 정적으로 바인딩되므로 MyClass.MagicMethod()를 호출하는 코드는 정확히 이 메서드를 호출한다. 런타임에 파생 클래스에서 새롭게 정의하고 있는 메서드가 있는지 찾지 않는다는 것이다. 반면, 가상 메서드는 동적으로 바인딩되므로 런타임에 객체의 타입이 무엇이냐에 따라 그에 부합하는 메서드를 호출한다.

비가상 메서드를 재정의하는 new 한정자를 사용하지 않기 위해서 베이스 클래스의 모든 메서드를 가상 메서드로 변경하는 것은 안 될 말이다. 라이브러리 설계자가 특정 메서드를 가상으로 선언한다는 것은 이 라이브러리를 사용할 사용자와 나름의 약속을 한 것과 마찬가지다. 즉, 파생 클래스에서 이 가상 메서드의 구현부를 변경할 것임을 예상하고 있으며, 파생 클래스에서 가상 메서드의 동작 방식을 변경할지라도 아무런 문제없이 수행될 것임을 보장하는 것이다. 무작정 모든 메서드를 가상으로 선언하는 것은 베이스 클래스의 모든 동작을 파생 클래스에서 임의로 변경할 수 있음을 의미하는 것이며, 이는 파생 클래스가 동작 방식을 변경하는 것에 대해서 베이스 클래스가 그다지 신경 쓰지 않음을 의미하는 것과 다를 바가 없다. 어떤 메서드를 가상으로 선언하고 어떤 메서드를 가상으로 선언하지 않을지를 결정하려면 다형성이 필요한 메서드나 속성이 무엇인지를 우선 생각해보고 반드시 다형성이 필요한 경우에만 가상 메서드를 사용해야 한다. 이처럼 가상 메서드를 제한적으로 사용하는 것이 클래스의 가능성을 제약한다고 생각하기보다는 이 클래스의 활용 방법에 대해서 더 신중한 가이드라인을 제시하는 것으로 생각해야 한다.

new 한정자를 활용해도 좋은 경우는 베이스 클래스에서 이미 사용하고 있는 메서드를 재정의하여 완전히 새로운 베이스 클래스를 만들어야 하는 경우 정도다. 이미 널리 사용되고 있는 메서드가 있어서 이를 사용하는 코드를 일일이 찾아서 수정하기 어렵거나 혹은 외부 어셈블리에서 이 메서드를 사용하고 있어서 코드를 수정할 수 없는 경우라면 new 한정자를 사용해볼 만하다. 예를 들어 외부에서 구매한 라이브러리에 포함된 BaseWidget이라는 클래스를 상속하여 다음과 같이 MyWidget를 정의했다고 가정해보자.

```
public class MyWidget : BaseWidget
{
    public void NormalizeValues()
    {
        // 세부 내용 생략
    }
}
```

많은 고객이 MyWidget 클래스를 사용 중인 상황에서 BaseWidget의 개발사가 새로운 버전을 출시했다고 해보자. 새로운 기능을 학수고대하던 터라 이를 즉각 구매하여 MyWidget을 빌드했지만 BaseWidget에 NormalizeValues()라는 새로운 메서드가 추가된 바람에 빌드가 실패하는 경우를 생각해보자.

```
public class BaseWidget
{
    public void NormalizeValues()
    {
        // 세부 내용 생략
    }
}
```

문제의 원인은 베이스 클래스에 동일 이름의 메서드가 추가됐기 때문이다. 이 문제를 해결하는 방법에는 두 가지가 있다. 먼저 MyWidget 클래스에서 정의한 NormalizeValues() 메서드의 이름을 NormalizeAllValues()와 같이 다른 이름으로 변경하는 것이다. 만약 BaseWidget의 NormalizeValues()가 우리가 작성한 메서드와 동일한 기능을 수행한다면 NormalizeAllValues() 내에서 베이스 클래스의 NormalizeValues()를 호출하도록 코드를 변경하기만 하면 될 것이다.

```
public class MyWidget : BaseWidget
{
    public void NormalizeAllValues()
    {
        // 세부 내용 생략
        // 운 좋게도 베이스 클래스에 새롭게 추가된 메서드가
        // 동일한 작업을 수행하는 경우라면
        // 베이스 클래스의 메서드를 호출하기만 하면 된다.
        base.NormalizeValues();
    }
}
```

또 다른 방법으로는 메서드의 이름을 변경하는 대신 new 한정자를 사용하는 방법이 있다.

```
public class MyWidget : BaseWidget
{
    public new void NormalizeValues()
    {
        // 세부 내용 생략
        // 운 좋게도 베이스 클래스에 새롭게 추가된 메서드가
        // 동일한 작업을 수행하는 경우라면
        // 베이스 클래스의 메서드를 호출하기만 하면 된다.
        base.NormalizeValues();
    }
}
```

MyWidget 클래스를 사용하는 코드를 모두 수정할 수 있다면 장기적인 관점에서 메서드의 이름을 변경하는 것이 좋다. 하지만 MyWidget 클래스를 널리 공개한 경우라서 누가 이 클래스를 사용하고 있는지조차 알 수 없다면 BaseWidget.NormalizeValues()를 호출하도록 코드를 수정하라고 강요하기보다 new 한정자를 이용하여 기존 메서드명을 그대로 사용할 수 있도록 하는 편이 더 낫다. 이처럼 new 한정자를 이용하면 베이스 클래스가 업그레이드되어 파생 클래스의 멤버와 이름이 충돌하는 경우 간단히 문제를 해결할 수 있다.

당연한 이야기지만 시간이 지남에 따라 일부 사용자가 BaseWidget의 NormalizeValues() 메서드를 사용하는 경우가 늘어날 수도 있다. 이 경우 이름은 같지만 서로 다르게 동작하는 메서드가 여러 개 존재하는 원론적인 문제를 다시금 고민하지 않을 수 없다. 따라서 장기적인 관점에서 new 한정자를 쓸 것인지를 신중하게 고민해야 한다. 때로는 당장의 불편함을 감수하

더라도 메서드의 이름을 변경하는 것이 장기적으로 보면 더 나은 대안일 수 있다.

new 한정자를 사용할 때는 각별한 주의가 필요하다. 별생각 없이 new 한정자를 남발하면 메서드를 호출할 때 상당히 모호한 상황이 발생할 수 있다. 베이스 클래스가 업그레이드되어 메서드의 이름이 충돌하는 경우는 매우 특별한 경우라서 new 한정자를 검토해볼 수 있다. 하지만 이 경우조차 new 한정자를 사용할지에 대해서는 신중히 고려해야 하며, 그 외의 경우라면 절대로 new 한정자를 사용해서는 안 된다.

CHAPTER 2

.NET 리소스 관리

.NET 프로그램은 관리 환경managed environment에서 수행되기 때문에 C# 프로그램의 설계에 적지 않은 영향을 미친다. 관리 환경의 장점을 온전히 활용하려면 다른 수행 환경에서 익숙해진 생각의 틀을 .NET 공용 언어 런타임Common Language Runtime, CLR에 맞게 근본적으로 변경해야 한다. 객체의 생명주기를 이해하려면 .NET의 가비지 수집기Garbage Collector, GC의 동작 방식을 잘 알아야 하고, 비관리 리소스를 어떻게 다룰지에 대해서도 정확히 이해해야 한다. 이 장에서는 관리 환경에 대해서 살펴보고 관리 환경이 제공하는 장점을 최대한 활용하여 실용적인 관점에서 소프트웨어를 개발 방법에 대해 알아볼 것이다.

아이템 11: .NET 리소스 관리에 대한 이해

훌륭한 .NET 개발자가 되기 위해서는 무엇보다 관리 환경에서 메모리와 주요 리소스들이 어떻게 관리되는지를 올바르게 이해해야 한다. .NET 환경에서는 특별히 메모리 관리와 가비지 수집기의 동작 방식을 정확히 이해하는 것이 무엇보다 중요하다.

가비지 수집기는 관리되는 메모리managed memory를 관장하며 네이티브 환경과는 다르게 메모리 누수, 댕글링 포인터dangling pointer, 초기화되지 않는 포인터, 여타의 메모리 관리 문제를 개발자들이 직접 다루지 않도록 자동화해준다. 그럼에도 개발자가 올바르게 해제 작업을 수행하면 더욱 효과적으로 가비지 수집이 이뤄질 수 있다. 이와는 반대로 데이터베이스 연결, GDI+ 객체,

COM 객체, 시스템 객체 등과 같은 비관리 리소스는 여전히 개발자가 직접 관리해야 한다. 여기에 더해 이벤트 핸들러나 델리게이트 등도 잘못 사용하면 이들이 참조하고 있는 객체들이 불필요하게 오랫동안 메모리에 남게 된다. 결과를 반환하는 쿼리 등도 자칫 잘못 사용하면 예상보다 더 오랫동안 메모리를 점유하곤 한다(**아이템 41: 값비싼 리소스를 캡처하지 말라** 참조).

다행스럽게도 가비지 수집기가 메모리를 전반적으로 관리해주기 때문에 메모리 관리를 개발자가 온전히 책임져야 하는 환경에 비해 상대적으로 응용프로그램의 구조를 단순하게 유지할 수 있다. 메모리를 직접 관리해야 할 경우에 상당히 복잡할 수밖에 없는 순환 참조의 문제나 여러 객체들 간의 복잡한 연관 관계의 문제도 관리 환경에서는 비교적 쉽게 구현할 수 있다. 가비지 수집기의 마크/콤팩트Mark/Compact 알고리즘은 여러 객체 사이의 연관 관계를 효율적으로 파악하여 더 이상 사용되지 않는 객체를 자동으로 제거한다. 가비지 수집기는 COM의 경우처럼 개별 객체가 스스로 자신의 참조 여부나 횟수 등을 관리하도록 하지 않고, 응용프로그램의 최상위 객체로부터 개별 객체까지의 도달 가능reachable 여부를 확인하도록 설계되어 있다. EntitySet 클래스는 이러한 알고리즘을 통해서 객체의 소유권을 확인하는 과정이 얼마나 쉽게 수행될 수 있는지를 보여주는 좋은 예다. 통상 각각의 Entity는 데이터베이스에서 로드한 객체들의 집합으로 구성되며 다른 Entity를 참조하는 링크를 포함할 수도 있다. 관계형 데이터베이스의 엔티티 집합 모델과 마찬가지로 이러한 링크는 간혹 순환 참조가 되기도 한다.

설사 EntitySet이 내부적으로 여러 객체 간의 복잡한 참조 관계를 가진다 하더라도 가비지 수집기가 메모리 해제를 책임지므로, .NET Framework를 이용하는 개발자들은 EntitySet 내부에 포함된 객체들을 개별적으로 해제할 필요도 없고 객체 간의 참조 관계로 인해 발생하는 복잡한 문제를 고민할 필요도 없다. 여러 객체를 해제하는 과정에서 발생할 수 있는 해제 순서의 선후 관계에 대해서도 고민할 필요가 없다. 이 모든 작업은 가비지 수집기가 알아서 처리해준다. 가비지 수집기의 이러한 알고리즘 덕분에 어떤 객체가 가비지인지를 확인하는 과정도 쉽게 이뤄진다. 가비지 수집기는 응용프로그램 내의 최상위 객체로부터 참조 트리를 구성하여 도달 가능한 객체를 살아 있는 객체로 판단하고 도달 불가능한unrearchable 객체를 가비지로 간주한다.

가비지 수집기가 수행되면 관리 힙에 대하여 콤팩트compact 작업을 수행한다. 콤팩트 작업이란 사용 중인(혹은 도달 가능한) 객체들을 한쪽으로 차곡차곡 옮겨서 조각난 가용 메모리를 단일의 큰 메모리 공간으로 만드는 과정을 말한다.

그림 2.1 가비지 수집기는 사용되지 않는 객체를 제거할 뿐 아니라 사용 중인 객체들을 옮겨서 조각난 가용 메모리를 단일의 큰 메모리 공간으로 만든다.

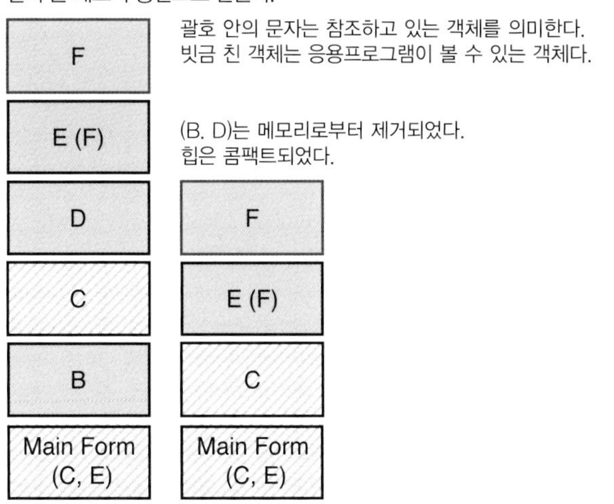

이처럼 관리 힙에 대한 메모리 관리는 가비지 수집기가 완전히 책임을 진다. 하지만 그 외의 비관리 리소스는 여전히 개발자가 관리해야 한다. .NET Framework는 비관리 리소스의 생명주기에 대해서도 개발자가 더 손쉽게 관리할 수 있도록 finalizer와 IDisposable 인터페이스라는 두 가지 메커니즘을 제공한다. finalizer는 비관리 리소스에 대한 해제 작업이 반드시 수행될 수 있도록 도와주는 방어적인 메커니즘이다. 불행히도 finalizer는 단점이 많기 때문에 이보다는 IDisposable 인터페이스를 통해서 적시에 비관리 리소스가 빠르게 해제될 수 있도록 구현하는 것이 좋다.

finalizer를 가지고 있는 객체는 가비지로 간주된 이후에도 꽤 긴 시간 메모리를 점유하게 되며, 사용자가 구현한 finalizer는 상당한 시간이 경과한 다음에야 비로소 가비지 수집기에 의해서 호출된다. 불편한 진실은 정확히 어느 시점에 finalizer가 호출될지를 아무도 알 수 없다는 것이다. 단지 객체가 가비지가 되면 언젠가는 호출되리라는 것만 알 수 있을 뿐이다. C++에 익숙한 개발자라면 이를 매우 심각한 문제로 받아들일지도 모르겠다. 게다가 이로 인해 응용프로그램의 구조도 변경하지 않을 수 없게 된다. 다음 예를 살펴보자. C++에 익숙한 개발자라면 기존에 익숙한 방식대로 생성자 내에서 리소스를 할당하고, 소멸자에서 이 리소스를 해제하도록 C# 코드를 작성할 것이다.

```
// C++에서는 좋지만, C#에서는 나쁜 코드의 예
class CriticalSection
{
    // 생성자 내에서 시스템 리소스를 할당한다.
    public CriticalSection()
    {
        EnterCriticalSection();
    }

    // 소멸자 내에서 시스템 리소스를 해제한다.
    ~CriticalSection()
    {
        ExitCriticalSection();
    }

    private void ExitCriticalSection()
    {
    }

    private void EnterCriticalSection()
    {
    }
}

// 사용 예
void Func()
{
    // s 객체를 통해 시스템 리소스에 대한
    // 생명주기가 관리된다.
    CriticalSection s = new CriticalSection();

    // 실제 작업을 수행한다.
    //...

    // 컴파일러는 소멸자를 호출하는 코드를 생성하며
    // 이를 통해 Critical Section에서 벗어난다.
}
```

C++에서 대중적으로 사용되는 리소스 해제 구문은 예외가 발생하는 경우에도 올바르게 동작한다. 그러나 C#에서는 제대로 동작하지 않으며 설사 동작한다 하더라도 동일한 방식으로 동작하지는 않는다. .NET 환경이나 C#에서는 원하는 시점에 정확히 객체를 해제하는 기능을 제공하지 않는다. 이런 이유로 C++에서는 보편적인 코딩 스타일이 C#에서는 잘 동작하지 않는다. C#에서도 finalizer가 언젠가는 호출된다는 것을 보장하곤 있지만 원하는 시점에 맞춰 finalizer가 호출될 것임을 보장하지는 않는다. 따라서 C#을 이용하여 앞에서와 같이 코드를 작성하면 함수를 빠져나오는 시점에 Critical Section 객체가 해제되지 않으며, 그냥 언젠가 해제될 것이라는 사실만 알 수 있을 뿐이다. 정확히 언제 해제될지도 알 수 없으며 그 시점을 알아낼 방법도 없다. 문제는 finalizer가 할당된 비관리 리소스를 최종적으로 해제할 수 있는 유일한 방법이라는 점이다. 하지만 finailizer가 어느 시점에 호출될지 알 수 없으므로 실제로 타입을 설계하고 코딩할 때는 finalizer를 가능한 한 사용하지 않아야 하며 finalizer가 필요한 구조를 회피해야 한다. 이 장을 통해서 finalizer를 피할 수 있는 다양한 기법을 살펴볼 것이며 finalizer가 반드시 필요한 경우에도 부정적인 영향을 최소화하는 방법도 알아볼 것이다.

finalizer를 사용하면 성능이 나빠진다. finalizer를 포함하고 있는 객체를 사용하면 가비지 수집 과정이 더 길어진다. 가비지 수집기가 finalizer를 포함하는 객체를 가비지로 판단한 경우 그 즉시 객체가 점유하고 있는 메모리 공간을 해제하지 못한다. finalizer를 호출해야 하기 때문이다. 그런데 가비지 수집을 수행하는 스레드를 통해 직접 finalizer를 호출할 수 없기 때문에 가비지 수집기는 이 객체에 대한 참조를 다른 큐에 삽입하여 나중에 finalizer가 호출될 수 있도록 사전 준비만을 수행한다. 이 과정에서 finalizer가 없는 객체는 메모리로부터 즉각 제거된다. 일정 시간이 경과한 이후에 다시 한 번 가비지 수집 절차가 수행되면 앞서 다른 큐에 삽입해 두었던 객체의 참조를 꺼내어 해당 객체가 가지고 있는 finalizer를 순차적으로 호출한 후 점유하고 있던 메모리를 반납한다. 3단계의 가비지 수집 절차와 메모리 사용 현황을 [그림 2.2]에 나타냈다. finalizer를 포함하는 객체가 즉각 제거되지 못하고 다음 번 가비지 수집 과정까지 메모리를 그대로 점유하고 있음을 유념해서 살펴보기 바란다.

그림 2.2 이 절차는 finalizer가 가비지 수집기에 어떤 영향을 미치는지를 보여준다. finalizer를 가지고 있는 객체는 메모리를 더 오래 점유하고 finalizer를 수행하기 위해 추가적인 스레드가 필요하다.

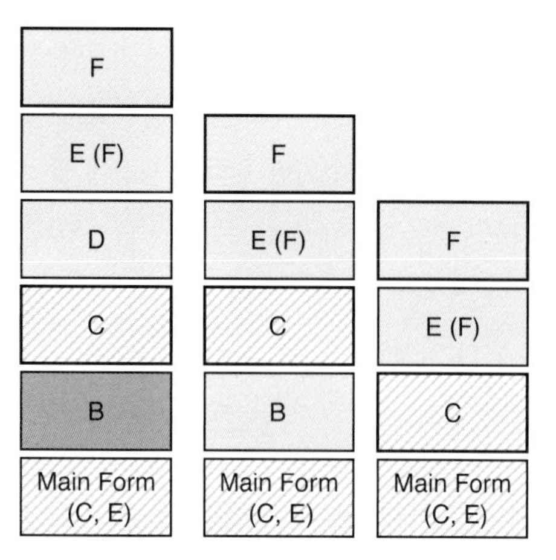

괄호 안의 문자는 참조하고 있는 객체를 의미한다.
빗금 친 객체는 응용프로그램이 볼 수 있는 객체다.
어두운 회색으로 표시한 객체는 finilizer를 가진 객체다.

D가 메모리에서 제거됐다. 힙이 콤팩트됐다.
B의 finalizer는 비동기적으로 호출된다.

B가 메모리에서 제거됐다.
힙은 콤팩트됐다.

이 과정을 살펴보면 finalizer를 가진 객체의 경우 가비지로 간주된 즉시 해제되지 않고 또 한 번의 가비지 수집 과정이 수행될 때까지 메모리에 남아 있음을 알 수 있다. 이 예시는 사실 매우 단순하게 설명한 것에 지나지 않으며 실제 가비지 수집 과정은 이보다 훨씬 복잡하게 진행된다. .NET의 가비지 수집기는 가비지 수집 과정을 최적화하기 위해서 세대generation라는 개념을 사용한다.

가비지 수집기에 세대라는 개념을 도입함에 따라 가비지가 될 가능성이 높은 객체를 더 빠르게 찾아낼 수 있게 됐다. 예를 들어 마지막으로 가비지 수집기가 수행된 이후 임의의 객체가 생성됐다고 하자. 이 객체를 0세대 객체라 한다. 이제 또 한 번의 가비지 수집 절차가 수행됐다고 하자. 만약 기존에 생성한 객체가 여전히 쓰이고 있다면 이번 가비지 수집 절차의 정리 대상이 되지 않을 것이다. 이렇게 살아 남은 객체를 1세대 객체라 한다. 만약 두 번 혹은 그 이상의 가비지 수집 절차가 수행됐음에도 여전히 사용되고 있는 객체가 있다면 이를 2세대 객체라고 한다. 이처럼 세대를 구분하는 이유는 응용프로그램 내에서 비교적 짧은 시간만 사용되는 객체를 다른 객체와 구분하기 위함이다. 0세대 객체는 가장 최근에 생성된 객체임을 유추해볼 수 있으며 멤버 변수나 전역변수는 금세 1세대 객체나 2세대 객체가 될 것이다.

가비지 수집기는 1세대와 2세대 객체에 대해서는 제한적으로 가비지 수집을 수행한다. 가비지 수집 절차가 시작되면 우선 0세대 객체에 대해서만 가비지 수집을 수행한다. 대략 10번에 한 번 꼴로 추가적으로 1세대 객체에 대해서 가비지 수집을 수행한다. 그리고 약 100번에 한 번 꼴로 2세대 객체를 포함한 모든 세대의 객체를 대상으로 가비지 수집을 수행한다. 이쯤에서 finalizer의 비용에 대해서 다시 생각해보자. finalizer를 가진 객체는 즉각 제거되지 못하므로 1세대 객체가 되고, 이 경우 9번의 가비지 수집 절차가 추가적으로 수행된 이후에나 비로소 메모리에서 제거될 가능성이 있다. 만약 이 과정에서도 정리되지 못하면 2세대 객체가 되므로 약 100번의 가비지 수집 절차가 추가로 수행되는 경우에만 겨우 삭제될 것이다.

finalizer가 좋은 해결책이 될 수 없는 이유를 꽤나 장황하게 설명했다. 그렇다면 리소스를 해제하는 가장 좋은 방법은 무엇일까? .NET 환경에서 비관리 리소스를 해제하는 가장 좋은 방법은 finalizer를 활용하는 것이 아니라 IDisposable 인터페이스와 표준 Dispose 패턴을 활용하는 것이다(**아이템 17: 표준 Dispose 패턴을 구현하라** 참조).

관리 환경에서는 가비지 수집기가 메모리 관리를 전반적으로 담당하기 때문에 메모리 누수나 그 외의 메모리 문제에 대해서는 개발자가 더 이상 신경 쓰지 않아도 된다. 하지만 메모리가 아닌 다른 시스템 리소스의 경우, 리소스 정리 작업을 손수 해야 하기 때문에 finalizer가 반드시 필요하다고 생각할 수 있을 것이다. finalizer는 응용프로그램의 성능에 심각한 영향을 미치므로 IDisposable 인터페이스를 구현하여 가비지 수집 과정이 지연되는 것을 방지해야 한다. 이어지는 항목을 통해서 응용프로그램을 개발하는 과정에서 관리 환경을 더 효과적으로 사용하는 다양한 방법을 좀 더 상세히 알아볼 것이다.

아이템 12: 할당 구문보다 멤버 초기화 구문이 좋다

클래스를 만들다 보면 종종 둘 이상의 생성자를 작성해야 하는 경우가 있다. 그런데 생성자 내에서 멤버 변수들의 값을 초기화하도록 코드를 작성하다 보면 모든 생성자 내에서 멤버 변수들을 초기화해야 함에도 불구하고 자칫 초기화 코드를 누락하는 경우가 있다. 이러한 오류를 범하지 않으려면 생성자의 본문에서 멤버 변수에 값을 할당하기보다 멤버 초기화 구문[member initializer]을 사용하는 것이 좋다. 정적 변수와 인스턴스 변수 어느 쪽이라도 가능한 한 멤버 초기화 구문을 사용하는 것이 좋다.

멤버 변수를 선언할 때 객체를 함께 생성하는 것은 C#에서 매우 자연스러운 구문이므로 멤버 변수를 선언할 때는 항상 초기화 구문을 사용하자.

```
public class MyClass
{
    // 컬렉션을 선언하는 동시에 초기화
    private List<string> labels = new List<string>();

}
```

이와 같이 코드를 작성하면 MyClass 타입에 몇 개의 생성자를 추가하든 상관없이 멤버 변수를 올바르게 초기화할 수 있다. 컴파일러는 모든 생성자의 시작 부분에 멤버 초기화 구문을 포함시키기 때문에 새로운 생성자를 추가하더라도 멤버 초기화 구문이 항상 포함된다. 따라서 생성자의 본문에서 별도로 멤버 변수를 초기화할 필요가 없다. 단지 변수를 선언하는 곳에서 변수를 초기화하도록 코드를 작성하기만 하면 된다. C# 컴파일러는 생성자를 갖지 않는 타입을 선언한 경우에도 기본 생성자를 자동으로 생성하는데 멤버 초기화 구문을 이용하면 컴파일러가 생성해 주는 기본 생성자의 앞쪽에도 초기화 구문이 포함된다.

멤버 초기화 구문은 생성자 본문 내에서 멤버 변수를 올바르게 초기화하는 작업 그 이상의 역할도 한다. 멤버 초기화 구문에 의해 생성된 코드는 생성자 본문의 앞쪽에 덧붙여진다. 이는 생성하려는 타입이 다른 클래스를 상속하고 있는 경우 베이스 클래스의 생성자가 호출되기 전에 멤버에 대한 초기화가 이루어진다는 것을 의미한다. 세부적인 특성이긴 하지만 멤버 변수의 초기화 순서는 변수의 선언 순서대로 수행된다는 점도 알아두면 좋다.

멤버 초기화 구문을 사용하면 자칫 초기화되지 않은 멤버 변수를 사용하는 문제로부터 벗어날 수 있지만 완벽한 것은 아니다. 다음에 알아볼 세 가지 경우에는 멤버 초기화 구문을 사용하지 않는 것이 좋다. 첫째로 객체를 0이나 null로 초기화하는 경우다. 기본 시스템 초기화 루틴은 코드를 실행하기 전에 모든 값을 0으로 설정한다. 이 같은 시스템 초기화 루틴은 저수준에서 직접 CPU 명령을 수행하여 메모리 블록을 0으로 설정하기 때문에 추가적으로 변수의 값을 0이나 null로 설정할 필요가 없다. C# 컴파일러는 이같이 불필요한 초기화 구문이 있더라도 개의치 않고 코드를 생성할 것이기 때문에 괜한 일을 추가적으로 하는 꼴이 된다.

```
public struct MyValType
{
    // 생략
}
```

```
MyValType myVal1;  // 0으로 초기화
MyValType myVal2 = new MyValType(); // 반복해서 0으로 초기화
```

이 코드의 두 문장은 모두 변수를 0으로 초기화한다. 첫 번째 문장은 myVal1이 사상된 메모리 블록을 모두 0으로 설정한다. 두 번째 문장은 initobj라는 IL 명령을 사용하는데 박싱/언박싱된 myVal2 변수 모두에 대해서 0으로 초기화하는 과정이 수행된다. 이 과정으로 인해 약간의 추가 시간이 소요된다(**아이템 9: 박싱과 언박싱을 최소화하라** 참조).

둘째는 동일한 객체를 반복해서 초기화하는 경우다. 멤버 초기화 구문은 객체 생성 방법이 모든 생성자에서 동일한 경우에만 사용하는 것이 좋다. 만약 아래의 MyClass2와 같이 List 객체를 생성하는 방식이 다양하게 혼재할 경우 멤버 초기화 구문을 사용하지 않는 것이 좋다.

```
public class MyClass2
{
    // 컬렉션을 선언하는 동시에 초기화
    private List<string> labels = new List<string>();

    MyClass2()
    {
    }

    MyClass2(int size)
    {
        labels = new List<string>(size);
    }
}
```

MyClass2를 생성할 때 컬렉션의 크기를 지정하게 되면 실제로 2개의 List<> 객체가 생성되며 그중 하나는 즉각 가비지가 된다. 멤버 초기화 구문은 생성자의 본문보다 앞서 수행되므로 생성자 본문에서 생성한 객체만 살아남는다. 컴파일러가 실제로 생성하는 코드는 다음과 유사하다. 우리가 직접 작성하지는 않았지만 불필요한 코드가 포함된 꼴이다.

```
public class MyClass2
{
    // 컬렉션을 선언하는 동시에 초기화
    private List<string> labels;
```

```
    MyClass2()
    {
        labels = new List<string>();
    }

    MyClass2(int size)
    {
        labels = new List<string>();
        labels = new List<string>(size);
    }
}
```

암시적인 속성implicit property을 사용하는 경우에도 유사한 상황이 발생할 수 있다. 데이터 요소의 경우 흔히 암시적인 속성을 사용하곤 하는데 이 경우에도 중복 초기화가 발생할 수 있다. **아이템 14: 초기화 코드가 중복되는 것을 최소화하라**에서 데이터에 대한 중복 초기화를 최소화하는 방법을 더 자세히 살펴볼 예정이다.

멤버 초기화 구문 대신 생성자 본문에 코드를 두는 것이 좋은 세 번째 경우는 예외 처리가 반드시 필요한 경우다. 멤버 초기화 구문은 try로 감쌀 수 없기 때문에 초기화 과정에서 예외가 발생하면 예외가 외부로 전파된다. 따라서 클래스 내부에서 복구를 시도할 수가 없다. 반드시 예외 처리가 필요하다면 멤버 초기화 구문 대신 생성자 내부로 초기화 코드를 옮기고 예외 처리 코드를 적절히 구현해야 한다(**아이템 47: 사용자 지정 예외 클래스를 완벽하게 작성하라** 참조).

멤버 초기화 구문을 이용하면 타입 내에 생성자가 여러 개일 때도 멤버 변수 초기화를 누락하지 않도록 도와준다. 향후에 새로운 생성자를 추가하는 경우에도 멤버 변수에 대한 초기화를 누락하는 상황을 미연에 방지할 수 있다. 다만 모든 생성자가 동일한 방법으로 멤버 변수를 초기화하는 경우에 한해서만 이 방법을 사용해야 한다. 멤버 초기화 구문을 사용하면 코드를 읽기도 쉽고 유지보수도 용이하다.

아이템 13: 정적 클래스 멤버를 올바르게 초기화하라

정적 멤버 변수를 포함하는 타입이 있다면 인스턴스를 생성하기 전에 반드시 정적 멤버 변수를 초기화해야 한다. 이를 위해 C#에서는 정적 멤버 초기화 구문과 정적 생성자라는 두 가지 기능을 제공한다. 정적 생성자는 타입 내에 정의된 모든 메서드, 변수, 속성에 최초로 접근하기 전에 자동으로 호출되는 특이한 메서드다. 이 메서드를 활용하면 정적 변수를 초기화하거나, 싱글톤 패턴을 적용하거나, 혹은 여타의 작업을 효과적으로 수행할 수 있다. 정적 변수를 초기화하기 위해서 인스턴스 생성자나 전용의 private 메서드 혹은 다른 관용구를 사용해서는 안 된다. 정적 필드를 초기화하는 과정이 매우 복잡하거나 혹은 상당한 자원을 소비하는 경우라면 Lazy〈T〉를 사용하여 해당 필드에 최초로 접근하는 시점까지 초기화 작업을 미룰 수 있다.

인스턴스 멤버 초기화와 마찬가지로 정적 멤버를 간단히 초기화하는 경우라면 정적 생성자를 사용하기보다는 멤버 초기화 구문을 사용하는 것이 좋다. 하지만 초기화 과정이 복잡하다면 정적 생성자를 사용하는 것도 나쁘지 않다. C#에서 정적 생성자를 사용하는 대표적인 사례 중 하나가 싱글톤singleton 패턴을 구현하는 경우다. 간단하게는 다음과 같이 인스턴스 생성자를 private으로 선언하고 멤버 초기화 구문을 사용하면 된다.

```
public class MySingleton
{
    private static readonly MySingleton theOneAndOnly = new MySingleton();

    public static MySingleton TheOnly
    {
        get
        {
            return theOneAndOnly;
        }
    }

    private MySingleton()
    {
    }

    // 이하 생략
}
```

초기화 과정이 더 복잡한 경우라면 다음과 같이 정적 생성자를 사용하는 것도 좋은 방법이다.

```
public class MySingleton2
{
    private static readonly MySingleton2 theOneAndOnly;

    static MySingleton2()
    {
        theOneAndOnly = new MySingleton2();
    }

    public static MySingleton2 TheOnly
    {
        get
        {
            return theOneAndOnly;
        }
    }

    private MySingleton2()
    {
    }

    // 이하 생략
}
```

인스턴스 멤버 초기화 구문과 마찬가지로 정적 멤버 초기화 구문 또한 정적 생성자가 호출되기 이전에 실행되며, 베이스 클래스의 정적 생성자보다도 먼저 호출된다.

앱도메인AppDomain 내에서 CLR이 특정 타입에 접근해야 하는 경우 정적 생성자를 우선적으로 호출한다. 모든 타입은 정적 생성자를 하나만 가질 수 있으며 어떠한 인자도 넘길 수 없다. 정적 생성자는 CLR에 의해서 호출되기 때문에 예외가 발생할 가능성이 있는 경우라면 매우 조심스럽게 다뤄야 한다. 정적 생성자 내에서 예외가 발생하면 CLR은 TypeInitializationException을 던지고 응용프로그램을 종료해버린다. 만약 호출하는 쪽에서 이 예외를 잡아버리면catch 상황은 더욱 복잡해진다. 이 경우 해당 타입이 포함된 AppDomain을 언로드unload하지 않는 한 이 타입으로 객체를 생성하지 못한다. CLR이 정적 생성자를 호출하긴 하였지만 해당 타입을 제대로 초기화하지는 못했다고 간주하기 때문이다.

이러한 타입 초기화 과정은 재시도되지 않으며, 타입이 올바르게 초기화되지 않았으므로 이 타입을 이용하여(혹은 이 타입을 상속한 파생 타입을 이용하여) 객체를 생성하는 등의 작업 또한 허용되지 않는다.

멤버 초기화 구문 대신 반드시 정적 생성자를 사용해야 할 때도 있다. 바로 예외가 발생할 가능성이 있는 경우인데, 멤버 초기화 구문의 경우 예외를 잡아낼 방법이 없기 때문이다. 정적 생성자를 이용하면 다음과 같이 코드를 작성할 수 있다(**아이템 47: 사용자 지정 예외 클래스를 완벽하게 작성하라** 참조).

```
static MySingleton2()
{
    try
    {
        theOneAndOnly = new MySingleton2();
    }
    catch
    {
        // 복구를 시도한다.
    }
}
```

정적 멤버 초기화 구문과 정적 생성자는 클래스의 정적 멤버를 초기화하는 깔끔하고 명확한 방법을 제공한다. 이를 활용하면 코드를 읽기 쉽고 올바르게 작성할 수 있다. 이 기능은 다른 언어에서 정적 멤버를 초기화할 때 겪는 어려움을 언어 차원에서 해결해주기 위해서 추가되었다.

아이템 14: 초기화 코드가 중복되는 것을 최소화하라

생성자를 작성하다 보면 종종 동일한 작업을 되풀이할 때가 있어서 기존에 작성한 코드를 그대로 복사하곤 한다. 지금까지 이런 방식으로 생성자를 작성했다면 더 이상은 그렇게 하지 않기를 바란다. 노련한 C++ 개발자들은 여러 생성자 내에서 공통적으로 수행하는 코드 블록을 private 헬퍼 메서드로 분리한 후 이 메서드를 호출하도록 작성하곤 한다. C#을 이용하여 개발하는 경우라면 이 또한 권장할 만한 방법이 아니다. 여러 생성자 내에서 동일한 코드를 반복적으로 사용해야 한다면 C++에서와 같이 private 헬퍼 메서드를 작성하기보다는 공용으로 사용할 수 있는 생성자를 작성하는 편이 낫다. 이렇게 하면 코드가 중복되는 것을 피할 수 있을 뿐 아니라 더 효율적으로 수행되는 생성자를 작성할 수 있다. C# 컴파일러는 공용 생성자를 이용하는 초기화 방식을 매우 특별한 문법으로 인식한다. 변수에 대한 중복 초기화 코드를 제거해 줄 뿐 아니라 베이스 클래스의 생성자가 반복적으로 호출되는 것도 막아준다. 즉 객체 초기화를 위해 수행해야 하는 코드를 최적화해준다. 개발자 입장에서는 초기화 과정 일부를 공용 생성자에 위임할 수 있으므로 작성하는 코드의 양을 최소화할 수 있다.

생성자를 이용하여 멤버 변수의 값을 초기화하는 경우라면 다른 생성자를 호출하여 초기화 과정의 일부를 위임할 수 있다. 다음에 간단한 예를 나타냈다.

```
public class MyClass
{
    // 데이터 컬렉션
    private List<ImportantData> coll;

    // 인스턴스 변수
    private string name;

    public MyClass() :
        this(0, "")
    {
    }

    public MyClass(int initialCount) :
        this(initialCount, string.Empty)
    {
    }

    public MyClass(int initialCount, string name)
    {
        coll = (initialCount > 0) ?
            new List<ImportantData>(initialCount) :
            new List<ImportantData>();

        this.name = name;
    }
}
```

C# 4.0에 추가된 기본 매개변수 기능을 활용하면 생성자 내의 중복 코드를 더욱 줄일 수 있다. MyClass 내에 있는 여러 개의 생성자를 기본값을 가진 매개변수를 취하는 생성자 하나로 대체할 수 있기 때문이다.

```
public class MyClass
{
    // 데이터 컬렉션
    private List<ImportantData> coll;

    // 인스턴스 변수
    private string name;

    // new() 제약 조건을 만족시키려면 이 생성자가 필요하다.
    public MyClass() :
        this(0, string.Empty)
    {
    }

    public MyClass(int initialCount = 0, string name = "")
    {
        coll = (initialCount > 0) ?
            new List<ImportantData>(initialCount) :
            new List<ImportantData>();

        this.name = name;
    }
}
```

여러 개의 생성자를 작성하는 대신 기본값을 갖는 매개변수를 취하는 생성자를 작성할 때는 몇 가지 트레이드오프trade-off를 고려해야 한다. 우선 기본값을 갖는 매개변수는 사용자에게 더 많은 옵션을 제공한다. 앞의 예제에서는 두 매개변수에 대하여 기본값을 지정했으므로 사용자는 매개변수를 지정하지 않거나, 하나 혹은 둘 모두에 임의의 값을 지정할 수 있다. 이 기능이 없었다면 4개의 생성자를 만들어야 했을 것이다(매개변수가 없는 생성자, initialCount 값만을 취하는 생성자, name 값만을 취하는 생성자, 두 매개변수를 모두 취하는 생성자). 클래스에 멤버 변수를 추가하고 또 이를 초기화하기 위해 생성자를 추가하다 보면 다양한 조합의 생성자를 만들어야 하는 경우가 생기곤 한다. 이로 인해 코드의 구조가 복잡해지기 쉬운데 기본값을 가진 매개변수를 취하는 생성자를 활용하면 코드의 양을 최소화할 수 있다.

생성자의 모든 매개변수에 대해서 기본값을 정의한 경우 new MyClass()라고만 작성해도 유효한 코드가 된다. 하지만 어떤 경우에도 제한 없이 이런 구조를 사용하려면 앞의 예제 코드처럼 매개변수가 없는 생성자를 명시적으로 작성해야 한다. 대부분의 경우 기본값을 가지는 매개변수를 취하는 생성자가 사용될 것이므로 큰 문제가 없다. 그러나 new() 제약 조건을 명시한 제네릭 클래스와 함께 사용해야 할 경우에는 기본값을 가지는 매개변수를 취하는 생성자만으로는 이 제약 조건을 만족시킬 수 없으며 반드시 매개변수가 없는 생성자를 구현해야 한다. 당연한 이야기지만 모든 타입이 매개변수가 없는 생성자를 반드시 가져야 할 이유는 없으며 단지 new() 제약 조건을 만족시키려면 매개변수가 없는 생성자가 필요하다는 것이다.

앞 코드의 생성자를 유심히 살펴보면 name 매개변수의 기본값을 string.Empty가 아니라 " "로 지정한 것을 알 수 있다. 여기서 string.Empty를 사용할 수 없는 이유는 이 값이 컴파일타임 상수가 아니라 string 클래스에서 정의하고 있는 정적 속성이기 때문이다. 매개변수의 기본값으로는 컴파일타임 상수만을 지정할 수 있다.

반면, 여러 개의 생성자를 만드는 대신 기본값을 갖는 매개변수를 취하는 생성자를 작성하게 되면 이 타입을 사용하는 코드와의 결합도가 높아지는 단점도 있다. 기본값을 갖는 매개변수를 사용하면 형식 매개변수의 이름과 매개변수의 기본값이 모두 공개 인터페이스의 일부가 된다. 이로 인해 매개변수의 이름을 변경하면 이 타입을 사용하는 모든 코드를 다시 컴파일해야 한다. 머지않아 코드를 변경할 수도 있는 상황이라면 기본값을 갖는 매개변수를 사용하는 것보다 기존 방식과 같이 여러 생성자를 오버로딩하는 편이 나을 수도 있다. 이 경우 새로운 생성자를 추가하거나 기존 동작 방식을 변경하더라도 클라이언트 코드를 다시 컴파일할 필요가 없기 때문이다.

생성자를 정의할 때 기본값을 갖는 매개변수를 사용하는 방법은 널리 사용되는 방식이지만 일부 API는 리플렉션을 통해 객체를 생성하기 때문에 매개변수가 없는 생성자가 반드시 필요한 경우가 있다. 사용자 측면에서 보자면 매개변수가 없는 생성자는 모든 매개변수에 대해 기본값을 제공하는 생성자와 비슷해 보인다. 하지만 컴파일러는 이 둘을 완전히 동일한 것으로 간주하지 않는다. 따라서 어떤 경우에는 매개변수가 없는 생성자를 추가로 작성해야 할 수도 있다. 이 경우 중복 코드를 피하기 위해서 공통으로 사용하는 유틸리티 메서드를 만들 수도 있지만 앞의 예제에서와 같이 생성자 체인 기법을 이용하는 것이 낫다. 생성자 체인 기법이란 임의의 생성자가 동일 클래스 내에 정의된 다른 생성자를 호출하는 방식을 말한다. 여러 생성자에서 공통으로 사용하는 코드를 다른 메서드로 분리하는 방법은 일부 비효율적인 측면이 있다.

```
public class MyClass
{
    private List<ImportantData> coll;
    private string name;

    public MyClass()
    {
        commonConstructor(0, "");
    }


    public MyClass(int initialCount)
    {
        commonConstructor(initialCount, "");
    }

    public MyClass(int initialCount, string Name)
    {
        commonConstructor(initialCount, Name);
    }

    private void commonConstructor(int count, string name)
    {
        coll = (count > 0) ?
            new List<ImportantData>(count) :
            new List<ImportantData>();
        this.name = name;
    }
}
```

이 코드는 첫 번째 예와 동일한 듯 보이지만 훨씬 비효율적인 코드를 생성한다. 실제로 컴파일러는 이 코드를 컴파일할 때 사용자가 작성하지 않은 코드를 추가한다. 먼저, 모든 인스턴스 변수에 대한 초기화 코드가 추가된다(**아이템 12: 할당 구문보다 멤버 초기화 구문이 좋다** 참조). 다음으로 베이스 클래스의 생성자를 호출하는 코드가 추가되고, 마지막으로 사용자가 작성한 공용 유틸리티 함수를 호출하는 코드가 포함된다. 컴파일러는 이 과정에서 중복 코드를 제거하지 못한다. 다음 코드는 컴파일러가 생성한 IL 코드를 C# 코드로 변경한 예다.

```
public class MyClass
{
    private List<ImportantData> coll;
    private string name;

    public MyClass()
    {
        // 인스턴스 초기화 코드가 이 위치에 포함된다.
        object(); // 설명을 위한 코드. 유효한 코드는 아니다.
        commonConstructor(0, "");
    }

    public MyClass(int initialCount)
    {
        // 인스턴스 초기화 코드가 이 위치에 포함된다.
        object(); // 설명을 위한 코드. 유효한 코드는 아니다.
        commonConstructor(initialCount, "");
    }

    public MyClass(int initialCount, string Name)
    {
        // 인스턴스 초기화 코드가 이 위치에 포함된다.
        object(); // 설명을 위한 코드. 유효한 코드는 아니다.
        commonConstructor(initialCount, Name);
    }

    private void commonConstructor(int count, string name)
    {
        coll = (count > 0) ?
            new List<ImportantData>(count) :
            new List<ImportantData>();
        this.name = name;
    }
}
```

이번 아이템의 첫 번째 예에 대해서도 컴파일러가 생성한 IL 코드를 C# 코드로 변경해 봤다.

```
// 유효한 코드는 아님.
// IL로 생성된 코드를 설명하기 위한 용도다.
public class MyClass
{
    private List<ImportantData> coll;
    private string name;

    public MyClass()
    {
        // 변수에 대한 초기화 코드가 없다.
        // 다음과 같이 다른 생성자를 호출한다.
        this(0, ""); // 설명을 위한 코드. 유효한 코드는 아니다.
    }

    public MyClass(int initialCount)
    {
        // 변수에 대한 초기화 코드가 없다.
        // 다음과 같이 다른 생성자를 호출한다.
        this(initialCount, "");
    }

    public MyClass(int initialCount, string Name)
    {
        // 인스턴스 초기화 코드가 이 위치에 포함된다.
        object(); // 설명을 위한 코드. 유효한 코드는 아니다.
        coll = (initialCount > 0) ?
            new List<ImportantData>(initialCount) :
            new List<ImportantData>();
        name = Name;
    }
}
```

두 코드의 차이는 베이스 클래스의 생성자를 호출하는 코드와 인스턴스 변수를 초기화하는 코드가 각각의 생성자에 모두 포함되지는 않는다는 점이다. 마지막으로 호출되는 생성자에서만 베이스 클래스의 생성자가 호출된다는 점도 중요하다. 각각의 생성자별로 생성자 초기화 구문은 한 번만 사용할 수 있으므로 this()를 이용하여 이 클래스 내의 다른 생성자를 호출하거나 base()를 이용하여 베이스 클래스 생성자를 호출할 수 있다. 두 가지를 함께 사용할 수는 없다.

아직도 생성자 초기화 구문이 마땅치 않은가? 그렇다면 읽기 전용 상수에 대해서도 추가로 살펴보자. 다음 예제에서 name 필드는 객체 생성 이후에는 변경할 수 없도록 readonly로 선언했다. 만약 공통 유틸리티 함수를 사용하여 이 필드의 값을 초기화하려고 하면 컴파일 오류가 발생한다.

```
public class MyClass
{
    // 데이터 컬렉션
    private List<ImportantData> coll;
    // 인스턴스 개수
    private int counter;
    // 인스턴스 이름
    private readonly string name;

    public MyClass()
    {
        commonConstructor(0, string.Empty);
    }

    public MyClass(int initialCount)
    {
        commonConstructor(initialCount, string.Empty);
    }

    public MyClass(int initialCount, string Name)
    {
        commonConstructor(initialCount, Name);
    }

    private void commonConstructor(int count, string name)
    {
        coll = (count > 0) ?
            new List<ImportantData>(count) :
            new List<ImportantData>();

        // 오류! 생성자 외부에서 readonly로 선언된 name의 값을 변경할 수 없다.
        this.name = name;
    }
}
```

컴파일러는 this.name을 읽기 전용으로 만든다. 이 경우 생성자 외부에서는 이 변수의 값을 변경할 수 없다. 이 경우 C#의 생성자 초기화 구문이 상당히 효율적인 대안이 될 수 있다. 굉장히 단순한 클래스를 제외한다면 대부분의 클래스는 하나 이상의 생성자를 가지곤 한다. 하지만 이 경우에도 모든 생성자가 객체 초기화라는 본질적인 역할을 수행해야 하므로 유사한 코드가 반복적으로 나타날 수밖에 없다. C#의 생성자 초기화 구문을 사용하면 공통 코드를 공용 생성자로 옮기고 다른 생성자에서는 이를 호출하도록 코드를 구성할 수 있다.

생성자를 작성할 때 기본값을 가지는 매개변수를 사용하는 방법과 다수의 생성자를 오버로딩하는 방법은 각기 적합한 용도가 있다. 일반적으로 여러 개의 생성자를 오버로딩하기보다는 기본값을 가지는 매개변수를 사용하여 생성자를 작성하는 것이 좋다. 이 경우 사용자 입장에서는 생성자의 모든 매개변수에 원하는 값을 전달하거나 매개변수 중 일부에만 임의의 값을 전달할 수도 있다. 매개변수의 기본값은 합리적으로 지정돼야 하고 예외를 유발해서는 안 된다. 매개변수의 기본값을 변경하는 것이 기술적으로 큰 변화인 경우라도 이를 사용하는 사용자에게는 어떠한 영향도 미쳐서는 안 된다. 사용자는 변경 이전의 기본값을 계속 사용할 수 있어야 하며 이 경우에도 올바르게 동작해야 한다. 이는 잠재적인 위험을 최소화하기 위한 기본 전제다.

이번 아이템이 C#의 객체 초기화를 다루는 마지막 아이템이므로 특정 타입의 인스턴스가 생성되는 전체 순서를 다시 한 번 정리하고자 한다. C# 개발자라면 인스턴스가 생성되는 순서뿐 아니라 객체의 기본 초기화 과정의 순서도 반드시 알아야 한다. 그리고 인스턴스가 생성되는 동안 모든 멤버 변수들을 가능한 한 한 번만 초기화하도록 해야 한다. 이를 위해 초기화를 가능한 한 이른 시점에 수행하는 방식을 적용해보는 것도 좋다. 다음에 특정 타입으로 첫 번째 인스턴스를 생성할 때 수행되는 과정을 단계별로 나열했다.

1. 정적 변수의 저장 공간을 0으로 초기화
2. 정적 변수에 대한 초기화 구문 수행
3. 베이스 클래스의 정적 생성자 수행
4. 정적 생성자 수행
5. 인스턴스 변수의 저장 공간을 0으로 초기화
6. 인스턴스 변수에 대한 초기화 구문 수행
7. 적절한 베이스 클래스의 인스턴스 생성자 수행
8. 인스턴스 생성자 수행

클래스 자체에 대한 초기화 작업은 단 한 번만 이뤄지기 때문에 동일한 타입으로 추가 인스턴스를 생성하면 앞의 단계 중 5단계에서부터 수행된다. 또한 컴파일러가 생성자 내에 중복된 멤버 초기화 코드를 생성하지 않도록 6단계와 7단계는 최적화되어 있다.

C#은 객체가 생성될 때 어떤 식으로든 모든 객체가 초기화될 것임을 보장한다. 인스턴스를 생성하면 인스턴스 내의 모든 멤버들이(정적 멤버, 인스턴스 멤버를 가리지 않고) 최소한 0으로 초기화된다. 생성자를 작성할 때 유념할 부분은 멤버들을 원하는 값으로 초기화할 때 가능한 한 한 번만 초기화가 이뤄지도록 해야 한다는 점이다. 이를 위해서 단순한 리소스의 경우 멤버 초기화 구문을 이용하고 복잡한 초기화 과정이 필요한 경우에만 생성자를 사용하는 것도 좋은 방법이다. 또한 코드의 중복을 피하기 위해서 공통적인 초기화 작업을 수행하는 공용 생성자를 작성하고 이 생성자를 이용하는 방식을 사용하기 바란다.

아이템 15: 불필요한 객체를 만들지 말라

가비지 수집기는 사용자를 대신하여 메모리를 훌륭히 관리하며 사용하지 않는 객체를 효율적인 방식으로 제거한다. 하지만 이러한 작업이 아무리 효율적이라 하더라도 힙에서 새로운 객체를 생성하고 삭제하는 작업은 그러한 일을 전혀 하지 않는 것에 비한다면 상대적으로 많은 프로세서 시간을 사용하는 것이 사실이며, 너무 많은 객체를 생성하면 심각한 성능 문제를 일으킬 수도 있다.

따라서 가비지 수집기가 과도하게 동작하지 않도록 주의해야 한다. 기술적으로 몇 가지만 유념하면 가비지 수집기의 작업을 현저히 줄일 수 있다. 모든 참조 타입의 객체는 그것이 설사 지역변수라 하더라도 동적으로 메모리를 할당한다. 이렇게 할당된 객체는 이 객체를 참조하는 상위 객체가 삭제되면 가비지가 된다. 지역변수의 경우 그 변수를 선언한 메서드를 벗어나는 순간 가비지가 되어 더 이상 살아 있는 객체로 간주되지 않는다. 가장 흔히 저지르는 나쁜 예 중 하나로 윈도우의 Paint 이벤트 핸들러 내에서 GDI 객체를 할당하는 경우를 꼽을 수 있다.

```
protected override void OnPaint(PaintEventArgs e)
{
    // 나쁜 예. Paint 이벤트가 발생할 때마다 동일한 폰트를 생성한다.
    using (Font MyFont = new Font("Arial", 10.0f))
    {
        e.Graphics.DrawString(DateTime.Now.ToString(),
            MyFont, Brushes.Black, new PointF(0, 0));
    }

    base.OnPaint(e);
}
```

OnPaint()는 매우 자주 호출되는 이벤트 핸들러 중 하나인데 이 예제에서는 이 이벤트 핸들러가 호출될 때마다 동일한 Font 객체를 매번 다시 생성한다. 가비지 수집기는 이렇게 생성된 객체를 제거할 책임이 있다. 가비지 수집 작업을 수행할지는 사용 중인 메모리 양과 메모리의 할당 주기를 기반으로 결정된다. 따라서 메모리 할당을 자주 반복하면 사용되는 메모리의 양이 많아져서 가비지 수집 작업이 수행될 가능성이 높아질 뿐 아니라 할당 주기가 짧기 때문에 가비지 수집 작업을 더 자주 수행할 가능성이 있다. 따라서 이와 같은 코드는 상당히 비효율적이다.

이 경우는 Font 객체를 지역변수로 선언할 것이 아니라 멤버 변수로 변경하여 폰트 객체를 한 번만 생성한 후 이를 재사용하도록 개선할 수 있다.

```
protected override void OnPaint(PaintEventArgs e)
{
    e.Graphics.DrawString(DateTime.Now.ToString(),
        myFont, Brushes.Black, new PointF(0, 0));

    base.OnPaint(e);
}
```

이처럼 코드를 수정하면 Paint 이벤트가 발생할 때마다 새로운 가비지가 생성되지 않으므로 가비지 수집기가 해야 하는 일의 양도 줄게 된다. 그런데 Font 타입과 같이 IDisposable 인터페이스를 구현한 타입의 객체를 지역변수에서 멤버 변수로 변경하면 이 클래스도 반드시 IDisposable을 구현해야 한다. 이에 대해서는 **아이템 17: 표준 Dispose 패턴을 구현하라**에서 다시 설명할 것이다.

앞의 예에서와 같이 자주 호출되는 메서드 내에서 참조 타입(값 타입은 문제가 되지 않음)의 객체를 매번 생성하는 경우라면 지역변수를 멤버 변수로 변경하는 것이 좋다. 하지만 호출 빈도가 그리 빈번하지 않은 경우라면 굳이 변경할 필요가 없다. 지역변수를 모조리 멤버 변수로 변경하여 동일한 객체를 생성하는 것을 완전히 피하라는 이야기는 아니다.

Brushes.Black과 같은 정적 속성은 유사한 객체를 반복적으로 할당하는 것을 피하는 또 다른 기법을 보여준다. 자주 사용되는 참조 타입의 인스턴스를 정적 멤버 변수로 선언하는 방법이다. 앞의 예제를 생각해보자. 윈도우에 검정색으로 무엇을 그리려면 반드시 검정 브러시가 필요하다. 그런데 매번 새로운 검정 브러시를 생성하면 금세 엄청난 수의 검정 브러시가 생성될 것이고 이후 이 모두를 삭제해야 한다. 앞서 알아본 방법처럼 지역변수를 멤버 변수로 변경하면 상당히 도움이 되겠지만 충분하지는 않다. 프로그램이 수행되는 동안 수십 개의 창과 컨트롤들이 생성될 텐데 그 때마다 수십 개의 검정 브러시를 생성할 것이기 때문이다. .NET Framework 설계자는 이러한 문제를 미리 예상하고 필요할 때마다 재사용할 수 있는 검정 브러시를 만들었다. 실제로 Brushes 클래스의 구현부를 살펴보면 자주 사용될 것 같은 다양한 Brush 객체를 포함하고 있다. Brushes 클래스는 내부적으로 지연 평가lazy evaluation 알고리즘을 사용하기 때문에 브러시가 최초로 요청될 때 비로소 필요한 객체를 생성한다. 내부 구현 코드를 단순화해서 나타내면 다음과 같다.

```
private static Brush blackBrush;

public static Brush Black
{
    get
    {
        if (blackBrush == null)
            blackBrush = new SolidBrush(Color.Black);
        return blackBrush;
    }
}
```

이 코드를 살펴보면 검정 브러시를 최초로 요청했을 때 비로소 해당 객체를 생성하는 것을 알 수 있다. Brushes 클래스는 이렇게 생성된 검정 브러시를 저장해두고 동일한 요청이 있을 때마다 이 객체를 돌려준다. 결국 검정 브러시 하나를 영원히 재사용하게 된다. 응용프로그램에서 라임색 브러시를 요청하지 않는다면 해당 브러시는 생성되지 않는다. .NET Framework의 구현부를 면밀히 살펴보면 요청된 작업을 수행할 때 객체의 수를 최소한으로 유지하기 위해서 극도로 객체 생성을 제한하고 있음을 알 수 있다. 이러한 기법은 개발자가 자신의 프로그램을 개발할 때도 적용해볼 만하다. 객체의 수를 최소화할 수 있기 때문이다. 하지만 부정적인 측면도 없지 않은데, 경우에 따라서는 생성된 객체가 메모리상에 필요 이상으로 오랫동안 남아 있을 수 있다는 점이다. 또한 Dispose() 메서드를 호출해야 할 시점을 결정할 수 없기 때문에 비관리 리소스를 삭제할 수 없다는 것도 매우 큰 단점이다.

앞서 응용프로그램의 성능에 영향을 주지 않기 위해서 객체 생성을 최소화하기 위한 두 가지 기법을 살펴봤다. 첫 번째 방법은 자주 사용되는 지역변수를 멤버 변수로 변경하는 것이다. 두 번째 방법은 종속성 삽입dependency injection을 활용하여 자주 사용되는 객체를 생성했다가 이를 재활용하는 것이다. 마지막으로 알아볼 기법은 변경 불가능한immutable 타입과 관련된 부분이다. 변경 불가능한 타입의 대표적인 예로는 System.String이 있다. string 객체가 생성되면 이 객체가 가지고 있는 문자열의 내용은 수정이 불가능하다. 하지만 실제로 프로그래밍을 하다 보면 마치 string 객체 내의 문자열을 변경할 수 있는 것처럼 보이기도 한다. 하지만 이는 문자열이 변경되는 것이 아니라 새로운 문자열을 가진 새로운 string 객체가 생성되는 것이다. 당연한 이야기지만 이전 문자열을 가지고 있던 객체는 가비지가 된다.

```
public static void Main(string[] args)
{
    string msg = "Hello, ";
    msg += thisUser.Name;
    msg += ". Today is ";
    msg += System.DateTime.Now.ToString();
}
```

만약 앞에서와 같이 코드를 작성했다면 실제로는 매우 비효율적으로 작업이 이뤄진다.

```
string msg = "Hello, ";
// 설명을 위한 코드이며, 유효한 코드는 아니다.
string tmp1 = new String(msg + thisUser.Name);
msg = tmp1; // "Hello,"는 가비지가 된다.
string tmp2 = new String(msg + ". Today is ");
msg = tmp2; // "Hello, <user>"는 가비지가 된다.
string tmp3 = new String(msg + DateTime.Now.ToString());
msg = tmp3; // "Hello, <user>. Today is "는 가비지가 된다.
```

tmp1, tmp2, tmp3와 최초 msg("Hello,")는 모두 가비지가 된다. string 클래스 내의 += 연산자는 기존 문자열에 새로운 문자열을 더하는 것이 아니라 완전히 새로운 string 객체를 생성하여 반환한다. 앞의 코드는 다음과 같이 문자열 보간을 사용하면 훨씬 간단히 코드를 작성할 수 있다.

```
string msg = string.Format("Hello, {0}. Today is {1}",
    thisUser.Name, DateTime.Now.ToString());
```

이보다 문자열을 만들어내는 방식이 더 복잡한 경우라면 StringBuilder 클래스를 사용할 수도 있다.

```
StringBuilder msg = new StringBuilder("Hello, ");

msg.Append(thisUser.Name);
msg.Append(". Today is ");
msg.Append(DateTime.Now.ToString());

string finalMsg = msg.ToString();
```

이 예는 문자열 보간 방법을 사용하는 정도로도 충분해 보인다(**아이템 4: string.Format()을 보간 문자열로 대체하라** 참조). 최종적으로 구성하려는 문자열을 만들기 위해서 복잡한 코드가 포함돼야 하는 경우라면 StringBuilder를 사용하는 것도 좋은 방법이다. 이 클래스는 실제로 수정 가능한 문자열을 나타내기 위한 타입으로, 새로운 문자열을 생성하거나 수정, 변경 등의 작업을 수행할 수 있으며, 최종적으로 변경 불가능한 string 타입의 객체를 가져오는 기능을 제공한다. StringBuilder를 통해 우리가 배워야 할 것은 이 타입의 사용법이 아니라 설계 방식을 이해하는 것이다. 변경 불가능한 타입을 작성하는 경우 StringBuilder와 같은 기능을 함께 제공하는 것을 고려해보기 바란다. 이러한 기능을 제공하면 사용자는 객체를 여러 단계를 거쳐 구성할 수 있으며 최종적으로 변경 불가능한 객체를 얻어올 수 있으므로 객체의 불변성이라는 특성을 유지하는 데도 도움이 된다.

가비지 수집기는 응용프로그램이 사용하는 메모리를 효율적으로 관리한다. 그러나 힙에서 객체를 생성하고 삭제하려면 여전히 시간이 필요하다. 객체를 과도하게 생성하는 것을 피하고 불필요한 객체를 생성하지 말라. 또한 메서드 내에서 참조 타입의 객체를 만드는 것을 가능한 한 피하라. 대신 지역변수를 멤버 변수로 변경하거나 자주 사용하는 인스턴스를 정적 객체로 변경하는 것을 고려해보기 바란다. 마지막으로 변경 불가능한 타입을 작성하는 경우 이에 대응하는 변경 가능한 빌더 클래스를 같이 작성하는 것을 고려해보라.

아이템 16: 생성자 내에서는 절대로 가상 함수를 호출하지 말라

객체가 완전히 생성되기 이전에 가상 함수를 호출하면 이상 동작을 일으킨다. 어떤 타입이든 생성자가 수행을 완료할 때까지는 객체가 완전히 생성되었다고 할 수 없다. 따라서 생성자 내에서 가상 함수를 호출하면 예상처럼 동작하지 않는다. 다음 코드를 살펴보자.

```
class B
{
    protected B()
    {
        VFunc();
    }

    protected virtual void VFunc()
    {
        Console.WriteLine("VFunc in B");
    }
}

class Derived : B
{
    private readonly string msg = "Set by initializer";

    public Derived(string msg)
    {
        this.msg = msg;
    }

    protected override void VFunc()
    {
        Console.WriteLine(msg);
    }

    public static void Main()
    {
        var d = new Derived("Constructed in main");
    }
}
```

앞의 코드를 수행하면 'Constructed in main', 'VFunc in B', 'Set by initializer' 중 무엇이 출력될 것 같은가? 숙련된 C++ 개발자라면 'VFunc in B'라고 답을 할지도 모르겠다. 일부 C# 개발자들은 'Constructed in main'이라고도 할 것 같다. 하지만 답은 'Set by initializer'다.

베이스 클래스의 생성자를 살펴보면 자기 클래스 내에 정의된 가상 함수를 호출하고 있다. 하지만 파생 클래스가 가상 함수를 이미 재정의하고 있기 때문에 런타임에는 파생 클래스에서 재정의한 함수가 호출된다. 왜냐하면 런타임에 객체의 타입이 Derived이기 때문이다. C#의 정의에 따르면 생성자의 본문으로 진입하는 순간 해당 객체는 이미 초기화가 완료된 것으로 간주한다. 모든 멤버 변수를 초기화 구문을 이용하여 초기화할 수 있을런지는 모르겠지만, 대부분의 경우 모든 멤버 변수가 이 시점에 유효한 값을 갖도록 초기화되었다고 단정하기는 어렵다. 단지 멤버 변수에 대한 초기화 구문을 완료했을 뿐이며 실상 파생 클래스의 생성자 본문은 아직 수행조차 되지 않았기 때문이다.

이 때문에 객체를 생성하는 동안 가상 함수를 호출하면 일관성 문제가 발생할 수 있다. C++의 경우 가상 함수가 생성 중인 객체의 타입을 확인하도록 설계되었다. 또한 런타임에 객체의 타입은 객체가 완전히 생성된 이후라야 확정될 수 있도록 설계되었다.

앞의 코드를 더 세부적으로 살펴보자. 우선 생성 중인 객체는 Derived 타입의 객체다. 따라서 Derived 객체에서 재정의한 가상 함수를 호출해야 한다. 이 부분에 대한 C++의 규칙은 C#과는 사뭇 다르다. 먼저 C++의 경우 각 클래스의 생성자가 실행되면 객체의 런타임 타입이 변경된다. 둘째로 C#에서는 현재 타입이 추상 베이스 클래스인 경우 가상 메서드가 null 메서드 포인터가 될 가능성을 원칙적으로 배제하려 했다. 수정된 베이스 클래스를 살펴보자.

```
abstract class B
{
    protected B()
    {
        VFunc();
    }

    protected abstract void VFunc();
}

class Derived : B
{
    private readonly string msg = "Set by initializer";
```

```
    public Derived(string msg)
    {
        this.msg = msg;
    }

    protected override void VFunc()
    {
        Console.WriteLine(msg);
    }

    public static void Main()
    {
        var d = new Derived("Constructed in main");
    }
}
```

이 경우 B 타입의 객체를 생성할 수 없기 때문에 파생 클래스에서 반드시 VFunc()를 구현해야 정상적으로 컴파일된다. C#은 런타임에 타입을 고려하여 VFunc() 함수를 호출한다. 이러한 설계 방법이 생성자 내에서 추상 함수를 호출했을 때 런타임 예외를 피할 수 있는 유일한 해법이기 때문이다. 숙련된 C++ 개발자라면 동일 코드를 C++로 작성했을 때 런타임 오류가 발생하리라 생각할 것이다. 실제로 앞의 코드를 C++로 구현한 경우 B의 생성자에서 VFunc()를 호출하면 크래시crash가 발생한다.

하지만 C#에서 택한 이러한 전략은 매우 위험해 보이기까지 한다. 실제로 msg는 변경이 불가능하도록 readonly 변수로 선언했으며, 객체의 전체 수명 동안 동일한 값을 가져야 한다. 하지만 생성자가 작업을 완료할 때까지 잠깐 동안이지만 msg는 의도하지 않게 다른 값으로 변경된다. 멤버 초기화 구문과 생성자 본문은 하나의 세트로 봐야 한다. 실제로 파생 클래스의 생성자 본문으로 진입했을 때 멤버 변수는 초기화 구문에 의해서 설정된 값이거나 혹은 시스템에 의해서 설정된 값(0)을 가질 것이다. 하지만 클래스의 생성자가 여전히 수행 중이므로 어떠한 값도 갖고 있지 않은 것으로 간주해야만 한다.

베이스 클래스의 생성자 내에서 가상 함수를 호출하면 파생 클래스가 가상 함수를 어떻게 구현했는지에 따라 매우 민감하게 동작하게 된다. 파생 클래스가 어떻게 작성될지 예상할 수는 없는 노릇이므로 베이스 클래스의 생성자 내에서 가상 함수를 호출하게 되면 구조가 매우 취약한 코드가 돼버린다. 파생 클래스에서 멤버 초기화 구문을 통해서 모든 변수를 초기화하면 될 것

같지만 대부분의 경우 생성자로 전달된 매개변수를 이용하여 객체를 초기화할 것이기 때문에 이 같은 방법은 제약이 너무 많다. 생성자에서 가상 함수를 호출해도 되는 유일한 경우는 파생 클래스가 기본 생성자만을 정의하고 있고, 다른 어떤 생성자도 가지고 있지 않은 경우뿐이다. 하지만 이는 파생 클래스를 정의하는 과정에 심각한 제약을 가하는 것이며, 이러한 규칙에 따라 다른 사람들이 코드를 작성하리라 기대하기도 어렵다. 이러한 규칙을 강요하면서까지 생성자 내에서 가상 함수를 호출하는 코드를 포함시키는 것은 향후 큰 문제를 유발할 가능성을 내포하는 것과 다르지 않다. 더 정확히 말하자면 올바르게 동작할 가능성이 거의 없다. 다행인 것은 Visual Studio에 포함된 FxCop이나 정적 코드 분석기가 관련 규칙을 통해 이러한 코드 패턴을 쉽게 발견할 수 있다는 점이다.

아이템 17: 표준 Dispose 패턴을 구현하라

앞서 비관리 리소스를 포함하는 객체는 정리 작업이 매우 중요하다고 이야기한 바 있다. 이제 메모리가 아닌 다른 유형의 비관리 리소스를 포함하는 타입을 작성할 때 리소스 관리를 어떻게 해야 할지를 살펴볼 차례다. 이미 .NET Framework 내부에서는 비관리 리소스를 정리하는 표준화된 패턴을 사용하고 있으므로 새로운 타입을 만들 때도 동일한 패턴을 이용하는 것이 좋다. 이는 Dispose 패턴으로 알려져 있다. 타입을 작성할 때 이 패턴을 이용하면 개발자들에게 IDisposable 인터페이스를 통해서 리소스를 삭제할 수 있는 기능을 안정적으로 제공할 수 있다. 게다가 비관리 리소스를 명시적으로 정리해야 한다는 사실을 잊어버리거나 인지하지 못한 경우에도 finalizer를 통해 올바르게 리소스가 정리될 수 있도록 해준다. 표준 Dispose 패턴은 가비지 수집기와 연계되어 동작하며 불가피한 경우에만 finalizer를 호출하도록 하여 성능에 미치는 부정적인 영향을 최소화한다. 이 패턴은 비관리 리소스를 다루기 위한 가장 효과적인 방법으로 알려져 있으므로 .NET 개발자라면 철저하게 그 내용을 이해해야만 한다. 실제로 .NET에서는 비관리 리소스를 System.Runtime.Interop.SafeHandle을 상속한 파생 클래스를 통해 표현하는데 이 클래스 또한 Dispose 패턴을 완벽하게 구현하고 있다.

상속 계통상 최상위의 베이스 클래스는 다음과 같은 작업을 수행해야 한다.

- 리소스를 정리하기 위해서 IDisposable 인터페이스를 구현해야 한다.
- 멤버 필드로 비관리 리소스를 포함하는 경우에 한해 방어적으로 동작할 수 있도록 finalizer를 추가해야 한다.

- Dispose와 finalizer(존재하는 경우)는 실제 리소스 정리 작업을 수행하는 다른 가상 메서드에 작업을 위임하도록 작성돼야 한다. 파생 클래스가 고유의 리소스 정리 작업이 필요한 경우 이 가상 메서드를 재정의할 수 있도록 하기 위함이다.

파생 클래스는 다음 작업을 수행해야 한다.

- 파생 클래스가 고유의 리소스 정리 작업을 수행해야 한다면 베이스 클래스에서 정의한 가상 메서드를 재정의한다.
- 멤버 필드로 비관리 리소스를 포함하는 경우에만 finalizer를 추가해야 한다.
- 베이스 클래스에서 정의하고 있는 가상 함수를 반드시 재호출해야 한다.

가장 먼저 알아둬야 하는 것은 비관리 리소스를 포함하는 클래스는 반드시 finalizer를 구현해야 한다는 것이다. 사용자가 Dispose() 메서드를 항상 올바르게 호출할 것이라고 가정할 수는 없는 노릇이다. finalizer도 없고 Dispose()를 호출하는 것조차 잊어버리면 리소스가 누수된다. Dispose() 메서드를 호출하지 않은 것을 사용자의 탓으로 돌릴 수 있을지는 모르겠지만 결국 비난은 여러분이 받게 된다는 사실을 잊지 말기 바란다. 어떤 경우에도 비관리 리소스가 누수되지 않고 올바르게 정리될 것임을 보장하는 유일한 방법은 finalizer를 구현하는 것이다. 다시 강조하지만 비관리 리소스를 포함하고 있다면 무조건 finalizer를 구현하라.

가비지 수집 작업이 수행되면 finalizer가 없는 가비지 객체는 즉각 메모리에서 제거되지만 finalizer를 가진 객체는 여전히 메모리에 남게 된다. 가비지 수집기는 finalizer 큐라는 곳에 이 객체들의 참조를 삽입해두고, finalizer 스레드라는 특별한 스레드를 이용하여 이 큐에 포함된 객체들의 finalizer를 순차적으로 호출한다. finalizer를 호출한 객체들에 대해서는 더 이상 finalizer를 호출할 필요가 없음을 나타내는 플래그를 설정하고 이제 메모리로부터 제거될 수 있는 대상으로 간주한다. 불행한 것은 앞서 finalizer 큐에 삽입된 객체들은 이전에 수행된 가비지 수집 작업을 통해서 정리되지 못한 객체이므로 자연스럽게 한 세대가 높아진다는 것이다. 이 때문에 다른 객체에 비해서 상대적으로 메모리에 오래 살아남게 된다. 가비지 수집 작업이 수차례 반복되어 해당 세대에 대한 가비지 수집이 수행되면 비로소 이 객체들은 제거될 기회를 얻게 된다. 앞서 말한 바와 같이 비관리 리소스를 포함하는 타입은 반드시 finalizer를 구현해야 하며 다른 대안은 존재하지 않는다. 성능 문제는 아직 걱정하지 말자. 다음 단계에서 finalizer를 호출하는 과정에서 발생하는 성능 저하 문제를 쉽게 피할 수 있는 방법을 알아볼 것이다.

IDisposable을 구현한다는 것은 사용자와 .NET 런타임에게 적시에 리소스를 정리할 수 있는 방법이 있다는 것을 알려주기 위한 표준화된 방법이기도 하다. IDisposable 인터페이스는 단 하나의 메서드만을 가진다.

```
public interface IDisposable
{
    void Dispose();
}
```

IDisposable.Dispose() 메서드는 다음 네 가지 작업을 반드시 수행해야 한다.

1. 모든 비관리 리소스를 정리한다.
2. 모든 관리 리소스를 정리한다.
3. 객체가 이미 정리되었음을 나타내기 위한 상태 플래그 설정. 앞서 이미 정리된 객체에 대하여 추가로 정리 작업이 요청될 경우 이 플래그를 확인하여 ObjectDisposed 예외를 발생시킨다.
4. finalizer 호출 회피. 이를 위해 GC.SuppressFinalize(this)를 호출한다.

IDisposable은 비관리 리소스를 정리하는 표준화된 방법이며, 이를 온전히 구현했다면 최종 사용자에게 적시에 리소스를 해제할 수 있는 메커니즘을 안전하게 제공한다고 할 수 있다. 최종 사용자는 IDisposable을 이용함으로써 finalize 과정으로 인해 발생하는 불필요한 비용을 피할 수 있다. 이 정도면 외부에 내놓아도 부끄럽지 않은 타입이라 할 만하다.

하지만 여전히 부족한 부분이 있다. 첫 번째로 개선해야 할 부분은 이 클래스를 상속하여 파생 클래스를 정의하는 경우다. 파생 클래스가 자신이 포함하고 있는 리소스를 정리하는 것은 그렇다 치더라도 베이스 클래스가 포함하고 있는 리소스는 어떻게 정리해야 할까? 이러한 문제점을 해결하려면 파생 클래스가 finalizer나 자신만의 IDisposable을 구현할 때 반드시 베이스 클래스에서 구현한 함수를 호출하도록 코드를 작성해야 한다. 이렇게 해야만 베이스 클래스도 올바르게 리소스를 정리할 수 있기 때문이다. 또 다른 개선 사항으로는 finalize와 Dispose() 메서드는 일반적으로 동일한 역할을 수행하므로 중복된 코드가 여러 번 나타날 수 있다는 점이다.

이러한 문제를 해결하기 위해서 인터페이스 함수를 재정의하는 방법을 생각할지도 모르겠다. 하지만 인터페이스 함수는 기본적으로 가상 함수가 아니므로 이를 재정의하면 예상처럼 동작하지 않는다. 따라서 이 문제를 해결하려면 번거롭더라도 추가적인 작업을 할 수밖에 없다.

표준 Dispose 패턴에서 정의하고 있는 세 번째 메서드는 protected로 선언된 가상 헬퍼 함수virtual helper function다. 이 함수의 역할은 리소스 정리를 위한 공통 작업을 수행하고 파생 클래스에게 리소스를 정리할 기회를 주는 것이다. 베이스 클래스를 통해 핵심 구조를 제공하는 것이다. 또한 이 함수는 파생 클래스에서 Dispose()나 finalize를 구현할 때도 도움이 된다. 이 함수의 원형은 다음과 같다.

```
protected virtual void Dispose(bool isDisposing);
```

이 가상 함수를 구현해두면 finalizer와 Dispose 양쪽에서 사용할 수 있다. 게다가 가상 함수이므로 파생 클래스에서 이 메서드를 재정의하여 자신이 소유한 리소스를 정리하는 코드를 작성할 수 있다. 코드의 마지막 부분에서는 반드시 베이스 클래스에서 정의하고 있는 Dispose(bool) 함수를 호출해야 한다. Dispose(bool)을 호출할 때는 매우 중요한 약속이 있다. 관리 리소스와 비관리 리소스 모두를 제거하려면 isDisposing으로 true를 전달하고 비관리 리소스만 정리하려면 false를 전달해야 한다는 것이다. 당연한 이야기지만 어떤 값을 주더라도 베이스 클래스의 Dispose(bool) 메서드로 진입할 것이므로 베이스 클래스 또한 리소스를 정리할 기회를 갖게 된다.

이 패턴을 구현할 때 참고할 수 있도록 .NET Framework의 코드 일부를 가져와서 짧게 수정해봤다. MyResourceHog 클래스는 IDisposable 인터페이스의 구현 방법과 가상 Dispose(bool) 메서드를 구현하는 방법을 보여준다.

```
public class MyResourceHog : IDisposable
{
    // 이미 dispose 되었는지를 나타내는 플래그
    private bool alreadyDisposed = false;

    // IDisposable을 구현
    // 가상 Dispose 메서드를 호출하고
    // finalize를 회피하도록 한다.
    public void Dispose()
    {
        Dispose(true);
        GC.SuppressFinalize(this);
    }

    // 가상 Dispose 메서드
```

```
    protected virtual void Dispose(bool isDisposing)
    {
        // Dispose는 한 번만 수행되도록 한다.
        if (alreadyDisposed)
            return;

        if (isDisposing)
        {
            // 여기서 관리 리소스를 정리한다.
        }

        // 여기서 비관리 리소스를 정리한다.

        // disposed 플래그 설정
        alreadyDisposed = true;
    }

    public void ExampleMethod()
    {
        if (alreadyDisposed)
            throw new ObjectDisposedException("MyResourceHog",
                "Called Example Method on Disposed object");
        // 이하 생략
    }
}
```

파생 클래스의 구현 방법에 대해서도 알아보자. 파생 클래스가 추가적인 정리 작업을 수행해야 하는 경우 다음과 같이 Dispose(bool) 메서드를 재정의해야 한다.

```
public class DerivedResourceHog : MyResourceHog
{
    // 자신만의 disposed 플래그
    private bool disposed = false;

    protected override void Dispose(bool isDisposing)
    {
        // Dispose는 한 번만 수행되도록 한다.
        if (disposed)
            return;

        if (isDisposing)
        {
```

```
            // 여기서 관리 리소스를 정리한다.
        }

        // 여기서 비관리 리소스를 정리한다.

        // 베이스 클래스가 자신의 리소스를 정리할 수 있도록 해주어야 한다.
        // 베이스 클래스는 GC.SuppressFinalize()를
        // 호출해야 한다.
        base.Dispose(isDisposing);

        // 파생 클래스의 리소스가 정리되었음을 표시
        disposed = true;
    }
}
```

베이스 클래스와 파생 클래스가 각자 자신의 dispose 여부를 나타내기 위해 고유의 플래그를 가졌음을 유심히 살펴보기 바란다. 사실 이는 순전히 방어적으로 코드를 작성하기 위함인데, 플래그를 이중으로 배치하여 베이스 클래스 혹은 파생 클래스의 일부만이 정리된 경우에 혹시 발생할지도 모를 문제를 피하기 위해서다.

Dispose와 finalizer는 방어적으로 작성되어야 한다. Dispose 메서드는 한 번 이상 호출될 수 있으므로 여러 번 호출하더라도 반드시 동일하게 동작하도록idempotent 구현해야 한다. 타입 내에 여러 개의 필드가 있는 경우 각각의 필드가 어떤 순서로 정리될지는 엄밀하게 정의돼 있지 않다. 이런 이유로 Dispose() 메서드가 호출됐을 때 해당 객체의 필드 중 하나가 이미 정리된 상황이라면 예상하기 어려운 문제가 발생할 수도 있다. 하지만 Dispose() 메서드를 작성할 때 여러 번 호출돼도 문제가 발생하지 않도록 만들었다면 이런 걱정은 하지 않아도 된다. 이미 정리된 객체에 대하여 멤버 메서드를 호출한 경우 ObjectDisposedException 예외를 발생시키는 것이 표준 Dispose 패턴의 규칙이기도 하다. 이미 정리된 객체를 가지고는 작업을 제대로 수행할 수 없을 것이기 때문이다. 이미 dispose된 객체 혹은 초기화조차 제대로 완료되지 않은 객체에 대해서도 finalizer가 호출될 수 있다. 상태가 온전하지 않을 수는 있겠으나 객체가 메모리에서 완전히 제거된 것은 아니기 때문에 null 참조를 걱정하지는 않아도 된다. 하지만 이미 정리된 객체의 필드에는 접근하지 않아야 한다.

앞 코드의 MyResourceHog와 DerivedResourceHog가 finalizer를 가지고 있지 않음에도 주목하기 바란다. 이 예제는 비관리 리소스를 포함하고 있지 않으므로 finalizer를 구현하

지 않았으며, Dispose(false)가 호출되는 경우도 없다. 이 또한 Dispose 패턴의 구현 규칙 중 하나인데 클래스가 비관리 리소스를 직접 포함하지 않는 경우라면 finalizer를 구현하지 말라는 것이다. 반드시 비관리 리소스를 포함하는 경우에만 finalizer를 구현하기 바란다. 호출 여부와 상관없이 finalizer를 그냥 두면 안 되냐고 물을 수 있겠으나 finalizer가 존재하는 것만으로도 상당한 성능상의 손해를 감수해야 한다. finalizer가 필요 없는 경우라면 절대로 추가하지 말라. 또 다른 주의 사항은 베이스 클래스가 비관리 리소스를 포함하지 않더라도 파생 클래스가 비관리 리소스를 포함할 수 있으므로 이 패턴의 구현부는 그대로 유지하는 편이 낫다는 것이다. 이렇게 해야만 파생 클래스에서 비관리 리소스를 정리해야 할 경우 finalize와 Dispose(bool)을 손쉽게 구현할 수 있다.

제거 혹은 정리 작업에 있어서 가장 핵심적이고도 중요한 지침 중 하나는 Dispose 메서드 내에서는 리소스 정리 작업만을 수행하라는 것이다. 다른 작업은 절대로 수행해서는 안 된다. Dispose나 finalizer에서 다른 작업을 수행하게 되면 객체의 생명주기와 관련된 심각한 문제를 일으킬 수 있다. 객체는 생성을 시도할 때 생성돼야 하고, 가비지 수집기가 정리하려 할 때 삭제돼야 한다. 이것이 원활하지 않은 객체는 혼수상태에 빠진 객체처럼 살아도 살아 있는 게 아니다. 이 객체에 접근할 수도 없고 이 객체가 가진 메서드를 호출할 수도 없다.

finalizer를 가진 객체는 최종적으로 정리가 완료되기 이전에 다시 한 번 코드를 수행할 기회를 얻게 된다. 하지만 이 순간에도 비관리 리소스를 삭제하는 작업 외에는 다른 어떤 작업도 해서는 안 된다. finalizer 내에서 객체를 다시 도달 가능reachable 상태로 만들어버리면 사라져야 할 객체가 죽지 않고 다시 살아나게 된다. 객체가 살아나긴 했지만 혼수상태나 마찬가지다. 다음에 관련 예를 나타냈다.

```
public class BadClass
{
    // 전역 객체에 대한 참조를 저장한다.
    private static readonly List<BadClass> finalizedList =
        new List<BadClass>();

    private string msg;

    public BadClass(string msg)
    {
        // 참조를 캐싱한다.
        msg = (string)msg.Clone();
```

```
    }

    ~BadClass()
    {
        // 이 객체를 다시 리스트에 추가한다.
        // 객체는 다시 도달 가능 상태가 되었으며
        // 더 이상 가비지가 아니다. 살아났다!
        finalizedList.Add(this);
    }
}
```

BadClass 객체는 finalizer를 실행할 때 전역 목록에 자신을 추가한다. 이는 결국 자신을 다시 도달 가능한 객체로 변경한 꼴이다. 그러니 다시 살아난 것이다. 하지만 이렇게 하면 여러 가지 문제가 발생한다. 첫째로 가비지 수집기는 이 객체에 대해서 이미 finalizer를 호출했으므로 더 이상 finalizer를 호출할 필요가 없다고 간주한다. 때문에 되살아난 객체를 정말로 삭제하려 해도 다시 finalizer를 호출할 방법이 없다. 둘째로 객체가 살아난 것처럼 보이겠지만 이 객체에 포함된 여타의 필드들은 사용할 수가 없다. 가비지 수집기는 finalizer 큐에 삽입된 객체에서 도달 가능한 다른 객체들 또한 삭제하지 않는다. 하지만 이미 finalize 과정이 완료된 이후라면 이야기가 다르다. 이 경우에는 도달 가능 객체라 하더라도 명백히 가비지로 간주된다. 따라서 BadClass가 가진 필드들은 설사 지금 당장은 메모리를 점유하고 있더라도 언젠가 정리될 것이다. 언어 차원에서 finalize 작업이 수행되는 순서를 제어할 수 있는 방법은 없다. 따라서 이러한 작업은 절대 해서는 안 된다.

학술적인 경우를 제외하고는 이러한 방식으로 객체를 올바르게 부활시킨 코드를 본 적이 없다. finalizer 내에서 실제로 다른 작업을 수행하는 코드를 본 적도 있고, finalizer에서 자신의 참조를 외부 객체 저장하여 객체를 다시 살려내는 코드를 본 적도 있다. 하지만 어떤 방식도 절대 추천할 만한 것이 못 된다. 어떠한 경우라도 finalizer를 구현해야 한다면 신중히 그 내용을 살펴보기를 바란다. 더불어 2개의 Dispose 메서드도 버그가 없도록 세심히 챙겨야 한다. 만약 리소스 정리 외에 다른 작업을 하고 있다면 버그를 일으킬 소지가 있다는 것을 명심해야 한다. finalizer와 2개의 Dispose 메서드 내에서는 리소스 정리 외에는 절대 다른 작업을 하지 말라.

관리 환경에서는 타입을 정의할 때 finalizer를 반드시 작성해야 하는 것은 아니다. 새로 작성할 타입이 비관리 리소스를 포함하거나 혹은 IDisposable을 구현한 다른 타입을 포함해야 하는 경우에만 finalizer를 제한적으로 구현하면 된다. IDisposable 인터페이스만 필요하고 finalizer를 구현할 필요가 없는 경우라 하더라도 표준 Dispose 패턴의 구조는 온전히 유지하는 것이 좋다. 그렇지 않으면 파생 클래스에서 표준 Dispose 패턴을 구현하는 것이 복잡해진다. 앞서 설명한 표준 Dispose 패턴을 준수하라. 그래야 모두 발 뻗고 편히 잘 수 있다.

CHAPTER 3

제네릭 활용

일부 기사와 논문 등을 읽다 보면 제네릭이 컬렉션과 함께 사용될 때만 유용한 것처럼 이야기하곤 하지만 이는 사실이 아니다. 제네릭은 컬렉션 외에도 인터페이스, 이벤트 핸들러, 공통 알고리즘 구현 등 매우 다양한 분야에서 유용하게 활용될 수 있다.

커뮤니티를 중심으로 많은 개발자가 C#의 제네릭과 C++의 템플릿을 비교하는 토론을 이어왔는데, 주된 토론 내용을 살펴보면 둘 중 어느 쪽이 더 우수한지를 주장하는 내용이 대부분이었다. C#의 제네릭과 C++의 템플릿을 비교하는 것은 문법적인 이해를 돕기 위해서는 유용할지 모르지만 그 외의 다른 주장들은 이제 그만둘 때도 됐지 싶다. 일부 관용구는 C++ 템플릿을 이용해서 표현하는 것이 자연스럽지만, 또 다른 구조는 C# 제네릭을 이용하는 편이 더 자연스럽다. **아이템 19: 런타임에 타입을 확인하여 최적의 알고리즘을 사용하라**에서도 더 논의하겠지만 둘 중 어느 것이 나은가를 견주어보는 것은 이 둘을 제대로 이해하는 데 오히려 방해만 될 뿐이다. 그러니 이제 이러한 단순 비교는 그만두자.

마이크로소프트의 개발팀은 관리 환경에 제네릭을 추가하기 위해서 C# 컴파일러는 물론이고, JIT 컴파일러, CLR 등을 모두 수정해야 했다. C# 컴파일러는 제네릭 타입으로 작성한 코드를 적절한 MSIL Microsoft Intermediate Language로 생성하기 위해 수정돼야 했고, JIT 컴파일러는 닫힌 제네릭 타입을 생성하기 위해서 제네릭 타입에 대한 정의부와 타입 매개변수를 결합할 수 있도록 수정돼야 했다. CLR은 런타임에 이 두 가지를 모두 지원하기 위해서 변경돼야 했다.

타입을 제네릭으로 정의하면 장점도 있고 그에 따른 비용도 발생한다. 일반적으로 코드를 제네릭으로 변경하면 코드의 크기가 작아지지만 항상 그런 것만은 아니어서 코드의 크기가 더 커지는 경우도 간혹 있다. 코드의 크기가 얼마나 작아질지 혹은 커질지는 사실 타입 매개변수를 어떻게 지정하느냐 그리고 얼마나 많은 수의 닫힌 제네릭 타입을 생성하느냐에 달려 있다.

제네릭 타입의 정의는 MSIL로 완벽하게 표현된다. 따라서 제네릭 타입 내에 포함된 코드는 타입 매개변수로 어떤 타입이 지정되더라도 유효한 코드여야 한다. 타입을 제네릭의 형태로 정의하는 것을 제네릭 타입 정의Generic Type Definition라고 하며, 타입 매개변수에 구체적인 타입을 지정한 경우를 닫힌 제네릭 타입Closed Generic Type이라고 한다(여러 타입 매개변수 중 일부만 구체적인 타입을 지정한 경우 이를 열린 제네릭 타입Open Generic Type이라고 한다).

IL에서 제네릭은 타입을 부분적으로 정의한 형태를 띤다. 제네릭 타입으로 인스턴스를 생성할 때 반드시 필요한 타입 매개변수에 대해서는 그 위치만을 표시해둔다.

JIT 컴파일러는 닫힌 제네릭 타입으로 객체를 인스턴스화하기 위한 코드를 생성할 때 비로소 타입의 정의를 완성한다. 여러 형태의 닫힌 제네릭 타입을 미리 만들어두면 코드의 크기가 너무 커지고, 타입 정의를 부분적으로나마 완성해두지 않으면 성능이 너무 느려질 것이기 때문이다. 이러한 방식은 시간과 공간 비용을 고려한 절충안이라 하겠다.

사실 이러한 과정은 제네릭의 사용 여부와 관계없이 우리가 정의한 모든 타입에 대해서도 동일하게 적용되는 과정이다. 다만 제네릭 타입이 아니라면 클래스를 표현하는 IL과 이로부터 생성되는 머신 코드가 항상 일대일 관계를 유지한다. 제네릭을 사용하면 그 해석 과정이 조금 다르다. JIT 컴파일러가 제네릭 클래스를 만나게 되면 타입 매개변수로 주어진 타입을 확인하여 해당 타입에 가장 적합한 머신 코드를 생성하기 위해 노력한다. 동시에 타입 매개변수로 서로 다른 타입이 주어지더라도 가능한 한 동일한 머신 코드를 공유할 수 있도록 코드를 생성하기 위해 노력한다. 그 예의 하나로 제네릭 타입의 타입 매개변수로 참조 타입이 전달된 경우에는 항상 동일한 머신 코드가 생성되며 이를 공유하게 된다.

실제로 아래 코드에 나타낸 개별 인스턴스들은 런타임에 동일한 머신 코드를 공유한다.

```
List<string> stringList = new List<string>();
List<Stream> OpenFiles = new List<Stream>();
List<MyClassType> anotherList = new List<MyClassType>();
```

C# 컴파일러는 컴파일타임에 타입 안정성을 미리 확인하기 때문에 JIT 컴파일러는 이러한 전

제를 기반으로 더 최적화된 머신 코드를 생성할 수 있다.

닫힌 제네릭 타입을 만들 때 타입 매개변수에 값 타입이 지정되면 참조 타입과는 다른 규칙이 적용된다. JIT 컴파일러는 타입 매개변수에 서로 다른 값 타입이 주어지는 경우, 서로 다른 머신 코드를 생성한다. 따라서 다음 3개의 닫힌 제네릭 타입은 서로 다른 머신 코드를 사용하게 된다.

```
List<double> doubleList = new List<double>();
List<int> markers = new List<int>();
List<MyStruct> values = new List<MyStruct>();
```

흥미롭긴 하지만 왜 이런 것까지 신경 써야 하는 걸까? 우선 정리해보자. 제네릭 타입의 타입 매개변수로 참조 타입이 주어지는 경우, 그것이 어떤 타입이라 하더라도 메모리의 풋프린트에는 전혀 영향을 주지 않는다. JIT 컴파일된 코드가 공유되기 때문이다. 하지만 타입 매개변수로 서로 다른 값 타입이 주어지는 경우, 각각 서로 다른 머신 코드가 생성되기 때문에 이는 공유될 수 없다. 이러한 특성이 코드에 어떤 영향을 미치는지 이해하려면 각각의 과정을 좀 더 세부적으로 살펴봐야 한다.

.NET 런타임이 제네릭 정의(제네릭 메서드든 혹은 제네릭 클래스든 상관없이)를 JIT 컴파일할 때 타입 매개변수에 값 타입이 지정되면 두 단계를 거치게 된다. 첫 번째 단계는 닫힌 제네릭 타입을 표현하기 위한 새로운 IL 클래스를 생성하는 것이다. 극도로 단순화하자면 JIT 컴파일러의 역할은 제네릭 정의에 포함된 T를 int와 같은 값 타입으로 대체하는 것이다. 두 번째 단계는 대체가 완료된 타입을 이용하여 실제로 머신 코드를 생성하는 것이다. 이처럼 두 단계가 필요한 이유는 어셈블리가 로드되는 시점에 JIT 컴파일러가 클래스의 머신 코드를 생성하는 것이 아니라, 로드된 타입 내의 특정 메서드가 최초로 호출되는 시점에 호출된 메서드만을 JIT 컴파일하기 때문이다. JIT 컴파일이 수행되고 나면 메서드 내의 IL 코드가 앞서 컴파일된 머신 코드로 대체된다. 당연히 이렇게 돼야 한다. 이러한 과정은 제네릭 타입이 아닌 일반 타입의 경우도 동일하다.

그런데 이처럼 타입별로 서로 다른 코드가 생성된다는 것은 런타임에 메모리의 풋프린트가 커진다는 사실을 의미하는 것이기도 하다. 타입 매개변수로 값 타입을 취하는 닫힌 제네릭 타입은 개별적인 IL 코드를 가진다. 타입 매개변수로 지정한 값 타입의 유형에 따라 서로 다른 머신 코드를 생성할 수밖에 없기 때문이다.

하지만 제네릭 타입의 타입 매개변수로 값 타입을 지정하면 박싱과 언박싱을 피할 수 있고, 결국 코드와 데이터의 크기가 줄어드는 장점이 있다. 그리고 컴파일러가 타입 매개변수에 대한 타입 안정성을 보장해주므로 런타임에 타입의 유형을 매번 확인할 필요가 없다. 따라서 코드의 크기가 줄어들고 성능이 개선된다. 그 외에도 **아이템 25: 타입 매개변수로 인스턴스 필드를 만들 필요가 없다면 제네릭 메서드를 정의하라**에서 이야기하겠지만 제네릭 클래스 대신 제네릭 메서드를 사용하면 실제로 사용되는 메서드만 인스턴스화되므로 추가되는 IL 코드의 양이 많지 않다. 제네릭이 아닌 일반 클래스 내에 정의된 제네릭 메서드는 사전에 JIT 컴파일되지 않는다.

이번 3장에서는 제네릭을 활용하는 다양한 기법에 대해서 알아보고 제네릭 타입과 제네릭 메서드를 이용하여 개발 시간을 단축하는 방법과 더욱 유용한 컴포넌트를 만드는 방법에 대해서 살펴볼 것이다.

아이템 18: 반드시 필요한 제약 조건만 설정하라

타입 매개변수에 대한 제약 조건constraint은 클래스가 작업을 올바르게 수행하기 위해서 타입 매개변수로 전달할 수 있는 타입의 유형을 제한하는 방법이다. 개발자는 올바르게 작업을 수행하기 위한 최소한의 제약 조건만을 설정해야 한다. 너무 많은 제약 조건을 설정하면 이를 만족시키기 위해서 사용자들이 과도한 추가 작업을 수행해야 할 수도 있다. 따라서 올바른 작업을 수행하기 위한 제약 조건의 수와 사용자가 이를 만족시키기 위해 추가로 수행해야 하는 작업의 양 사이에서 적절히 균형을 유지해야 한다. 어느 수준에서 균형을 맞출지는 타입의 유형에 따라 다를 수밖에 없지만 어떤 경우라도 극단적인 선택은 좋지 않다. 제약 조건을 설정하지 않으면 런타임에 더 많은 검사를 수행할 수밖에 없다. 더 자주 형변환을 해야 하고, 리플렉션을 사용해야 할 가능성이 커지고, 잘못된 타입으로 인해 런타임 오류가 발생할 가능성 또한 높아진다. 반면에 불필요한 제약 조건을 설정하면 이 클래스를 사용하기 위해서 과도하게 추가 작업을 해야 한다. 필요한 만큼만 제약 조건을 설정했다고 생각하겠지만 그마저도 과도할 수 있다는 것을 항상 염두에 둬야 한다. 우리의 목표는 항상 중간 어디쯤을 찾아내는 것이다.

제약 조건을 설정하면 컴파일러는 System.Object에 정의된 public 메서드보다 더 많은 것을 타입 매개변수에 기대할 수 있게 된다. C# 컴파일러는 제네릭 타입에 대해 올바른 IL을 생성해야 할 책임이 있으며, 설사 컴파일러에게 타입 매개변수에 대한 충분한 정보가 제공되지 않는 경우에도 반드시 올바른 IL을 생성해야 한다. 따라서 타입 매개변수로 어떤 타입을 지정할 것인지에 대한 추가 정보가 제공되지 않는다면 컴파일러는 이를 System.Object가 정의하고 있는 최소한의 기능만을 제공하는 타입이라고 가정할 수밖에 없다. 컴파일러는 타입 매개변수에 대하여 사용자가 지정한 타입에 대하여 어떠한 가정도 할 수 없으므로 모든 타입이 System.Object로부터 파생된다는 사실만을 기반으로 이러한 결정을 내리는 것이다(이런 이유로 타입 매개변수로 포인터를 취하는 unsafe 제네릭 타입은 만들 수 없다). System.Object가 제공하는 기능만을 사용할 수 있다는 사실은 실상 너무 제한적으로 보인다. 어쨌거나 타입 매개변수를 이용하여 System.Object가 정의하지 않은 기능을 수행하려고 하면 C# 컴파일러는 오류를 일으킨다. new T()와 같이 아주 기본적인 작업조차 제대로 컴파일되지 않는다.

제약 조건은 제네릭 타입에 대해 우리가 가정하고 있는 사실을 컴파일러와 다른 개발자에게 알려주는 용도로 사용된다. 컴파일러에게 제약 조건을 알려준다는 것은 제네릭 타입에서 타입 매개변수로 주어진 타입을 System.Object에서 노출하는 수준 이상으로 사용할 수 있음을 알려주는 것이다. 컴파일러 입장에서는 두 가지 측면에서 도움이 된다. 첫째로 제네릭 타입을 작성할 때 도움이 된다. 컴파일러는 타입 매개변수로 전달된 타입이 제약 조건으로 설정한 기능을 모두 구현하고 있을 것이라 가정할 수 있다. 둘째로 컴파일러는 제네릭 타입을 사용하는 사용자가 타입 매개변수로 올바른 타입을 지정했는지를 컴파일타임에 확인할 수 있다. 제약 조건의 한 예로 타입 매개변수가 반드시 struct이어야 함을 지정할 수도 있고, 반드시 class이어야 함을 지정할 수도 있다. 이외에도 타입 매개변수로 주어진 타입이 반드시 구현해야 하는 인터페이스의 목록을 제시할 수도 있으며 베이스 클래스의 타입을 제약할 수도 있다.

제약 조건을 설정하는 대신 형변환이나 런타임에 테스트를 수행하도록 코드를 작성할 수도 있다. 예를 들어 다음의 제네릭 메서드는 타입 매개변수 T에 대한 어떠한 제약 조건도 설정하지 않았다. 하지만 런타임에 IComparable<T> 인터페이스로 형변환이 가능한지를 확인한 후 이 인터페이스가 정의하고 있는 메서드를 사용한다.

```
public static bool AreEqual<T>(T left, T right)
{
    if (left == null)
        return right == null;

    if (left is IComparable<T>)
    {
```

```
        IComparable<T> lval = left as IComparable<T>;
        if (right is IComparable<T>)
            return lval.CompareTo(right) == 0;
        else
            throw new ArgumentException("Type does not implement IComparable<T>",
                nameof(right));
    }
    else // 실패
    {
        throw new ArgumentException("Type does not implement IComparable<T>",
            nameof(left));
    }
}
```

T가 반드시 IComparable〈T〉를 구현해야 한다고 제약 조건을 설정하면 동일한 메서드를 더 간단하게 재작성할 수 있다.

```
public static bool AreEqual2<T>(T left, T right)
    where T : IComparable<T> =>
        left.CompareTo(right) == 0;
```

두 번째 예와 같이 코드를 작성하면 런타임에 발생할 가능성이 있는 오류를 컴파일타임에 확인할 수 있다. 또한 코드도 매우 짧다. 첫 번째 예제에서는 코드를 통해 런타임 오류가 발생하지 않도록 했지만, 두 번째 예제는 컴파일러를 통해 런타임 오류가 발생하지 않도록 했다. 제약 조건이 없었다면 코딩상의 실수를 알려줄 수 있는 적절한 방법이 없었을 것이다. 제네릭 타입을 작성할 때 필요한 제약 조건이 있다면 반드시 이를 지정하자. 제약 조건이 없다면 타입의 오용 가능성이 높아지고, 사용자의 잘못된 예측으로 런타임 예외나 오류가 발생할 가능성이 높아지게 된다. 자신이 개발한 제네릭 타입을 직접 사용하는 경우라면 문제가 덜 하겠지만 다른 개발자가 사용해야 하는 경우라면 문서를 통해서 사용 방법을 확인할 수밖에 없기 때문에 제네릭 타입에 대한 오용 가능성이 높아지게 된다. 제약 조건을 사용하면 사용자가 제네릭 타입을 잘못 사용하는 경우에 컴파일러가 그 사실을 알려줄 수 있다. 런타임 오류를 줄일 수 있으며 오용 가능성도 낮출 수 있다.

이처럼 다양한 장점이 있지만 제약 조건을 과도하게 설정하는 것 또한 좋지 않다. 타입 매개변수에 제약 조건을 많이 설정하면 제네릭 타입을 사용하는 것이 큰 부담이 된다. 필요한 제약 조건이라면 반드시 설정해야겠지만 이 경우에도 제약 조건의 수를 최소한으로 유지하도록 노력해야 한다.

제약 조건을 최소화하기 위한 몇 가지 방법을 살펴보자. 가장 일반적인 방법 중 하나는 제네릭 타입 내에서 반드시 필요한 기능만을 제약 조건으로 설정하는 것이다. IEquatable〈T〉를 예로 들어보자. 이 인터페이스는 매우 흔히 사용되는 인터페이스 타입이기도 하거니와 새로운 타입을 작성할 때 자주 구현하곤 하는 인터페이스다. 앞의 예제의 AreEqual 메서드를 다음과 같이 Equals를 이용하여 재작성할 수 있다.

```
public static bool AreEqual<T>(T left, T right) =>
    left.Equals(right);
```

만약 이 코드가 IEquatable〈T〉의 제약 조건을 가진 제네릭 클래스 안에 정의되었다고 가정해보자. 이 경우 앞의 메서드는 IEquatable〈T〉.Equals()를 호출한다. 만약 적절한 제약 조건을 설정하지 않아서 IEquatable〈T〉가 지원된다는 사실을 C# 컴파일러에게 알려주지 않았다면 System.Object.Equals()를 호출하도록 코드를 생성했을 것이다.

이 예제는 C#의 제네릭과 C++의 템플릿 간의 차이를 극명하게 보여준다. C# 컴파일러는 제약 조건에 설정된 정보만을 이용하여 IL을 생성한다. 타입 매개변수로 지정된 타입이 설사 인스턴스화되었을 때 더 나은 메서드를 가졌다 하더라도 제네릭 타입을 컴파일할 때 알려진 내용이 아니라면 사용하지 않는다.

특정 타입이 IEquatable〈T〉를 구현하고 있다면 분명히 이 인터페이스를 활용하여 객체가 동일한지를 확인하는 것이 훨씬 더 효율적일 것이다. 또한 IEquatable〈T〉를 제약 사항으로 설정하면 System.Object.Equals()를 재정의한 메서드가 존재하는지를 런타임에 확인할 필요가 없다. 게다가 타입 매개변수로 지정한 타입의 유형이 값 타입인 경우라면 박싱과 언박싱도 피할 수 있다. 또한 이 인터페이스를 제약 조건으로 설정하면 가상 함수 호출 시 필요한 약간의 오버헤드조차 피할 수 있다.

이처럼 여러 가지 이유로 개발자에게 IEquatable〈T〉를 구현하도록 제약 조건을 설정하는 것은 괜찮아 보인다. 하지만 제약 조건을 설정할지의 여부를 어떤 기준으로 결정해야 할까? System.Object.Equals 메서드가 충분히 잘 동작하는 상황이라면 어떤가? 혹은 성능이 저하되는 경우라면 어떤가? 일반적인 권고 사항은 IEquatable〈T〉와 같이 개선된 메서드를 사용하려 시도해보고, 만약 그것이 불가능한 경우라면 한 단계 낮은 수준의 메서드를 호출하도록 코드를 작성하는 것이다. 이를 위해 기본 기능을 제공하는 메서드 외에 자체적으로 구현한 메서드를 오버로드 형태로 제공하면 좋다. 즉, 이번 아이템의 시작 부분에서 보여준 AreEqual()을 오버로드 메서드 형태로 제공하는 것이다. 실제로 이 같은 접근 방식을 취하려면 더 많은 작업이 필요하다. 하지만 다른 개발자가 제약사항으로 인해 특별히 추가적인 작업을 하지 않더라도 타입 매개변수로 주어지는 타입의 기능을 확인한 후 가장 선호하는 인터페이스를 활용할 수 있다는 장점이 있다.

때로는 제약 조건을 설정하여 해당 클래스의 사용을 어렵게 만드느니 런타임에 특정 인터페이스를 구현하고 있는지 혹은 특정 베이스 클래스를 상속한 타입인지를 확인한 후 사용하는 것이 좋은 경우도 있다. 이 경우 타입 매개변수로 주어진 타입을 런타임에 확인한 후 더 나은 메서드가 있는지를 살펴봐야 한다. 항상 원하는 메서드가 구현돼 있지는 않을 것이기 때문이다. Equatable〈T〉와 Comparable〈T〉가 바로 이런 식으로 설계되고 구현되어 있다.

이러한 기법을 IEnumerable〈T〉 혹은 IEnumerable 등의 인터페이스를 이미 제약 조건으로 설정한 타입에 대하여 추가적인 제약 조건을 설정하기 위한 용도로 확장해서 사용해볼 수도 있겠다.

기본 생성자 제약 조건을 설정할 때는 추가적으로 주의해야 할 부분이 있다. 때때로 new 대신 default()를 사용하면 new() 제약 사항이 필요 없을 수도 있다. C#의 default() 연산자는 특정 타입의 기본값을 가져오는데, 값 타입에 대해서는 0을, 참조 타입에 대해서는 null을 가져온다. 따라서 new()를 default()로 바꾸면 값 타입과 참조 타입에서 모두 사용할 수 있다. 하지만 참조 타입에 대해서는 default()와 new()가 매우 다른 의미를 가진다는 것에 주의해야 한다.

잘 작성된 제네릭 타입을 살펴보면 타입 매개변수로 지정한 타입의 기본값을 가져오기 위해서 default()를 사용하는 코드를 흔히 볼 수 있다. 다음 메서드는 주어진 조건을 만족하는 첫 번째 객체를 찾아내는 메서드인데, 조건을 만족하면 해당 객체를 반환하고 그렇지 않으면 기본값을 반환한다.

```
public static T FirstOrDefault<T>(this IEnumerable<T> sequence,
    Predicate<T> test)
{
    foreach (T value in sequence)
```

```
        if (test(value))
            return value;
    return default(T);
}
```

이 메서드를 다음 메서드와 비교해보자. 다음 코드는 T 타입의 객체를 생성하는 팩토리 메서드Factory Method를 사용하는데, 이 팩토리 메서드가 null을 반환하면 기본 생성자를 호출한 후 그 값을 반환한다.

```
public delegate T FactoryFunc<T>();

public static T Factory<T>(FactoryFunc<T> makeANewT) where T : new()
{
    T rVal = makeANewT();
    if (rVal == null)
        return new T();
    else
        return rVal;
}
```

default()를 사용하는 FirstOrDefault 메서드는 특별한 제약 조건을 필요로 하지 않는다. 하지만 new T()를 사용하는 Factory 메서드는 반드시 new() 제약 조건을 필요로 한다. 참조 타입의 경우 null 여부를 테스트해야 하기 때문에 값 타입과는 동작 방식이 사뭇 다르다. Factory 메서드가 내부적으로 null 여부를 확인하는 코드를 가지고 있긴 하지만 값 타입에 대해서도 제한없이 이 메서드를 사용할 수 있다. 이것이 가능한 이유는 (T를 지정된 타입으로 대체하는 작업을 수행할 때) T가 값 타입인 경우 JIT 컴파일러가 null 테스트 코드를 제거해주기 때문이다.

new(), struct, class를 제약 조건으로 설정하는 경우에는 항상 주의해야 한다. 앞의 예제를 통해서 이러한 제약 사항을 추가하면 객체를 생성하는 방식을 가정할 수 있음을 알아봤다. 또한 타입에 대한 기본default 값이 0이 될 수도 있고, null도 될 수 있음을 확인했다. 그리고 제네릭 타입 내에서 타입 매개변수로 주어진 타입을 이용하여 객체를 생성할 수도 있고 그것이 불가능할 수도 있다는 것도 알아봤다. 이상적으로는 이 세 가지 제약 조건은 가능한 한 피하는 것이 좋다. 따라서 반드시 필요한 제약 조건인지 다시 한 번 신중히 생각해 보기 바란다. '물론이야. 나는 new T()를 호출할 거라고'라고 생각했더라도 new T() 대신 default(T)를 사용하는 것이 적절한 대안이 될 수 있다면 new() 제약 조건을 설정하지 않는 편이 좋다.

제네릭 타입을 사용할 사용자에게 개발자가 가정하고 있는 바를 알려주려면 제약 조건을 설정해야 한다. 하지만 제약 조건을 과도하게 설정하면 그 타입의 사용 빈도는 떨어질 수밖에 없다. 제네릭 타입을 만드는 이유가 다양한 시나리오에서 적용할 수 있는 범용 타입을 정의하기 위한 것임을 잊지 말자. 제약 조건을 만족시키기 위해 사용자가 추가로 해야 하는 작업의 양과 제약 조건을 지정하여 얻을 수 있는 안정성 사이에서 적절히 균형을 유지하기 바란다. 필요한 최소한의 제약 조건만을 설정하라. 하지만 타입 매개변수로 지정할 타입의 유형에 대하여 명확한 가정이 필요하다면 반드시 제약 조건으로 설정하라.

아이템 19: 런타임에 타입을 확인하여 최적의 알고리즘을 사용하라

제네릭 타입의 경우 타입 매개변수에 새로운 타입을 지정하여 손쉽게 재사용할 수 있다. 타입 매개변수에 새로운 타입을 지정한다는 것은 유사한 기능을 가진 새로운 타입을 생성한다는 것을 의미한다.

제네릭을 활용하면 코드를 덜 작성해도 되기 때문에 매우 유용하다. 하지만 타입이나 메서드를 제네릭화하면 구체적인 타입이 주는 장점을 잃고 타입의 세부적인 특성까지 고려하여 최적화한 알고리즘을 사용할 수 없게 된다. C#은 이런 부분까지도 고려하여 설계되었다. 만약 어떤 알고리즘이 특정 타입에 대해 더 효율적으로 동작한다고 생각된다면 그냥 그 타입을 이용하도록 코드를 작성하라. 이를 위해 제약 조건을 설정하는 것이 항상 효과적인 방법은 아니다. 제네릭의 인스턴스화는 런타임의 타입을 고려하지 않으며 컴파일타임의 타입만을 고려한다. 효율적인 코드를 작성하려면 이러한 사실을 반드시 알고 있어야 한다.

특정 타입의 시퀀스를 역순으로 순회하기 위해서 다음과 같이 클래스를 만들었다고 가정해보자.

```
public sealed class ReverseEnumerable<T> : IEnumerable<T>
{
    private class ReverseEnumerator : IEnumerator<T>
    {
        int currentIndex;
        IList<T> collection;
```

```
        public ReverseEnumerator(IList<T> srcCollection)
        {
            collection = srcCollection;
            currentIndex = collection.Count;
        }

        // IEnumerator<T> 멤버
        public T Current => collection[currentIndex];

        // IDisposable 멤버
        public void Dispose()
        {
            // 세부 구현 내용은 생략했으나 반드시 구현해야 한다.
            // 왜냐하면 IEnumerator<T>는 IDisposable을 상속하고 있기 때문이다.
            // 이 클래스는 sealed 클래스로 선언되었으므로
            // protected Dispose() 메서드는 필요 없다.

        }

        // IEnumerator 멤버
        object System.Collections.IEnumerator.Current => this.Current;
        public bool MoveNext() => --currentIndex >= 0;
        public void Reset() => currentIndex = collection.Count;
    }

    IEnumerable<T> sourceSequence;
    IList<T> originalSequence;

    public ReverseEnumerable(IEnumerable<T> sequence)
    {
        sourceSequence = sequence;
    }

    // IEnumerable<T> 멤버
    public IEnumerator<T> GetEnumerator()
    {
        // 역순으로 순회하기 위해서
        // 원래 시퀀스를 복사한다.
        if (originalSequence == null)
        {
            originalSequence = new List<T>();
            foreach (T item in sourceSequence)
                originalSequence.Add(item);
        }
```

```
        return new ReverseEnumerator(originalSequence);
    }

    // IEnumerable 멤버
    System.Collections.IEnumerator
        System.Collections.IEnumerable.GetEnumerator() =>
            this.GetEnumerator();
}
```

이 코드를 살펴보면 타입 매개변수에 대한 가정이 거의 없다. ReverseEnumerable의 생성자에서 입력 매개변수가 IEnumerable〈T〉를 지원한다고 가정했을 뿐이다. 그리고 그게 전부다. IEnumerable〈T〉는 개별 요소에 대한 랜덤 액세스를 지원하지 않는다. 따라서 개별 요소들을 역순으로 순회하는 유일한 방법으로 생각되는 내용이 ReverseEnumerable〈T〉.GetEnumerator()의 본문에 구현된 내용이다. ReverseEnumerable〈T〉를 생성한 후 최초로 GetEnumerator()를 호출한 시점에 생성자의 매개변수로 전달한 시퀀스를 이용하여 처음부터 끝까지 순회하면서 해당 요소의 복제본을 생성한다. 이제 중첩 클래스 내에서 앞서 복제한 시퀀스를 이용하여 역순으로 순회한다.

이 코드는 잘 동작하는 편이다. 그리고 랜덤 액세스를 지원하지 않는 컬렉션에 대해서 개별 요소를 역순으로 순회하기 위한 유일한 방법이기도 하다. 하지만 대부분의 컬렉션들이 랜덤 액세스를 지원하기 때문에 이와 같은 코드는 상당히 비효율적이다. 예를 들어 생성자로 전달한 인자가 IList〈T〉를 지원한다면 이처럼 복제본을 만들 이유가 없다. IEnumerable〈T〉를 구현하고 있는 대부분의 타입들이 IList〈T〉 또한 구현한다는 사실에 착안하여 코드를 좀 더 효율적으로 개선해보자.

ReverseEnumerable〈T〉 클래스의 생성자는 다음과 같이 변경하면 된다.

```
public ReverseEnumerable(IEnumerable<T> sequence)
{
    sourceSequence = sequence;

    // 만약 sequence가 IList<T>를 구현하지 않았다면
    // originalSequence가 null이 되지만
    // 문제되지 않는다.
    originalSequence = sequence as IList<T>;
}
```

IList〈T〉 타입의 매개변수를 취하는 생성자를 추가하면 되지 않을까? 이렇게 하면 매개변수가 IList〈T〉 타입인 것을 컴파일타임에 알 수 있으므로 구현이 더 용이할 것 같다. 하지만 이렇게 코드를 변경하면 몇몇 경우에 제대로 동작하지 않을 수 있다. 예를 들어 어떤 객체는 런타임 시에는 IList〈T〉 타입의 객체라 하더라도 컴파일타임에는 IEnumerable〈T〉 타입으로 간주될 수 있다. 이러한 경우에 대비하려면 IList〈T〉 타입의 매개변수를 취하는 생성자 오버로드 메서드 외에도 런타임 타입을 확인하도록 코드를 작성해야 한다.

```
public ReverseEnumerable(IEnumerable<T> sequence)
{
    sourceSequence = sequence;
    // 만약 sequence가 IList<T>를 구현하지 않았다면
    // originalSequence가 null이 되지만
    // 문제되지 않는다.
    originalSequence = sequence as IList<T>;
}

public ReverseEnumerable(IList<T> sequence)
{
    sourceSequence = sequence;
    originalSequence = sequence;
}
```

이제 IList〈T〉를 사용하면 IEnumerable〈T〉만을 사용할 때보다 더 효율적으로 동작하도록 코드를 개선할 수 있다. 사용자에게 더 많은 기능을 제공하는 것은 아니지만 더 효율적으로 동작하도록 성능을 개선할 수 있다.

이와 같이 코드를 변경하면 대부분의 경우 성능이 개선되지만, IList〈T〉를 구현하지 않고 ICollection〈T〉만을 구현한 컬렉션들에 대해서는 여전히 비효율적으로 동작한다. ReverseEnumerable〈T〉.GetEnumerator()를 다시 살펴보자.

```
public IEnumerator<T> GetEnumerator()
{
    // 역순으로 순회하기 위해서
    // 원래 시퀀스를 복사한다.
    if (originalSequence == null)
    {
        originalSequence = new List<T>();
```

```
        foreach (T item in sourceSequence)
            originalSequence.Add(item);
    }

    return new ReverseEnumerator(originalSequence);
}
```

입력 시퀀스가 ICollection〈T〉만을 구현한 경우 입력 시퀀스에 대한 복제본을 생성해야 하므로 매우 느리게 동작할 수밖에 없다. 다음은 ICollection〈T〉가 제공하는 Count 속성을 활용하여 저장소 공간을 미리 초기화하도록 코드를 조금 개선한 예다.

```
public IEnumerator<T> GetEnumerator()
{
    // string은 매우 특별한 경우다.
    if (sourceSequence is string)
    {
        // 컴파일타임에 T는 char가 아닐 것이므로
        // 캐스트에 주의해야 한다.
        return new
            ReverseStringEnumerator(sourceSequence as string) as IEnumerator<T>;
    }

    // 역순으로 순회하기 위해서
    // 원래 시퀀스를 복사한다.
    if (originalSequence == null)
    {
        if (sourceSequence is ICollection<T>)
        {
            ICollection<T> source = sourceSequence as ICollection<T>;
            originalSequence = new List<T>(source.Count);
        }
        else
            originalSequence = new List<T>();

        foreach (T item in sourceSequence)
            originalSequence.Add(item);
    }

    return new ReverseEnumerator(originalSequence);
}
```

이 코드는 입력 시퀀스로부터 리스트를 생성하는 List〈T〉의 생성자와 매우 유사하다.

```
List<T>(IEnumerable<T> inputSequence);
```

이 항목을 마치기 전에 추가적으로 이야기하고 싶은 부분이 있다. ReverseEnumerable〈T〉 내에서 수행되는 매개변수에 대한 테스트가 모두 런타임에 이뤄진다는 것에 유념하기 바란다. 즉 추가 기능을 확인하는 과정도 공짜가 아니며 일정 부분 비용이 발생한다. 하지만 대부분에 경우 이 비용은 모든 요소를 복사하는 것에 비해 훨씬 적다.

이제 ReverseEnumerable〈T〉를 사용하는 대부분의 유형에 대해 검토했다고 볼 수 있을 것 같다. 여기에 포함되지 않는 유일한 변형은 string 클래스와 관련된 부분이다. string은 마치 IList〈char〉를 구현한 것처럼 랜덤 액세스가 가능하지만 실제로 IList〈char〉를 구현한 것은 아니다. string이 제공하는 고유의 메서드를 사용하려면 제네릭 클래스 내에 string에 특화된 코드를 작성해야만 한다. 다음 코드는 ReverseEnumerable〈T〉의 중첩 클래스로 작성한 ReverseStringEnumerator 클래스다. 생성자에서 string의 Length 속성을 사용하고 있음에 주목하기 바란다. 다른 부분은 ReverseEnumerator〈T〉와 거의 동일하다.

```
private sealed class ReverseStringEnumerator : IEnumerator<char>
{
    private string sourceSequence;
    private int currentIndex;

    public ReverseStringEnumerator(string source)
    {
        sourceSequence = source;
        currentIndex = source.Length;
    }

    // IEnumerator<char> 멤버
    public char Current => sourceSequence[currentIndex];

    //  IDisposable 멤버
    public void Dispose()
    {
        // 세부 구현 내용은 생략했으나 반드시 구현해야 한다.
        // 왜냐하면 IEnumerator<T>가 IDisposable을 상속하고 있기 때문이다.
    }
```

```
        // IEnumerator 멤버
        object System.Collections.IEnumerator.Current
            => sourceSequence[currentIndex];
        public bool MoveNext() => --currentIndex >= 0;
        public void Reset() => currentIndex = sourceSequence.Length;
    }
```

이 코드를 제대로 활용하려면 ReverseEnumerable〈T〉. GetEnumerator()에서 타입 매개변수가 string인지 확인한 후 ReverseStringEnumerator 타입의 객체를 생성하여 반환하도록 코드를 수정해야 한다.

```
    public IEnumerator<T> GetEnumerator()
    {
        // string은 매우 특별한 경우다.
        if (sourceSequence is string)
        {
            // 컴파일타임에 T는 char가 아닐 것이므로
            // 캐스트에 주의해야 한다.
            return new ReverseStringEnumerator(sourceSequence as string)
                as IEnumerator<T>;
        }

        // 역순으로 순회하기 위해서
        // 원래 시퀀스를 복사한다.
        if (originalSequence == null)
        {
            if (sourceSequence is ICollection<T>)
            {
                ICollection<T> source = sourceSequence as
                ICollection<T>;
                originalSequence = new List<T>(source.Count);
            }
            else
                originalSequence = new List<T>();

            foreach (T item in sourceSequence)
                originalSequence.Add(item);
        }

        return new ReverseEnumerator(originalSequence);
    }
```

이전과 마찬가지로 이 코드의 목표는 제네릭 클래스 내에 타입별로 별도로 구현해야 하는 부분을 잘 숨겨두는 것이다. string의 경우 완전히 다른 구현 방식이 필요했기 때문에 추가 작업이 조금 많아지긴 했다.

GetEnumerator()의 본문에서 ReverseStringEnumerator 생성 시에 형변환이 반드시 필요하다는 점도 주목할 만한 부분이다. 컴파일타임에 T는 어떤 타입이 될지 알 수 없으며 우리가 원하는 char가 아닐 수도 있다. 하지만 이 코드 블록이 수행되려면 T가 반드시 char이어야 하므로 이처럼 형변환을 하더라도 문제가 되지 않는다. 이러한 내용은 내부에 완전히 숨겨져 있고 특별히 인터페이스에 영향을 주는 것도 아니다. 제네릭을 정의할 때 우리가 알고 있는 것을 컴파일러가 빠짐없이 모두 이해하고 있으리라고 가정해서는 안 된다.

간단한 예를 통해서 타입에 대한 제약 조건을 거의 사용하지 않으면서도 타입 매개변수로 지정될 가능성이 있는 타입들의 고유한 특성을 고려하고 특화된 기능들을 최대한 활용하여 제네릭 타입을 만드는 방법을 살펴봤다. 이와 같이 하면 재사용성이 높으면서도 개별 타입에 최적화된 코드를 작성할 수 있다.

아이템 20: IComparable〈T〉와 IComparer〈T〉를 이용하여 객체의 선후 관계를 정의하라

컬렉션을 정렬하거나 검색하려면 타입 내에 객체의 선후 관계를 판단할 수 있는 기능을 정의해야 한다. .NET Framework는 객체의 선후 관계를 정의하기 위해서 IComparable〈T〉와 IComparer〈T〉 2개의 인터페이스를 제공한다. IComparable〈T〉는 타입의 기본적인 선후 관계를 정의한다. 그리고 IComparer〈T〉를 이용하면 기본적인 선후 관계 이외에 추가적인 선후 관계를 정의할 수 있다. 더불어 타입 내에 관계 연산자(〈, 〉, 〈=, 〉=)를 재정의하면 해당 타입에 최적화된 방식으로 객체의 선후 관계를 판단할 수 있으므로 기본 관계 연산자의 구현 기능을 이용할 때 발생할 수 있는 비효율의 문제를 개선할 수 있다. 이번 항목에서는 객체의 선후 관계를 구현하는 방법을 구체적으로 알아보고, 이 과정에서 구현한 인터페이스를 이용하여 .NET Framework가 객체의 순서를 어떻게 정렬하는지도 함께 살펴볼 것이다. 그리고 다른 사용자가 최상의 성능을 얻기 위해서 앞서 구현된 인터페이스를 어떻게 사용해야 하는지에 대해서도 알아볼 것이다.

IComparable 인터페이스에는 CompareTo()라는 단 하나의 메서드만이 정의되어 있다. 이 메서드는 역사적으로 C 라이브러리의 strcmp 함수의 구현 방식을 그대로 따른다. 즉 현재 객체가 대상 객체보다 작으면 0보다 작은 값을, 같으면 0을, 크면 0보다 큰 값을 반환해야 한다. .NET 환경이 제공하는 최신 API들은 대체로 IComparable〈T〉를 사용하지만 일부 오래된 API들은 여전히 IComparable을 사용한다. 따라서 IComparable〈T〉를 구현할 때는 IComparable도 함께 구현해야 한다. IComparable은 System.Object 타입의 매개변수를 취하므로 비교할 때마다 인자의 타입을 재해석해야 한다.

```
public struct Customer : IComparable<Customer>, IComparable
{
    private readonly string name;

    public Customer(string name)
    {
        this.name = name;
    }

    // IComparable<Customer> 멤버
    public int CompareTo(Customer other) => name.CompareTo(other.name);

    // IComparable 멤버
    int IComparable.CompareTo(object obj)
    {
        if (!(obj is Customer))
            throw new ArgumentException("Argument is not a Customer", "obj");

        Customer otherCustomer = (Customer)obj;

        return this.CompareTo(otherCustomer);
    }
}
```

Customer 구조체 내에서 IComparable을 IComparable.CompareTo()와 같이 명시적으로 구현하고 있음에 주목하라. 이를 통해 CompareTo() 메서드가 이전 인터페이스용으로 작성된 것임을 명확히 하고 있다. 타입 매개변수를 취하지 않는 IComparable은 상당히 많은 단점이 있다. 이 인터페이스를 구현하려면 매개변수에 대한 타입을 런타임에 확인해야 한다. CompareTo()에 올바르지 않은 객체를 전달하는 경우에도 아무런 방비가 없다. 설사 올바른 객체를 전달한다 하더라도 실제 비교를 위해서는 박싱/언박싱이 필요하므로 매 비교 시마다 상당한 성능 비용이 발생한다. 컬렉션을 정렬하려면 IComparable.Compare 메서드를 평균 n×log(n)번 호출해야 하는데, 매 호출 시마다 세 번의 박싱/언박싱 작업이 수행되므로 1,000개의 항목을 가진 배열을 정렬하려면 평균 20,000번 이상의 박싱/언박싱을 수행해야 한다. 참고로 1,000×log(1,000)은 약 7,000이며 비교할 때마다 세 번의 박싱/언박싱이 수행된다.

제네릭 버전이 아닌 IComparable 인터페이스를 왜 구현해야 하는지 궁금할지도 모르겠다. 크게 두 가지 이유 때문에 이 인터페이스를 반드시 구현해야만 한다. 먼저 하위 호환성을 위해서 구현해야 한다. .NET Framework 2.0 이전에 개발된 코드에서 이 타입을 사용하려면 반드시 이 인터페이스를 구현해야 한다. 일부 Base Class Library(Win Forms나 ASP.NET Web Forms)는 .NET Framework 1.0과의 하위 호환성을 요구하기도 한다. 이런 이유로 제네릭 버전이 아닌 IComparable 인터페이스도 지원해야 한다.

IComparable 인터페이스에 정의된 CompareTo() 메서드는 IComparable.CompareTo()와 같이 명시적인 방법으로 인터페이스 메서드를 구현했기 때문에 IComparable 타입의 참조를 통해서만 이 메서드를 호출할 수 있다. 따라서 Customer 구조체를 직접 사용하는 사용자는 타입 안정적으로 비교를 수행할 수 있으며 안전하지 않은 CompareTo() 메서드에는 접근조차 불가능하다. 다음 코드는 컴파일되지 않는다.

```
Customer c1;
Employee e1;
if (c1.CompareTo(e1) > 0)
    Console.WriteLine("Customer one is greater");
```

Customer.CompareTo(Customer right) 메서드에 인자를 잘못 전달했기 때문에 컴파일 오류가 발생한 것이다. IComparable.CompareTo(object right) 메서드를 사용하려면 다음과 같이 명시적으로 캐스팅을 수행해야 한다.

```
Customer c1;
Employee e1;
if (((IComparable)c1).CompareTo(e1) > 0)
    Console.WriteLine("Customer one is greater");
```

IComparable을 구현할 때는 반드시 명시적으로 인터페이스를 구현하고 추가적으로 강력한 타입strongly typed의 public 오버로드 메서드도 함께 구현해야 한다. 강력한 타입의 오버로드 메서드를 사용하면 더 빠르게 비교 연산을 수행할 수 있으며, CompareTo 메서드의 오용 가능성도 줄일 수 있다. IComparable 인터페이스로 명시적으로 캐스팅하면 여전히 CompareTo에 접근할 수 있기 때문에 .NET Framework가 사용하는 Sort와 같은 메서드를 사용할 때는 그 장점을 발휘하기 어렵겠지만, 동일한 타입의 두 객체를 비교하는 코드를 작성하는 경우에는 훨씬 나은 성능을 얻을 수 있다.

이제 Customer 구조체를 조금 수정해보자. C#은 표준 관계 연산자를 오버로딩할 수 있으므로 구체적으로 Customer 타입을 취하는 CompareTo() 메서드를 사용하여 이 연산자들을 오버로딩하는 것이 좋다.

```
public struct Customer : IComparable<Customer>, IComparable
{
    private readonly string name;

    public Customer(string name)
    {
        this.name = name;
    }

    // IComparable<Customer> 멤버
    public int CompareTo(Customer other) => name.CompareTo(other.name);

    // IComparable 멤버
    int IComparable.CompareTo(object obj)
    {
        if (!(obj is Customer))
            throw new ArgumentException("Argument is not a Customer", "obj");

        Customer otherCustomer = (Customer)obj;

        return this.CompareTo(otherCustomer);
    }

    // 관계 연산자
    public static bool operator <(Customer left, Customer right) =>
        left.CompareTo(right) < 0;
    public static bool operator <=(Customer left, Customer right) =>
```

```
        left.CompareTo(right) <= 0;
    public static bool operator >(Customer left, Customer right) =>
        left.CompareTo(right) > 0;
    public static bool operator >=(Customer left, Customer right) =>
        left.CompareTo(right) >= 0;
}
```

이것으로 Customer 타입에 대해 기본적인(이름을 이용한) 선후 관계를 모두 정의했다. 이름을 기반으로 Customer 타입을 정렬하는 기본 기능 외에도 향후 매출을 기반으로 고객을 정렬한 보고서를 만들어야 한다고 가정해보자. .NET Framework에 제네릭 기능이 포함된 이후 개발된 대부분의 API는 정렬이 필요한 경우 Comparison〈T〉라는 델리게이트에 작업을 위임하도록 작성됐다. 정렬 기준을 달리하기 위해서 Customer 타입에 Comparison〈T〉 델리게이트 객체를 반환하는 새로운 정적 속성을 추가하는 것은 어렵지 않다. 예를 들어 다음 메서드는 두 고객의 매출revenue을 기반으로 정렬을 수행하는 델리게이트 객체를 반환한다.

```
public static Comparison<Customer> CompareByRevenue =>
    (left, right) => left.revenue.CompareTo(right.revenue);
```

하지만 이보다 오래된 라이브러리는 Comparison〈T〉와 유사한 기능을 IComparer 인터페이스를 통해 제공한다. IComparer는 제네릭 기법을 사용하지 않고 IComparable에서 정의한 선후 관계 외에 추가적인 선후 관계 논리를 제공해야 하는 경우를 위해 표준화된 방법이다. .NET Framework 클래스 라이브러리의 1.x 버전에 포함된 메서드들 중에서 IComparable 인터페이스를 매개변수로 취하는 모든 메서드들은 IComparer 인터페이스를 매개변수로 취하는 오버로드 메서드도 함께 제공한다.

이제 추가적으로 IComparer를 구현하기 위해서 Customer 구조체 내에 중첩 클래스를 만든 후 새로운 클래스(RevenueComparer)를 생성하도록 코드를 수정하고, 이를 정적 속성으로 노출하도록 코드를 변경해보자.

```
using System;
using System.Collections.Generic;
using System.Linq;
using System.Text;
using System.Threading.Tasks;
```

```
public struct Customer : IComparable<Customer>, IComparable
{
    private readonly string name;
    private double revenue;

    public Customer(string name, double revenue)
    {
        this.name = name;
        this.revenue = revenue;
    }

    // IComparable<Customer> 멤버
    public int CompareTo(Customer other) => name.CompareTo(other.name);

    // IComparable 멤버
    int IComparable.CompareTo(object obj)
    {
        if (!(obj is Customer))
            throw new ArgumentException("Argument is not a Customer", "obj");

        Customer otherCustomer = (Customer)obj;

        return this.CompareTo(otherCustomer);
    }

    // 관계 연산자
    public static bool operator <(Customer left, Customer right) =>
        left.CompareTo(right) < 0;
    public static bool operator <=(Customer left, Customer right) =>
        left.CompareTo(right) <= 0;
    public static bool operator >(Customer left, Customer right) =>
        left.CompareTo(right) > 0;
    public static bool operator >=(Customer left, Customer right) =>
        left.CompareTo(right) >= 0;

    private static Lazy<RevenueComparer> revComp =
        new Lazy<RevenueComparer>(() => new RevenueComparer());

    public static IComparer<Customer> RevenueCompare => revComp.Value;

    public static Comparison<Customer> CompareByRevenue =>
        (left, right) => left.revenue.CompareTo(right.revenue);
```

```
    // 매출을 기반으로 Customer 객체를 비교하는 클래스.
    // 이 클래스는 항상 인터페이스 참조를 통해서만 사용되므로
    // 반드시 인터페이스를 구현해야 한다.
    private class RevenueComparer : IComparer<Customer>
    {
        //  IComparer<Customer> 멤버
        int IComparer<Customer>.Compare(Customer left, Customer right) =>
            left.revenue.CompareTo(right.revenue);
    }
}
```

이제 Customer 객체를 이름 순으로 정렬할 수 있을 뿐 아니라 IComparer 인터페이스를 통해 매출을 기반으로 정렬할 수도 있게 되었다. 만약 Customer 클래스의 소스를 직접 수정할 수 없는 경우라면, public 속성을 정의한 후 이를 통해 IComparer 인터페이스를 구현한 객체를 노출할 수도 있다. 하지만 이 방법은 .NET Framework 내에 정의된 클래스 중 하나에 대해 다른 정렬 순서를 정의하고 싶은 경우와 같이 소스 코드를 수정할 수 없는 경우에만 사용하는 것이 좋다.

이번 아이템에서는 Equals()나 == 연산자에 대해서는 언급하지 않았다. 선후 관계의 비교와 동일성의 비교는 사실 별개의 작업이며 선후 관계를 비교하기 위해서 동일성 비교 기능을 반드시 함께 구현해야 할 필요는 없다. 일반적으로 참조 타입의 선후 관계를 따질 때는 객체의 내용을 기반으로 하지만 동일성 비교는 두 객체의 참조만을 비교한다. 따라서 Equals()가 false를 반환하더라도 CompareTo()는 0을 반환할 수 있다. 이는 완전히 합법적이다. 이런 이유로 동일성 비교와 선후 관계 비교는 항상 함께 제공돼야 하는 것은 아니다.

IComparable과 IComparer는 타입에 선후 관계를 제공하기 위한 표준 메커니즘이다. 기본적인 선후 관계는 IComparable을 통해 구현해야 한다. IComparable 구현할 때에는 관계 연산자(<, >, <=, >=)도 함께 오버로딩하여 일관된 결과를 제공해야 한다. IComparable.CompareTo()는 System.Object 타입의 매개변수를 취하므로 별도로 오버로딩된 메서드를 제공해야 한다. 별도로 IComparer를 이용하면 추가적인 선후 관계를 정의할 수 있을 뿐 아니라 우리가 직접 개발하지 않는 타입에 대해서도 임의의 선후 관계를 추가로 정의할 수 있다.

아이템 21: 타입 매개변수가 IDisposable을 구현한 경우를 대비하여 제네릭 클래스를 작성하라

제약 조건은 두 가지 역할을 한다. 첫째로 런타임 오류가 발생할 가능성이 있는 부분을 컴파일 타임 오류로 대체할 수 있다. 둘째로 타입 매개변수로 사용할 수 있는 타입을 명확히 규정하여 사용자에게도 도움을 준다. 하지만 제약 조건은 타입 매개변수가 무엇을 해야 하는지만을 규정할 수 있고, 무엇을 해서는 안 되는지를 정의할 수 없다. 대부분의 경우 타입 매개변수로 지정하는 타입이 제약 조건을 통해 요구하는 작업 외에 다른 작업을 추가로 수행할 수 있는지에 대해서 신경 쓰지 않는다. 하지만 타입 매개변수로 지정하는 타입이 IDisposable을 구현하고 있다면 특별한 추가 작업이 반드시 필요하다.

이 문제가 발생하는 실제 사례는 다소 복잡하므로 언제 문제가 발생하고 그 문제를 어떻게 해결할 수 있는지를 보여주는 간단한 예를 작성했다. 이 문제는 제네릭 메서드 내에서 타입 매개변수로 주어지는 타입을 이용하여 인스턴스를 생성할 경우에 발생한다.

```
public interface IEngine
{
    void DoWork();
}

public class EngineDriverOne<T> where T : IEngine, new()
{
    public void GetThingsDone()
    {
        T driver = new T();
        driver.DoWork();
    }
}
```

이 예에서 T가 IDisposable을 구현한 타입일 경우 리소스 누수가 발생할 수 있다. 따라서 T 타입으로 지역변수를 생성할 때마다 T가 IDisposable을 구현하고 있는지 확인해야 하며, 만약 IDisposable을 구현하고 있다면 추가적인 처리를 해야 한다.

```
public void GetThingsDone()
{
    T driver = new T();
    using (driver as IDisposable)
```

```
        {
            driver.DoWork();
        }
    }
```

이와 같이 using 문에서 형변환을 사용한 예를 본 적이 없다면 코드가 약간 낯설게 보일지도 모르겠다. 이처럼 코드를 작성하면 컴파일러는 IDisposable로 형변환된 객체를 저장하기 위해서 숨겨진 지역변수를 생성한다. 만약 T가 IDisposable을 구현하지 않았다면 이 지역변수의 값은 null이 된다. C# 컴파일러는 이 지역변수의 값이 null인지를 검사한 후 Dispose()를 호출하도록 코드를 생성하기 때문에 지역변수의 값이 null인 경우 Dispose()가 호출되지 않는다. 반대로 T가 IDisposable을 구현했다면 using 블록을 종료할 때 Dispose() 메서드가 호출된다.

이는 매우 단순한 관용 패턴이다. 타입 매개변수로 주어진 타입을 이용하여 인스턴스를 생성한다면 반드시 앞에서와 같이 using 문을 사용해야 한다. 또한 해당 타입이 IDisposable을 구현했을지 알 수 없으므로 반드시 앞에서와 같은 형변환 코드가 필요하다.

타입 매개변수로 전달한 타입을 이용하여 멤버 변수를 선언한 경우에는 이보다 조금 더 복잡하다. IDisposable을 구현했을 가능성이 있는 타입으로 멤버 변수를 선언한 것이기 때문이다. 이 경우 제네릭 클래스에서 IDisposable을 구현하여 해당 리소스를 처리해야 한다.

```
public sealed class EngineDriver2<T> : IDisposable where T : IEngine, new()
{
    // 생성 작업이 오래 걸릴 수도 있으므로, Lazy를 이용하여 초기화했다.
    private Lazy<T> driver = new Lazy<T>(() => new T());

    public void GetThingsDone() => driver.Value.DoWork();

    // IDisposable 멤버
    public void Dispose()
    {
        if (driver.IsValueCreated)
        {
            var resource = driver.Value as IDisposable;
            resource?.Dispose();
        }
    }
}
```

꽤 많은 부분을 수정했다. 먼저 IDisposable 인터페이스를 구현했다. 두 번째로 클래스에 sealed를 추가했다. 파생 클래스를 만들 가능성이 있는 타입이라면 표준 Dispose 패턴 전체를 구현해야 한다*(**아이템 17: 표준 Dispose 패턴을 구현하라** 참조). 이처럼 클래스를 sealed 선언하면 표준 Dispose 패턴을 모두 구현할 필요가 없다. 하지만 sealed를 사용하면 새로운 파생 클래스를 사용할 수 없으므로 사용성을 제한하는 단점이 있다.

마지막으로 이 클래스는 코딩된 것처럼 driver 변수에 대해 Dispose() 메서드를 한 번만 호출한다고 보장하지 않는다. 이는 당연히 허용돼야 하며 IDisposable을 구현하는 모든 타입은 Dispose()를 여러 번 호출하는 경우에도 문제없이 동작하도록 구현해야 한다. T에 대한 제약 조건으로 class를 설정하지 않았기 때문에 Dispose 메서드를 빠져나올 때 driver를 null로 설정할 수 없다(값 타입은 null로 설정할 수 없기 때문이다).

실제로 제네릭 클래스의 인터페이스를 조금 변경하면 이러한 복잡한 설계를 피할 수 있다. Dispose의 호출 책임을 제네릭 클래스 외부로 전담시키고, 객체의 소유권을 제네릭 클래스 외부로 옮기면 new() 제약 조건을 제거할 수 있다.

```
public sealed class EngineDriver<T> where T : IEngine
{
    // null로 초기화된다.
    private T driver;

    public EngineDriver(T driver)
    {
        this.driver = driver;
    }

    public void GetThingsDone()
    {
        driver.DoWork();
    }
}
```

앞서 주석을 통해 T 타입의 객체를 생성하는 것이 매우 오래 걸릴 수도 있다고 가정했다. 앞의 코드에서는 사실 이 부분이 크게 문제 되지 않는다. 결국 이 문제의 해결 방법은 응용프로그램

* 『Framework Design Guideline』(Krzysztof Cwalina, Brad Abrams 저, Addison-Wesley, 2009, 248-261)

을 어떻게 설계하느냐에 달려 있다. 하지만 한 가지 분명한 것은 제네릭 클래스의 타입 매개변수로 객체를 생성하는 경우 이 타입이 IDisposable을 구현하고 있는지를 확인해야 한다는 것이다. 항상 방어적으로 코드를 작성하고 객체가 삭제될 때 리소스가 누수되지 않도록 주의해야 한다.

혹은 코드를 완전히 수정하여 타입 매개변수로 객체를 생성하지 않도록 응용프로그램의 구조를 변경할 수도 있다. 그렇게 하고 싶지 않다면 타입 매개변수로는 지역변수 정도만을 생성하도록 코드를 작성하는 것이 좋다. 이 경우 필요하다면 객체에 대한 정리 작업을 수행하는 코드를 추가로 작성해야 한다. 마지막으로 타입 매개변수로 멤버 변수를 선언해야 하는 경우라면 지연 생성lazy creation을 사용해야 할 수도 있고, 제네릭 클래스에서 IDisposable을 구현해야 할 수도 있다. 이 경우 더 많은 작업이 필요하지만 유용한 클래스를 작성하려면 불가피한 작업이다.

아이템 22: 공변성과 반공변성을 지원하라

타입의 가변성variance, 즉 공변covariance과 반공변contravariance은 특정 타입의 객체를 다른 타입의 객체로 변환할 수 있는 성격을 일컫는다. 이러한 변환을 지원하려면 제네릭 인터페이스나 델리게이트의 정의 부분에 제네릭 공변/반공변을 지원한다는 의미의 데코레이터decorator를 추가해야 한다. 공변/반공변을 지원하면 우리가 개발하는 API를 더 다양하고 안전하게 사용할 수 있다. 가변성의 반대는 불변성invariant이라고 한다.

타입의 공변성은 많은 개발자가 접하는 문제지만 이를 정확히 이해하는 사람은 많지 않다. 공변과 반공변이란 타입 매개변수로 주어지는 타입들이 상호 호환 가능할 경우 이를 이용하는 제네릭 타입도 호환 가능함을 추론하는 기능이다. X를 Y로 바꾸어 사용할 수 있는 경우, C〈X〉를 C〈Y〉로도 바꾸어 사용할 수 있다면 C〈T〉는 공변이다. Y를 X로 바꾸어 사용할 수 있는 경우 C〈X〉를 C〈Y〉로도 바꿔 사용할 수 있다면 C〈T〉는 반공변이다.

대부분의 개발자는 IEnumerable〈Object〉 타입의 매개변수를 취하는 메서드의 경우 IEnumerable〈MyDerivedType〉 타입의 객체도 받아들일 수 있어야 한다고 생각한다. 또한 IEnumerable〈MyDerivedType〉 타입의 객체를 반환하는 메서드가 있다면 이 반환 객체를 IEnumerable〈Object〉 타입의 객체에 할당할 수 있어야 한다고 생각한다. C# 4.0 이전에는 제네릭 타입이 이러한 가변성을 지원하지 않았다. 따라서 공변과 반공변이 필요한 경우에도 컴파일러가 이를 이해하지 못했다. 예외적으로 배열만이 공변적으로 다뤄졌지만 이 또한 안전한 방식이 아니었다. C# 4.0 이후에서야 비로소 공변과 반공변을 지원하도록 in과 out 키워드가 추가됐는데 이를 이용하면 제네릭을 좀 더 유용하게 사용할 수 있다. 이 데코레이터는 제네릭 인터페이스와 델리게이트 선언 시에 사용할 수 있다. 우선 배열의 공변이 안전하지 않음을 알아보자.

```
abstract public class CelestialBody : IComparable<CelestialBody>
{
    public double Mass { get; set; }
    public string Name { get; set; }
    // 생략
}

public class Planet : CelestialBody
{
    // 생략
}

public class Moon : CelestialBody
{
    // 생략
}

public class Asteroid : CelestialBody
{
    // 생략
}
```

다음 메서드는 CelestialBody 배열을 공변적으로 다루고 있으며 이 작업은 안전하게 수행된다.

```
public static void CoVariantArray(CelestialBody[] baseItems)
{
    foreach (var thing in baseItems)
        Console.WriteLine("{0} has a mass of {1} Kg",
            thing.Name, thing.Mass);
}
```

다음 메서드 또한 CelestialBody 배열을 공변적으로 다루지만 이 작업은 안전하지 않다. 할당 구문은 예외를 일으킬 것이다.

```
public static void UnsafeVariantArray(CelestialBody[] baseItems)
{
    baseItems[0] = new Asteroid
        { Name = "Hygiea", Mass = 8.85e19 };
}
```

다음과 같이 파생 클래스의 객체를 베이스 클래스의 배열에 할당하면 동일한 문제가 발생한다.

```
CelestialBody[] spaceJunk = new Asteroid[5];
spaceJunk[0] = new Planet();
```

컬렉션에 대한 공변성은 컬렉션에 저장할 타입들이 상속 관계에 있을 때 고려 대상이 된다. 앞의 예제에서 사용된 CelestialBody와 Asteroid도 상속 관계에 있다. 이것이 엄밀한 정의는 아닐지라도 이렇게 기억하는 편이 편리하다. CelestialBody 타입의 매개변수를 취하는 메서드에는 Planet 타입의 객체를 넘겨줄 수 있다. 이는 Planet이 CelestialBody를 상속하고 있기 때문이다. 이와 유사하게 CelestialBody[] 타입의 매개변수를 취하는 메서드에는 Planet[] 타입의 객체를 넘겨줄 수 있다. 하지만 앞의 예제에서 봤듯이 이것이 항상 예상처럼 동작하는 것은 아니다.

제네릭이 처음 소개됐을 당시에는 공변/반공변이 지원되지 않았고 따라서 컴파일러는 다소 엄밀하게 제네릭 타입을 다뤘다. 제네릭 타입은 모두 불변이었으며 타입 매개변수가 다른 경우 대체가 불가능했다. 하지만 C# 4.0 이후부터는 공변과 반공변을 통해서 제네릭 타입의 대체 가능성을 지정할 수 있도록 개선되었다. 먼저 제네릭 타입에 대한 공변을 알아보고 다음으로 반공변에 대해서 알아보자.

다음 메서드에는 List〈Planet〉 타입의 객체를 인자로 전달할 수 있다.

```
public static void CovariantGeneric(IEnumerable<CelestialBody> baseItems)
{
    foreach (var thing in baseItems)
        Console.WriteLine("{0} has a mass of {1} Kg",
            thing.Name, thing.Mass);
}
```

이것이 가능한 이유는 IEnumerable〈T〉를 정의할 때 T를 out으로 선언했기 때문이다.

```
public interface IEnumerable<out T> : IEnumerable
{
    new IEnumerator<T> GetEnumerator();
}

public interface IEnumerator<out T> : IDisposable, IEnumerator
{
    new T Current { get; }
    // MoveNext(), Reset()은 IEnumerator에서 상속받는다.
}
```

IEnumerator〈T〉가 중요한 제약 사항을 갖고 있기 때문에 IEnumerable〈T〉와 IEnumerator〈T〉 정의를 모두 나타냈다. IEnumerator〈T〉를 정의할 때 T에 대해 out 데코레이터가 사용되었음에 주목하기 바란다. 이는 타입 매개변수 T를 출력output 위치에서만 사용하겠다고 컴파일러에게 알려주는 것이다. 출력 위치란 함수의 반환값, 속성의 get 접근자, 그리고 델리게이트의 일부 위치에서만 T를 사용할 수 있음을 말한다.

IEnumerable〈out T〉라고 선언했기 때문에 컴파일러는 시퀀스 내에서 T의 내용을 조회는 하겠지만 내용을 수정하지는 않을 것으로 생각한다. 이 경우 모든 Planet을 CelestialBody로 다뤄도 올바르게 동작한다.

IEnumerator〈T〉가 공변이므로 이제 IEnumerable〈T〉도 공변이 될 수 있다. 만약 IEnumerable〈T〉가 공변이 아닌 인터페이스를 반환한다면 컴파일러가 에러를 일으킬 것이다.

만약 다음과 같이 IList 컬렉션을 매개변수로 받아서 첫 번째 항목을 수정하는 메서드의 경우 이 인자는 공변이 아니라 불변invariant이 된다.

```
public static void InvariantGeneric(IList<CelestialBody> baseItems)
{
    baseItems[0] = new Asteroid
        { Name = "Hygiea", Mass = 8.85e19 };
}
```

왜냐하면 IList〈T〉를 선언할 때 T에 대해서는 in/out 어떤 데코레이터도 사용되지 않았기 때문이다. 따라서 이 경우 타입을 정확히 일치시켜야 한다.

이제 반공변 제네릭 인터페이스와 델리게이트도 만들 수 있을 것이다. out 데코레이터를 in 데코레이터로 변경하기만 하면 된다. in을 사용하면 컴파일러에게 타입 매개변수를 입력 위치에서만 사용할 것이라고 알려주게 된다. 실제로 .NET Framework의 IComparable〈T〉 인터페이스가 in 데코레이터를 사용한다.

```
public interface IComparable<in T>
{
    int CompareTo(T other);
}
```

이는 CelestialBody에서 mass 속성 등을 이용하여 IComparable〈T〉를 구현할 수 있음을 의미한다. 즉 2개의 Planet 객체를 비교하거나, Planet과 Moon 객체, Moon 객체와 Asteroid 객체를 비교할 수 있으며 어떤 조합으로도 두 객체를 비교할 수 있다. 객체의 Mass 속성을 비교하는 것은 어느 경우라도 문제될 것이 없다.

IEquatable〈T〉의 경우는 불변이므로 주의해야 한다. 정의에 따라 Planet은 Moon과 같을 수 없다. 실상 이 둘은 서로 다른 타입이기 때문에 이를 비교하는 것은 이상해 보인다. 두 객체의 동일성을 비교하려면 두 객체가 최소한 같은 타입이어야 한다.

반공변성을 지정한 타입 매개변수는 메서드의 매개변수를 지정하거나 일부 델리게이트의 매개변수를 지정하는 용도로만 사용할 수 있다.

마지막으로 델리게이트의 매개변수에 대한 공변/반공변에 대해서 알아보자. 델리게이트의 매개변수를 정의할 때도 공변/반공변을 모두 사용할 수 있다. 일반적으로 이는 매우 간단한 작업이다. 메서드의 매개변수 타입은 반공변(in)이고 메서드의 반환 타입은 공변(out)이다. .NET Base Class Library(BCL)에 포함된 델리게이트의 정의도 가변성을 지원하도록 수정됐다.

```
public delegate TResult Func<out TResult>();
public delegate TResult Func<in T, out TResult>(T arg);
public delegate TResult Func<in T1, T2, out TResult>(T1 arg1, T2 arg2);
public delegate void Action<in T>(T arg);
public delegate void Action<in T1, in T2>(T1 arg1, T2 arg2);
public delegate void Action<in T1, in T2, T3>(T1 arg1, T2 arg2, T3 arg3);
```

다시 말하지만 델리게이트의 매개변수에 공변/반공변을 지정하는 것은 그리 어려운 것이 아니다. 하지만 여러 가지를 섞어 쓰다 보면 어떤 부분에 이르러서는 정신이 혼미해질지도 모르겠다. 앞서 살펴본 바와 같이 공변 인터페이스에서 불변 인터페이스를 반환할 수는 없다. 또한 하나의 타입에 공변과 반공변을 한꺼번에 지정할 수는 없다.

인터페이스 내에서 델리게이트를 사용하게 되면 공변과 반공변을 반대로 쓸 가능성이 있다. 다음에 몇 가지 예를 나타냈다.

```
public interface ICovariantDelegates<out T>
{
    T GetAnItem();
    Func<T> GetAnItemLater();
    void GiveAnItemLater(Action<T> whatToDo);
}

public interface IContravariantDelegates<in T>
{
    void ActOnAnItem(T item);
    void GetAnItemLater(Func<T> item);
    Action<T> ActOnAnItemLater();
}
```

인터페이스 내에서 델리게이트를 사용하는 경우에 공변과 반공변의 동작 방식을 구분하여 설명하기 위해서 메서드의 이름을 각각의 동작에 맞춰 명명했다. 먼저 ICovariantDelegate 인터페이스의 정의부터 자세히 살펴보자. GetAnItemLater()는 특정 값을 느긋하게lazily 가져오기 위한 메서드다. 호출자 측에서는 이 메서드가 반환한 Func〈T〉 객체를 이용하여 향후에 값을 가져올 것이다. T는 출력 위치에 있다. 이는 쉽게 이해할 수 있을 것이다. GiveAnItemLater() 메서드는 약간 이상해 보일 수 있다. GiveAnItemLater()는 호출 시마다 T 객체를 취하는 델리게이트를 받는다. 설사 Action〈in T〉가 공변이라 할지라도 ICovariantDelegate 인터페이스 내에서 이 타입이 사용된 위치를 생각해본다면 이는 반공변이 돼야 할 것처럼 보인다. 하지만 이 인터페이스의 관점에서 본다면 이는 공변이다.

IContravariantDelegate〈T〉도 비슷하지만 반공변 인터페이스 내에서 델리게이트를 어떻게 사용할 수 있는지 보여준다. ActOnAnItem() 메서드는 비교적 명확하다. 하지만 ActOnAnItemLater() 메서드는 약간 복잡하다. 이 메서드는 T 객체를 매개변수로 취하는 메서드를 반환한다. 마지막 메서드는 상당히 혼란스럽다. 설사 Func<out T>가 공변으로 선언됐다 하더라도 IContravariantDelegate를 구현한 객체의 입력 매개변수로 사용된다. 따라서 IContravariantDelegate 인터페이스의 입장에서는 반공변이다.

공변과 반공변이 어떻게 동작하는지를 정확히 설명하는 것은 매우 어려운 일이다. 다행스럽게도 언어 차원에서 제네릭 인터페이스와 델리게이트 정의 시에 사용할 수 있는 in(반공변), out(공변) 데코레이터를 정의해뒀다. 가능하다면 제네릭 인터페이스와 제네릭 델리게이트를 정의할 때는 in이나 out 데코레이터를 반드시 사용하는 것이 좋다. 이렇게 하면 가변성과 관련한 오류를 컴파일러가 사전에 확인할 수 있다. 컴파일러는 인터페이스와 델리게이트를 정의할 때 실수한 부분도 확인하지만 실제로 이를 사용하는 과정에서 저지른 실수도 확인한다.

아이템 23: 타입 매개변수에 대해 메서드 제약 조건을 설정하려면 델리게이트를 활용하라

언뜻 보면 C#에서 제약 조건을 설정하는 방법에는 한계가 많은 것처럼 보인다. 베이스 클래스의 타입이나 특정 인터페이스로 제약 조건을 설정하거나, class 타입이나 struct 타입으로 그 형태를 제한하거나, 혹은 매개변수가 없는 생성자를 가져야 한다는 조건 정도만을 설정할 수 있기 때문이다. 너무 많은 것을 놓치고 있는 듯 보이기까지 한다. 임의의 정적 메서드(연산자를 포함하여)를 반드시 구현해야 한다거나, 매개변수를 취하는 여타의 생성자를 반드시 구현하도록 제약 조건을 설정할 수는 없다. 제한적이나마 인터페이스를 선언해서 다양한 요건을 만족하도록 제약 조건을 설정할 수 있을 것 같기는 하다. 매개변수를 이용하여 객체를 생성하는 메서드가 필요하다면 IFactory<T>와 같은 인터페이스를 따로 정의하는 식이다. 2개의 T 객체를 더하는 연산자가 반드시 구현되어야 한다는 제약 조건을 설정하고 싶다면 IAdd<T>를 정의하고, 실제 이 인터페이스를 구현하는 타입을 구현할 때 '+' 정적 연산자를 이용하도록 할 수도 있다(혹은 다른 메서드를 이용하여 T 객체를 더할 수도 있다). 하지만 이는 문제를 해결하는 좋은 방법은 아니다. 추가적으로 해야 할 작업이 너무 많기도 하거니와 기본적인 구조를 해치기 때문이다.

Add()의 예를 생각해보자. 어떤 제네릭 클래스에 대해 타입 매개변수 T가 반드시 Add() 메서드를 가져야 한다는 제약 조건을 설정하고 싶다면 몇 가지 추가 작업을 통해 이를 만족시킬 수 있다. 먼저 Add() 메서드를 정의하는 IAdd〈T〉 인터페이스를 생성한다. 그리고 이 인터페이스로 제약 조건을 설정한다. 여기까지만 본다면 그리 나빠 보이지 않는다. 하지만 이 제네릭 클래스의 사용자는 상당히 많은 작업을 추가로 수행해야 한다. 먼저 IAdd〈T〉를 구현할 클래스를 생성해야 하고, IAdd〈T〉가 정의한 Add() 메서드를 구현해야 한다. 이후 제네릭 클래스의 정의를 이용하여 닫힌 제네릭 클래스를 만들어야 한다. Add() 메서드 하나를 호출하기 위해서 IAdd〈T〉 인터페이스를 구현한 새로운 클래스를 생성해야 하는 것이다. 이렇게 개발해서는 사용자에게 혼란만 가중시킬 뿐 실효를 거두기 어렵다.

다행히 다른 방법이 있다. 제약 조건으로 설정하고 싶은 메서드의 원형에 부합하는 델리게이트를 작성하는 것이다. 그저 델리게이트만 생성하면 된다. 더 이상 추가로 해야 할 작업은 없다. 사용자의 입장에서도 이처럼 델리게이트를 이용하는 방법이 훨씬 낫다.

좀 더 세부적으로 살펴보자. 특정 제네릭 클래스가 T 타입의 두 객체를 더하는 메서드를 필요로 한다고 가정하자. 이 경우에는 추가적으로 델리게이트를 정의할 필요도 없다. System.Func〈T1, T2, TOutput〉 델리게이트를 사용하면 필요한 원형의 델리게이트를 얻을 수 있기 때문이다. 이제 두 객체를 더하는 메서드를 활용하여 Add 메서드를 구현할 수 있다.

```
public static class Example
{
    public static T Add<T>(T left, T right, Func<T, T, T> AddFunc) =>
        AddFunc(left, right);
}
```

이 클래스의 사용자는 람다 표현식을 이용하여 제네릭 클래스가 호출할 AddFunc 메서드를 정의하면 된다. Add를 호출하는 코드는 다음과 같다.

```
int a = 6;
int b = 7;
int sum = Example.Add(a, b, (x, y) => x + y);
```

C# 컴파일러는 람다 표현식으로부터 매개변수의 타입과 반환 타입을 모두 추론한다. 이 예제의 경우 C# 컴파일러는 내부적으로 두 정숫값의 합을 반환하는 private 정적 메서드를 생성한다. 이 메서드의 이름은 컴파일러에 의해서 명명된다. 다음으로 컴파일러는 Func〈T, T, T〉 델리게이트 타입의 객체를 만들어서 컴파일러가 생성한 메서드를 가리키도록 한다. 마지막으

로 Example.Add() 메서드에 이 델리게이트를 전달한다.

델리게이트를 이용하는 방법의 장점을 보여주기 위해서 델리게이트로 정의한 메서드를 람다 표현식으로 구현했다. 이 코드는 고안된 예에 불과하지만 그 개념 자체는 매우 중요하다. 제약 조건을 설정하기 위해서 인터페이스를 사용하는 것이 쉽지 않다면 델리게이트를 이용하는 방법을 사용해보자. 우선 적절한 메서드의 원형을 고안하고 이를 델리게이트 타입으로 정의한다. 그 다음으로 델리게이트의 인스턴스를 제네릭 메서드의 매개변수로 추가한다. 마지막으로 해당 클래스의 사용자는 람다 표현식을 인자로 전달하면 된다. 이렇게 하면 타입 매개변수에 대해 특정 인터페이스를 기반으로 제약 조건을 설정할 필요가 없다.

종종 임의의 시퀀스에 대해 수행할 알고리즘을 정의할 때도 델리게이트를 이용하는 것이 도움이 된다. 2개의 기계 장치에서 수집한 double 타입의 객체 시퀀스를 결합하여 단일의 Point 객체 시퀀스를 만드는 코드를 작성한다고 하자.

우선 Point 클래스를 다음과 같이 정의했다.

```
public class Point
{
    public double X { get; }
    public double Y { get; }

    public Point(double x, double y)
    {
        this.X = x;
        this.Y = y;
    }
}
```

장치에서 읽은 시퀀스를 List〈double〉이라 하고 연속적으로 (X,Y) 쌍을 만들기 위해서 Point(double, double)을 호출해야 한다고 가정하자. 앞의 예에서 보듯이 Point는 변경 불가능immutable 타입이다. 따라서 기본 생성자를 호출하여 객체를 생성한 후 X, Y 속성을 설정하는 것은 불가능하다. 게다가 매개변수를 가진 생성자를 갖도록 제약 조건을 설정하는 방법은 존재하지 않는다. 이 문제의 해결책은 2개의 매개변수를 받아서 Point 객체를 반환하는 델리게이트를 정의하는 것이다. 다시 말하지만 이러한 델리게이트는 이미 .NET Framework 3.5에 정의되었다.

```
delegate TOutput Func<T1, T2, TOutput>(T1 arg1, T2 arg2);
```

이번 예제에서는 T1과 T2가 double로 동일한 타입이다. Base Class Library에는 이미 비슷한 기능을 수행하는 Enumerable.Zip이라는 메서드가 있으며 이 메서드는 다음과 유사하게 구현되었다.

```
public static IEnumerable<TOutput> Zip<T1, T2, TOutput>(
     IEnumerable<T1> left, IEnumerable<T2> right,
     Func<T1, T2, TOutput> generator)
{
    IEnumerator<T1> leftSequence = left.GetEnumerator();
    IEnumerator<T2> rightSequence = right.GetEnumerator();

    while (leftSequence.MoveNext() && rightSequence.MoveNext())
    {
        yield return generator(leftSequence.Current, rightSequence.Current);
    }

    leftSequence.Dispose();
    rightSequence.Dispose();
}
```

Zip 메서드는 2개의 입력 시퀀스를 인자로 받아서 이를 결합한 한 쌍을 만든다. 이 메서드는 새로운 객체를 생성하기 위해서 generator라는 델리게이트를 호출한다(**아이템 29: 컬렉션을 반환하기보다 이터레이터를 반환하는 것이 낫다, 아이템 33: 필요한 시점에 필요한 요소를 생성하라** 참조). 이 델리게이트는 2개의 입력값을 받아 새로운 반환 객체를 만드는 메서드를 참조하기 위해서 사용된다. Zip의 정의를 유심히 살펴보면 2개의 매개변수가 반드시 동일한 타입일 필요는 없다는 것을 알 수 있다. 따라서 이 메서드를 이용할 때 키와 값을 각기 다른 타입으로 지정할 수도 있다. Zip 메서드는 다음과 같이 사용한다.

```
double[] xValues = { 0, 1, 2, 3, 4, 5, 6, 7, 8, 9,
    0, 1, 2, 3, 4, 5, 6, 7, 8, 9 };
double[] yValues = { 0, 1, 2, 3, 4, 5, 6, 7, 8, 9,
    0, 1, 2, 3, 4, 5, 6, 7, 8, 9 };

List<Point> values = new List<Point>(
    Utilities.Zip(xValues, yValues, (x, y) =>
    new Point(x, y)));
```

컴파일러는 내부적으로 람다 표현식의 내용을 담은 private 정적 메서드를 생성한다. 다음으로 이 메서드에 대한 참조를 포함하는 델리게이트 객체를 생성한 후 Zip 메서드에 인자로 전달한다.

제네릭 클래스의 제약 조건으로 특정 메서드를 설정하고 싶은 경우, 대부분 델리게이트의 형태로 바꿔 쓸 수 있다. 앞의 두 예제는 제네릭 메서드가 델리게이트를 필요로 하는 경우만 보여주고 있지만, 제네릭 타입 내의 여러 메서드가 동일한 델리게이트를 필요로 하는 경우도 있을 수 있다. 이런 경우에도 동일한 방법을 그대로 적용할 수 있다. 제네릭 클래스의 타입 매개변수 중 하나를 델리게이트 타입으로 선언한 후, 이 클래스의 인스턴스를 생성할 때 델리게이트를 전달하면 된다. 제네릭 클래스 내에서는 전달받은 델리게이트를 타입의 멤버로 저장해두고 재사용하면 된다.

다음 예제는 스트림으로부터 텍스트를 읽어서 Point 객체를 반환하는 델리게이트를 캐싱caching 하는 예제다. 첫 번째 단계는 파일에서 읽어온 문자열을 이용하여 Point 객체를 생성할 수 있도록 생성자를 추가하는 것이다.

```
public Point(System.IO.TextReader reader)
{
    string line = reader.ReadLine();
    string[] fields = line.Split(',');

    if (fields.Length != 2)
        throw new InvalidOperationException("Input format incorrect");

    double value;
    if (!double.TryParse(fields[0], out value))
        throw new InvalidOperationException("Could not parse X value");
    else
        X = value;

    if (!double.TryParse(fields[1], out value))
        throw new InvalidOperationException("Could not parse Y value");
    else
        Y = value;
}
```

컬렉션 클래스를 만들려면 약간 돌아가야 한다. 제네릭 타입에 매개변수를 갖는 생성자를 제약 조건으로 설정할 수는 없기 때문이다. 하지만 원하는 작업을 다른 메서드에 위임하도록 할 수는 있다. 이를 위해 파일에서 값을 읽어 T 타입의 객체를 생성하는 델리게이트 타입을 정의한다.

```
public delegate T CreateFromStream<T>(TextReader reader);
```

다음으로 컨테이너 클래스를 작성하고 앞서 정의한 델리게이트 타입을 매개변수로 취하는 생성자를 작성한다.

```
public class InputCollection<T> {
    private List<T> thingsRead = new List<T>();
    private readonly CreateFromStream<T> readFunc;

    public InputCollection(CreateFromStream<T> readFunc)
    {
        this.readFunc = readFunc;
    }

    public void ReadFromStream(TextReader reader) =>
        thingsRead.Add(readFunc(reader));
    public IEnumerable<T> Values => thingsRead;
}
```

이제 InputCollection 객체를 생성할 때 델리게이트를 전달한다.

```
var readValues = new InputCollection<Point>(
    (inputStream) => new Point(inputStream));
```

이 예제는 굳이 제네릭 타입으로 만들 필요가 없을 만큼 간단하다. 하지만 여기서 사용한 기법을 활용하면 일반적인 방법으로는 제약 조건으로 설정할 수 없는 부분까지 지정이 가능하다.

설계의 특성을 드러내는 가장 좋은 방법은 class나 인터페이스로 제약 조건을 설정하는 것이다. 실제로 .NET BCL을 살펴보면 다양한 곳에서 IComparable〈T〉, IEquatable〈T〉, IEnumerable〈T〉와 같은 인터페이스를 제약 조건으로 설정하고 있다. 이러한 인터페이스는 공통적으로 사용되기도 하거니와 다양한 알고리즘에서 활용하기 때문에 이러한 인터페이스를 제약 조건으로 설정하는 것은 올바른 선택이다. 또한 인터페이스를 이용하면 그 인터페이스를 구현한 타입이 어떤 기능을 제공하는지가 명확하게 드러난다. IComparable〈T〉를 구현한 타입은 선후 관계를 비교할 수 있고, IEquatable〈T〉를 구현한 타입은 동일성을 확인할 수 있다.

제네릭 클래스나 제네릭 메서드 하나를 사용하기 위해서 제약 조건으로 설정된 인터페이스를 구현한 타입을 매번 새롭게 만들어야 하는 경우라면 델리게이트를 이용하여 메서드에 대한 제약 조건을 설정하는 것이 훨씬 쉽다. 델리게이트를 이용하면 제네릭 타입을 더 쉽게 작성할 수 있고 사용하기에도 편하다. 하지만 특정 연산자, 정적 메서드, 델리게이트 타입, 여러 종류의 생성자 타입 등을 제약 조건으로 설정하기 위해서는 제네릭 인터페이스를 정의하고, 이를 구현한 헬퍼 타입을 만드는 것도 완전히 나쁜 방법은 아니다. 다만 기존의 제약 조건과 전혀 호환되지 않는 엉뚱한 방식으로 기존 설계를 훼손하는 것은 문제가 된다.

아이템 24: 베이스 클래스나 인터페이스에 대해서 제네릭을 특화하지 말라

제네릭 메서드가 등장함에 따라 여러 개의 오버로드된 메서드가 있는 경우, 이 중 하나를 선택하는 과정이 꽤 복잡해졌다. 컴파일러는 제네릭 메서드의 타입 매개변수가 다른 타입으로 다양하게 변경될 수 있음을 고려하여 오버로드된 메서드 중 하나를 선택한다. 그런데 자칫 이러한 동작 방식을 간과하게 되면 응용프로그램이 이상하게 동작할 수도 있다. 제네릭 클래스나 제네릭 메서드를 작성할 때는 사용자가 가능한 한 안전하고 혼돈스럽지 않도록 작성해야 한다. 특히 오버로드된 메서드가 여러 개인 경우, 컴파일러가 이 중 하나를 어떻게 선택하는지 정확히 알고 있어야 한다. 그리고 사용자가 명시적으로 타입을 설정한 일반 메서드보다 제네릭 메서드가 우선적으로 선택되는 경우에 대해서도 명확히 이해하고 있어야 한다.

다음 코드를 살펴보고 결과가 무엇일지 예측해보라.

```
using static System.Console;

public class MyBase
{
}

public interface IMessageWriter
{
    void WriteMessage();
```

```
}

public class MyDerived : MyBase, IMessageWriter
{
    void IMessageWriter.WriteMessage() =>
        WriteLine("Inside MyDerived.WriteMessage");
}

public class AnotherType : IMessageWriter
{
    public void WriteMessage() =>
        WriteLine("Inside AnotherType.WriteMessage");
}

class Program
{
    static void WriteMessage(MyBase b)
    {
        WriteLine("Inside WriteMessage(MyBase)");
    }

    static void WriteMessage<T>(T obj)
    {
        Write("Inside WriteMessage<T>(T):  ");
        WriteLine(obj.ToString());
    }

    static void WriteMessage(IMessageWriter obj)
    {
        Write("Inside WriteMessage(IMessageWriter):  ");
        obj.WriteMessage();
    }

    static void Main(string[] args)
    {
        MyDerived d = new MyDerived();
        WriteLine("Calling Program.WriteMessage");
        WriteMessage(d);
        WriteLine();

        WriteLine("Calling through IMessageWriter interface");
        WriteMessage((IMessageWriter)d);
        WriteLine();
```

```
            WriteLine("Cast to base object");
            WriteMessage((MyBase)d);
            WriteLine();

            WriteLine("Another Type test:");
            AnotherType anObject = new AnotherType();
            WriteMessage(anObject);
            WriteLine();

            WriteLine("Cast to IMessageWriter:");
            WriteMessage((IMessageWriter)anObject);
        }
    }
```

일부 출력문이 힌트가 될 수는 있겠지만 출력 결과를 보기 전에 최대한 예상되는 결과를 추측해보기 바란다. 제네릭 메서드가 메서드 확인 규칙에 어떤 영향을 미치는지 이해하는 것은 매우 중요하다. 제네릭 메서드가 정의되어 있는 경우 필요한 메서드의 원형에 정확하게 부합하도록 닫힌 메서드가 생성된다. 이러한 동작 방식을 이해하지 못하고는 이 예제의 정확한 출력 결과를 예측하기 어렵다. 다음에 출력 결과를 나타냈다.

```
Calling Program.WriteMessage
Inside WriteMessage<T>(T):  Item14.MyDerived

Calling through IMessageWriter interface
Inside WriteMessage(IMessageWriter):  Inside MyDerived.WriteMessage

Cast to base object
Inside WriteMessage(MyBase)

Another Type test:
Inside WriteMessage<T>(T):  Item14.AnotherType

Cast to IMessageWriter:
Inside WriteMessage(IMessageWriter):  Inside AnotherType.WriteMessage
```

첫 번째 테스트의 결과는 메서드 확인 규칙에서 가장 중요한 개념 중 하나를 보여주는데 반드시 기억해야 한다.

MyBase를 상속한 MyDerived 클래스는 WriteMessage(MyBase b)보다 WriteMessage

〈T〉(T obj)가 더 정확히 일치한다. 왜냐하면 제네릭 메서드의 타입 매개변수인 T를 MyDerived로 대체하면 컴파일러 입장에서는 요청한 메서드와 정확히 일치하는 메서드를 찾을 수 있기 때문이다. 반면 WriteMessage(MyBase b)의 경우는 암시적 형변환이 필요하다. 이런 이유로 컴파일러는 제네릭 메서드를 호출하도록 코드를 생성한다. 이러한 논리는 Queryable과 Enumerable 클래스 내의 확장 메서드를 이해하는 데도 도움이 된다. 제네릭 메서드가 있는 경우 요청된 메서드의 원형과 정확히 일치하는 메서드를 생성할 것이기 때문에 베이스 클래스 타입의 매개변수를 취하는 메서드보다 우선적으로 선택된다.

두 번째, 세 번째 테스트는 MyBase나 IMessageWriter로의 명시적 형변환이 메서드 확인 규칙에 어떤 영향을 미치는지를 보여준다. 네 번째와 마지막 테스트는 상속 관계는 없지만 특정 인터페이스를 구현하고 있는 타입을 사용할 경우 어떤 메서드가 선택되는지를 보여준다.

컴파일러의 메서드 확인 규칙은 매우 흥미롭다. 긱geek들이 모이는 칵테일 파티에서라면 이런 내용에 대해서 침 튀기며 논쟁하더라도 나쁠 것이 없다. 하지만 관심사가 그저 코드를 올바르게 작성하는 것이라면 컴파일러가 메서드를 선택하는 방식에 익숙해지기 바란다. 컴파일러와 싸워봐야 백전백패다.

베이스 클래스와 이로부터 파생된 클래스에 대해서 모두 수행 가능하도록 하기 위해서 베이스 클래스를 이용하여 제네릭을 특화specialization하려는 시도는 바람직하지 않다. 특히 인터페이스에 대해 제네릭을 특화하게 되면 오류가 발생할 가능성이 너무 높다. 예외적으로 숫자 타입에 대해서는 별다른 문제가 발생하지 않는데, 사실 정수 타입과 실수 타입 사이에는 아무런 상속 관계도 없다. 앞서 **아이템 18: 반드시 필요한 제약 조건만 설정하라**에서 살펴본 바와 같이 타입 매개변수로 지정할 수 있는 타입별로 각기 특화된 코드를 작성하는 편이 나을 수 있다. 실제로 .NET Framework에 포함되어 있는 Enumerable.Max〈T〉, Enumerable.Min〈T〉 등의 메서드를 살펴보면 모든 숫자 타입에 대해 특화된 메서드를 각기 정의하고 있다. 런타임에 타입을 확인하도록 코드를 추가하는 것보다는 차라리 컴파일러의 타입 확인 기능을 활용하는 것이 낫다. 사실, 제네릭을 이용하는 첫 번째 이유가 바로 런타임에 타입 확인을 수행하지 않기 위함이 아니었던가, 그렇지 않은가?

```
// 최상의 해결책은 아니다.
// 이 메서드는 런타임에 타입을 확인한다.
static void WriteMessage<T>(T obj)
{
```

```
    if (obj is MyBase)
        WriteMessage(obj as MyBase);
    else if (obj is IMessageWriter)
        WriteMessage((IMessageWriter)obj);
    else
    {
        Write("Inside WriteMessage<T>(T):  ");
        WriteLine(obj.ToString());
    }
}
```

검사할 조건이 몇 개밖에 없는 경우라면 이 코드도 괜찮다. 사용자에게 복잡한 동작 방식을 숨길 수 있기 때문이다. 하지만 런타임에 오버헤드가 발생한다는 사실에는 여전히 주의해야 한다. 이 제네릭 메서드는 컴파일러가 선택한 타입에 대해 다시 한 번 비교를 수행한 후에야 실질적인 작업을 수행한다. 이러한 기법은 컴파일러가 메서드를 선택하는 것과는 별도로 타입 검사를 추가로 수행하는 경우 더 나은 결과가 나올 것이 확실하고, 성능을 측정했을 때도 그 결과가 나쁘지 않아서 라이브러리 작성 시에도 이 방법이 더 나을 것이라는 확신이 있을 때만 사용해야 한다.

당연한 이야기지만 이미 작성해둔 메서드보다 더 구체적인 타입을 이용하는 메서드를 작성하지 말라는 이야기가 아니다. 앞서 **아이템 19: 런타임에 타입을 확인하여 최적의 알고리즘을 사용하라**에서 논의한 바와 같이 각각의 타입이 지닌 고유의 기능을 잘 활용하면 더 효율적인 코드를 작성할 수 있다. 앞으로 살펴보겠지만 **아이템 33: 필요한 시점에 필요한 요소를 생성하라**에서는 타입 매개변수로 주어지는 타입에 향후 고급 기능이 추가되는 경우 이를 활용하여 역방향 이터레이터iterator를 생성하는 방법을 보여줄 것이다. 이 예제는 실상 제네릭 타입의 타입 확인 기능과는 무관하게 동작한다. 각각의 생성자들은 각기 다르게 동작하는데 서로 다른 상황에서 최적의 기능이 활용될 수 있도록 해주기 위함이다.

그럼에도 제네릭 메서드의 타입 매개변수로 특정 타입이 주어질 경우 그에 부합하도록 제네릭 특화를 수행하기로 결정했다면, 해당 타입뿐 아니라 이 타입을 상속한 모든 파생 타입에 대해서도 특화를 수행해야 한다. 인터페이스에 대해 특화를 수행하기로 결정했다면 이 인터페이스를 구현하고 있는 모든 타입에 대해서도 특화를 수행해야 한다.

아이템 25: 타입 매개변수로 인스턴스 필드를 만들 필요가 없다면 제네릭 메서드를 정의하라

제네릭을 사용하다 보면 자칫 무작정 제네릭 클래스를 만드는 습관에 빠지곤 한다. 하지만 유틸리티 성격의 클래스를 만드는 경우에는 일반 클래스 내에 제네릭 메서드를 작성하는 편이 훨씬 좋다. 왜냐하면 제네릭 클래스를 작성하면 컴파일러의 입장에서는 전체 클래스에 대하여 타입 매개변수에 대한 제약 조건을 고려하여 컴파일을 해야 하기 때문이다. 반면, 유틸리티 성격의 클래스를 만들 때 일반 클래스 내에 제네릭 메서드들을 배치하면 각 메서드별로 제약 조건을 달리 설정할 수 있다. 이처럼 메서드별로 제약 조건을 달리 설정하면 요청되는 메서드의 원형에 좀 더 정확히 부합하는 메서드를 생성할 수 있으므로 사용자 입장에서도 메서드를 활용하기가 수월해진다.

추가적으로, 제네릭 메서드를 정의하면 타입 매개변수에 대한 제약 조건을 메서드 수준으로 지정할 수 있다. 반면 제네릭 클래스를 정의하면 클래스 전체에 대하여 제약 조건을 고려해야만 한다. 이렇듯 제약 조건의 적용 범위가 넓어지면 넓어질수록 코드를 수정하기가 점점 더 까다로워진다. 둘 중 하나를 선택할 수 있는 상황이라면 제네릭 메서드를 이용하는 편이 낫다. 정리하면, 타입 매개변수로 인스턴스 필드를 만들어야 하는 경우에는 제네릭 클래스를 작성하고 그렇지 않은 경우에는 제네릭 메서드를 작성하라.

제네릭으로 작성된 Min, Max 메서드가 있다고 가정하자.

```
public static class Utils<T>
{
    public static T Max(T left, T right) =>
        Comparer<T>.Default.Compare(left, right) < 0 ? right : left;

    public static T Min(T left, T right) =>
        Comparer<T>.Default.Compare(left, right) < 0 ? left : right;
}
```

이 코드는 완벽해 보인다. 다음과 같이 숫자를 비교할 수 있다.

```
double d1 = 4;
double d2 = 5;
double max = Utils<double>.Max(d1, d2);
```

문자열도 비교할 수 있다.

```
string foo = "foo";
string bar = "bar";
string sMax = Utils<string>.Max(foo, bar);
```

이 클래스를 작성한 개발자는 즐거운 마음으로 퇴근했을지 모르지만, 이 클래스를 사용하는 동료는 그리 즐겁지 않았을 것이다. 먼저 이 코드는 메서드 호출 시마다 매번 타입 매개변수를 명시적으로 지정해야 한다. 제네릭 메서드가 아니라 제네릭 클래스로 만들었기 때문이다. 의미 없이 작업을 반복해야 하는 것은 그저 성가신 일 정도로 치부해버릴 수 있겠지만, 사실 이 코드에는 더 큰 문제가 있다. .NET Framework에 포함된 상당히 많은 타입이 이미 Max, Min 메서드를 가지고 있다. 모든 숫자 타입에 대하여 사용할 수 있는 Math.Max(), Math.Min()도 있다. 앞의 코드는 이 같은 메서드를 사용할 수 있음에도 불구하고 항상 타입 매개변수가 구현한 Comparer〈T〉를 꺼내서 사용한다. 이 방식도 동작에는 문제가 없지만 매번 타입 매개변수가 IComparer〈T〉를 구현하는지를 런타임에 확인해야 하고, 그 이후에야 비로소 메서드를 온전히 호출할 수 있다.

개발자라면 타입에 가장 잘 부합하는 최상의 메서드가 자동으로 선택되기를 원할 것이다. 일반 클래스 내에 제네릭 메서드를 구현하면 이러한 기능을 구현하기가 좀 더 용이하다.

```
public static class Utils
{
    public static T Max<T>(T left, T right) =>
        Comparer<T>.Default.Compare(left, right) < 0 ? right : left;

    public static double Max(double left, double right) =>
        Math.Max(left, right);

    // 다른 숫자 타입에 대한 Max 메서드는 생략했다.

    public static T Min<T>(T left, T right) =>
        Comparer<T>.Default.Compare(left, right) < 0 ? left : right;

    public static double Min(double left, double right) =>
        Math.Min(left, right);
```

```
    // 다른 숫자 타입에 대한 Min 메서드는 생략했다.
}
```

Utils 클래스는 더 이상 제네릭 클래스가 아니다. 대신 Min, Max에 대하여 여러 개의 오버로딩 메서드를 작성했다. 이처럼 타입을 구체적으로 지정한 메서드는 제네릭 버전보다 효율적으로 동작한다(**아이템 3: 캐스트보다는 is, as가 좋다** 참조). 그리고 이 메서드를 사용할 때에도 더 이상 타입 매개변수를 명시적으로 지정할 필요가 없다.

```
double d1 = 4;
double d2 = 5;
double max = Utils.Max(d1, d2);

string foo = "foo";
string bar = "bar";
string sMax = Utils.Max(foo, bar);

double? d3 = 12;
double? d4 = null;
double? Max2 = Utils.Max(d3, d4).Value;
```

매개변수의 타입이 정확히 일치하는 메서드가 이미 구현되어 있다면 그 메서드가 호출되고, 매개변수의 타입이 일치하는 메서드가 없으면 제네릭 메서드가 호출된다. 나중에 다른 타입의 매개변수를 이용하는 메서드를 추가할 수도 있을 것이다.

이는 유틸리티 성격의 정적 클래스에만 국한된 내용은 아니다. 여러 항목들을 쉼표(,)로 연결한 문자열을 만드는 간단한 클래스를 작성해보자.

```
public class CommaSeparatedListBuilder
{
    private StringBuilder storage = new StringBuilder();

    public void Add<T>(IEnumerable<T> items)
    {
        foreach (T item in items)
        {
            if (storage.Length > 0)
                storage.Append(", ");
```

```
                storage.Append("\"");
                storage.Append(item.ToString());
                storage.Append("\"");
            }
        }

        public override string ToString() => storage.ToString();
    }
```

앞의 코드를 살펴보면 알 수 있듯이 이 메서드는 여러 가지 타입을 지원한다. 이전에 사용한 적이 없는 타입을 사용하면 컴파일러가 주어진 타입에 맞추어 Add〈T〉를 추가로 특화한다. 동일한 기능을 제네릭 클래스로 작성하면 단 하나의 타입에 대해서만 동작하는 별도의 CommaSeparatedListBuilder가 생성될 것이다. 이러한 접근 방식도 완전히 틀린 것은 아니지만 앞서의 예와는 사뭇 다르다.

이 예제는 타입 매개변수를 System.Object로 대체해도 무방할 만큼 간단하지만 그 기법 자체는 다양하게 활용될 수 있다. 정리하면, 일반 클래스 내에 제네릭 메서드를 만들어서 타입별로 메서드가 특화되도록 코드를 작성하는 것이다. 일반 클래스 내에 제네릭 메서드가 포함된 형태이므로 타입 매개변수를 메서드별로 구성할 수 있고, 동일한 메서드에 대해서 다른 타입을 사용하더라도 제네릭 클래스처럼 추가적으로 객체를 생성할 필요가 없다.

당연한 이야기지만 제네릭 메서드를 사용하는 것이 무조건 장점만 있는 것은 아니다. 몇 가지 기준을 수립해 두고 제네릭 클래스를 작성할지 아니면 제네릭 메서드를 작성할지를 결정하는 것이 좋다. 다음의 두 가지 경우에는 반드시 제네릭 클래스를 만들어야 한다. 첫째로 클래스 내에 타입 매개변수로 주어진 타입으로 내부 상태를 유지해야 하는 경우다(컬렉션이 바로 이 경우에 해당한다). 둘째로 제네릭 인터페이스를 구현하는 클래스를 만들어야 할 경우다. 이 두 가지 경우를 제외하면 제네릭 메서드를 포함하는 일반 클래스를 만들어 사용하는 것이 좋다. 다시 말하지만, 일반 클래스 내에 제네릭 메서드를 구현하는 편이 향후 알고리즘을 업데이트할 때도 편리하고, 세밀하게 내용을 수정할 때도 도움이 된다.

앞의 예제를 다시 한 번 살펴보자. Utils 클래스를 두 번째 예와 같이 작성하면 메서드를 호출할 때마다 명시적으로 타입을 지정할 필요가 없다. API를 작성할 때는 가능한 한 이러한 방식으로 구현하는 것이 좋다. 우선 사용하기 편하다. 게다가 타입 매개변수를 명시적으로 지정하지 않아도 컴파일러가 최적의 메서드를 찾아준다. 이러한 특성은 라이브러리 개발자에게 많은 도움이 된다. 만약 특정 타입에 대해 더욱 효율적으로 동작하는 특화된 메서드를 추가하면 컴파일러가 자동으로 그 메서드를 사용하도록 코드를 생성해준다. 메서드를 호출할 때마다 명시적으로 타입 매개변수를 지정했었다면 더욱 효율적으로 동작하는 메서드가 추가되더라도 기존의 제네릭 메서드가 사용될 수밖에 없었을 것이다.

아이템 26: 제네릭 인터페이스와 논제네릭 인터페이스를 함께 구현하라

지금까지 여러 아이템을 통해서 제네릭의 장점을 다양하게 살펴봤다. C#에 제네릭이 포함되기 이전에 개발됐던 코드를 모조리 무시할 수 있다면 좋겠지만, 이런저런 이유로 이전 코드를 무시하기가 어려운 것이 사실이다. 새로운 라이브러리를 개발할 때 제네릭 타입뿐 아니라 고전적인 방식도 함께 지원한다면 라이브러리의 활용도를 좀 더 높일 수 있다. 만약 제네릭 타입이 아닌 방식도 지원하겠다고 결정했다면 (1)클래스와 인터페이스, (2)public 속성, (3)serialize 대상이 되는 요소 세 가지에 대해서 논제네릭non-generic 방식을 지원해야 한다.

우선 논제네릭 방식을 왜 지원해야 하는지 살펴보고, 제네릭 방식에 논제네릭 방식을 추가하는 방법을 살펴보자. 또한 이 과정에서 사용자에게 제네릭 버전을 사용하도록 권장하는 방법도 알아보자. 사람의 이름을 저장하는 간단한 Name 클래스로부터 시작해보자.

```
public class Name : IComparable<Name>, IEquatable<Name>
{
    public string First { get; set; }
    public string Last { get; set; }
    public string Middle { get; set; }

    // IComparable<Name> 멤버
    public int CompareTo(Name other)
    {
        if (Object.ReferenceEquals(this, other))
            return 0;
        if (Object.ReferenceEquals(other, null))
            return 1; // null이 아닌 객체는 null보다 크다.

        int rVal = Comparer<string>.Default.Compare(Last, other.Last);
```

```
        if (rVal != 0)
            return rVal;

        rVal = Comparer<string>.Default.Compare(First, other.First);
        if (rVal != 0)
            return rVal;

        return Comparer<string>.Default.Compare(Middle, other.Middle);
    }

    // IEquatable<Name> 멤버
    public bool Equals(Name other)
    {
        if (Object.ReferenceEquals(this, other))
            return true;
        if (Object.ReferenceEquals(other, null))
            return false;

        // EqualityComparer<string>.Default를 사용하여
        // 이 둘이 내용적으로 동일한지 비교
        return Last == other.Last &&
            First == other.First &&
            Middle == other.Middle;
    }

    // 이하 생략
}
```

객체의 동일성과 선후 관계를 정의하는 핵심 기능은 모두 제네릭(그리고 타입 안정적인)으로 구현했다. 또한 CompareTo() 내에 구현된 null 확인 부분은 기본 문자열 비교 기능을 활용했다. 이렇게 하면 코드를 조금 덜 작성해도 되고, 내용적으로 동일한지를 손쉽게 비교할 수 있다.

완벽하고 견고한 시스템을 만들려면 좀 더 작업을 해야 한다. 만약 연동해야 하는 여러 시스템이 각기 다른 방식으로 이름을 표현하고 있다면 이를 위한 대응 코드가 필요할 것이다. 서로 다른 기업이 제공하는 전자상거래 시스템과 물류 시스템을 연동해야 한다고 가정해보자. 두 시스템은 Store.Order와 Shipping.Order와 같이 서로 다른 타입을 사용할 수 있으며, 이 경우 이 둘이 내용적으로 동일한지 확인할 수 있어야 한다. 결국 서로 다른 타입 간에 동일성을 비교하는 기능이 필요한데 제네릭은 이러한 작업을 썩 잘 해내지 못한다. 또한 단일의 컬렉션 내에

서로 다른 타입의 주문(Order) 객체를 저장해야 할 수도 있다. 다시 말하지만 이런 경우 제네릭은 도움이 되지 않는다.

제네릭을 사용하는 대신 System.Object를 이용하여 동일성을 비교하는 메서드를 다음과 같이 구현해볼 수 있다.

```
public static bool CheckEquality(object left, object right)
{
    if (left == null)
        return right == null;

    return left.Equals(right);
}
```

하지만 앞서 정의한 Name 타입으로 2개의 객체를 생성한 후 이를 이용하여 CheckEquality()를 호출하면 예상치 못한 결과가 발생한다. CheckEquality() 메서드 내에서 두 객체를 비교할 때 IEquatable〈Name〉.Equals()를 호출할 것으로 생각했겠지만, 실제로는 System.Object.Equals()를 호출하게 된다. System.Object.Equals()는 Object 타입을 취하지만 IEqualtable〈T〉.Equals()는 T 타입을 매개변수로 취하기 때문이다.

CheckEquality() 메서드가 올바른 메서드를 호출하도록 하려면 다음과 같이 CheckEquality() 메서드를 제네릭 메서드로 정의해야 한다.

```
public static bool CheckEquality<T>(T left, T right)
    where T : IEquatable<T>
{
    if (left == null)
        return right == null;

    return left.Equals(right);
}
```

당연한 이야기지만 외부에서 제공받은 라이브러리나 .NET BCL에 포함된 타입에 임의로 CheckEquality() 메서드를 추가할 수 없다. 이 경우 논제네릭 버전의 Equals() 메서드 내에서 IEquatable〈T〉.Equals() 메서드를 호출하도록 구현해야 한다.

```
public override bool Equals(object obj)
{
    if (obj.GetType() == typeof(Name))
        return this.Equals(obj as Name);
    else
        return false;
}
```

이렇게 코드를 수정하면 Name 타입의 객체에 대해 동일성을 확인하는 작업을 올바르게 수행할 수 있다. 앞의 코드를 살펴보면 obj를 Name 타입으로 형변환하기 이전에 obj가 Name 타입인지를 먼저 확인한다. obj가 Name 타입이 아니라면 as 연산자가 null을 반환할 것이기 때문에 이는 중복 작업처럼 보일지도 모르겠다. 하지만 이렇게 하지 않으면 난처한 상황이 벌어질 수 있다. obj 객체가 Name을 상속한 파생 클래스 타입인 경우를 생각해보자. as 연산자는 객체에 대한 Name 타입의 참조를 반환하게 된다. 이 경우 타입이 서로 다름에도 Name 타입 내에서 정의하고 있는 일부 값만 일치하더라도 두 객체가 동일한 것으로 간주한다.

Equals를 재정의했다면, 다음으로 GetHashCode도 재정의해야 한다.

```
public override int GetHashCode()
{
    int hashCode = 0;

    if (Last != null)
        hashCode ^= Last.GetHashCode();
    if (First != null)
        hashCode ^= First.GetHashCode();
    if (Middle != null)
        hashCode ^= Middle.GetHashCode();

    return hashCode;
}
```

다시 말하지만 기존에 정의된 public 메서드를 이처럼 재정의하는 이유는 새롭게 개발 중인 타입이 1.x 버전의 .NET과도 잘 동작하도록 하기 위함이다.

이제 몇몇 연산자를 더 손봐야 한다. IEquality〈T〉를 구현했다면 operator==와 operator!=도 함께 구현해야 한다.

```
public static bool operator ==(Name left, Name right)
{
    if (left == null)
        return right == null;

    return left.Equals(right);
}

public static bool operator !=(Name left, Name right)
{
    if (left == null)
        return right != null;

    return !left.Equals(right);
}
```

이 정도면 동일성 비교를 위한 작업으로는 충분하다. 하지만 Name 클래스에 IComparable〈T〉를 구현하는 것도 생각해볼 만하다. 객체 간의 동일성을 비교하는 것뿐 아니라 객체 간의 선후 관계를 비교해야 하는 순간이 생길 수도 있기 때문이다. 또한 선후 관계를 확인하기 위해서 IComparable 인터페이스를 사용하는 경우도 많으므로 IComparable 인터페이스도 함께 구현해야 한다.

```
public class Name : IComparable<Name>, IEquatable<Name>, IComparable
{
    // IComparable 멤버
    int IComparable.CompareTo(object obj)
    {
        if (obj.GetType() != typeof(Name))
            throw new ArgumentException("Argument is not a Name object");

        return this.CompareTo(obj as Name);
    }
    // 이하 생략
}
```

IComparable과 같은 논제네릭 타입의 인터페이스를 구현할 때 명시적인 인터페이스 구현 방식을 사용하였음에 주목하기 바란다. 이렇게 하면 실수로 제네릭 인터페이스 대신 논제네릭 인터페이스를 사용하는 것을 방지할 수 있다. 일반적인 방법으로 이 타입을 사용하면 제네릭 인터페이스를 구현한 메서드가 우선적으로 선택될 것이기 때문이다. 논제네릭 타입의 인터페이스(IComparable)에 포함된 메서드를 호출하기 위한 유일한 방법은 명시적으로 IComparable 인터페이스 참조를 통해서 메서드를 호출하는 경우뿐이다.

IComparable〈T〉를 구현했다면 객체 간에 선후 관계가 있음을 의미하는 것이므로 '더 작음(〈)'과 '더 큼(〉)' 연산자도 구현해야 한다.

```
public static bool operator <(Name left, Name right)
{
    if (left == null)
        return right != null;

    return left.CompareTo(right) < 0;
}
public static bool operator >(Name left, Name right)
{
    if (left == null)
        return false;

    return left.CompareTo(right) < 0;
}
```

Name 타입의 경우 선후 관계와 함께 동일성을 정의하므로 '〈='와 '〉=' 연산자도 구현해야 한다.

```
public static bool operator <=(Name left, Name right)
{
    if (left == null)
        return true;

    return left.CompareTo(right) <= 0;
}
public static bool operator >=(Name left, Name right)
{
    if (left == null)
```

```
        return right == null;

    return left.CompareTo(right) >= 0;
}
```

객체 간의 선후 관계 비교는 동일성 비교와는 완전히 별개다. 선후 관계를 정의하지 않고 동일성만을 비교하도록 타입을 작성할 수도 있으며, 그 반대로 선후 관계만을 정의하고 동일성은 정의하지 않을 수도 있다.

앞의 코드는 의미적으로는 Equatable〈T〉와 Comparer〈T〉의 구현 내용과 유사하다. 두 클래스에 포함된 Default 특성에는 타입 매개변수 T가 동일성과 선후 관계를 구현하고 있는지 확인하는 코드가 포함된다. T 타입이 이를 구현한다면 구현된 연산자가 사용되고, 그렇지 않다면 System.Object 타입을 매개변수로 취하는 메서드를 재정의한 코드가 사용된다.

지금까지 선후 관계 비교 및 동일성 비교와 관련된 논제네릭 타입의 인터페이스와 제네릭 타입의 인터페이스 사이의 비호환성 문제를 집중적으로 살펴봤다. 이러한 비호환성 문제는 다른 방식으로도 해결할 수 있다.

IEnumerable〈T〉는 IEnumerable을 상속한다. 하지만 흔히 사용되는 모든 컬렉션 인터페이스가 이와 같은 상속 관계를 가지는 것은 아니다. 즉, ICollection〈T〉는 ICollection을 상속하지 않으며, IList〈T〉는 IList를 상속하지 않는다. 하지만 IList〈T〉와 ICollection〈T〉는 모두 IEnumerable〈T〉를 상속하고 있으므로 IEnumerable 또한 지원한다.

대부분의 경우 논제네릭 인터페이스를 추가하는 작업은 적절한 원형의 메서드를 추가하는 수준에서 간단히 해결된다. IComparable〈T〉와 IComparable에서 보는 바와 같이 논제네릭 인터페이스인 IComparable 인터페이스를 구현할 때는 제네릭 버전의 구현체를 활용하여 구현하면 되기 때문이다. Visual Studio를 포함하여 다양한 도구들이 이 같은 인터페이스를 손쉽게 구현할 수 있는 기능을 제공한다. 이 기능을 이용하면 인터페이스 내에 정의된 메서드의 원형을 손쉽게 추가할 수 있다.

.NET Framework 1.0에서부터 제네릭이 구현되었더라면 더 좋았을 것이라고 생각할지도 모르겠다. 하지만 이미 지나가버린 과거다. 제네릭이 포함되기 전에 개발된 수많은 코드가 이미 존재한다. 새롭게 작성하는 코드가 예전에 개발된 코드와 함께 사용돼야 한다면 반드시 논제네

릭 인터페이스를 구현해야 한다. 그리고 논제네릭 인터페이스를 구현할 때는 반드시 명시적인 방법으로 구현하는 것이 좋다. 그래야만 개발자가 실수로 잘못 사용할 가능성을 미연에 방지할 수 있다.

아이템 27: 인터페이스는 간략히 정의하고 기능의 확장은 확장 메서드를 사용하라

확장 메서드를 이용하면 인터페이스에 새로운 동작을 추가할 수 있다. 인터페이스에는 가능한 한 최소한의 기능만을 정의하고, 확장 메서드를 세트로 함께 구현하면 손쉽게 기능을 확장할 수 있다. 특히 API를 추가적으로 정의하지 않고도 새로운 기능을 추가할 수 있다.

System.Linq.Enumerable 클래스가 이 기법을 활용한 대표적인 예다. System.Enumerable에는 IEnumerable<T>에 대해 정의된 50개 이상의 확장 메서드가 포함되어 있다. 이러한 메서드의 예로는 Where, OrderBy, ThenBy, GroupInfo 등이 있다. 이처럼 IEnumerable<T>에 대해 확장 메서드를 정의하면 상당한 이점이 있다. 첫째로 이미 IEnumerable<T>를 구현하고 있는 클래스를 수정할 필요가 없다. IEnumerable<T>를 구현하고 있는 클래스는 새로운 메서드를 구현해야 할 필요가 없으므로, 이전과 동일하게 GetEnumerator()만을 구현하면 된다. IEnumerator<T>를 구현할 때도 Current, MoveNext(), Reset()만 구현하면 된다. 별도의 구현 없이도 추가된 확장 메서드를 이용하여 컬렉션에 대해서 다양한 쿼리 연산을 수행할 수 있다.

새로운 타입을 작성해야 한다고 생각이 든다면 우선 이 같은 확장 기법을 적용할 수 있을지 검토해보기 바란다. 예를 들어보자. IComparable<T>는 C 언어의 구현 방식을 따른다. 만약 left<right면 left.CompareTo(right)가 0보다 작은 값을 반환하고, left>right면 left.CompareTo(right)가 0보다 큰 값을 반환한다. 그리고 left==right라면 0을 반환한다. 이러한 패턴은 너무나 광범위하게 활용되어 왔던 방식이라 대부분의 개발자들이 그 내용을 잘 알고 있지만 사실 그리 친절한 방식은 아니다. left.LessThan(right)나 left.GreaterThanEqual(right)와 같이 쓴다면 코드를 읽기가 더 쉬울 것이다. 확장 메서드를 이용하면 이러한 메서드를 손쉽게 구현할 수 있다. 다음에 구현 방식을 나타냈다.

```
public static class Comparable
{
    public static bool LessThan<T>(this T left, T right)
        where T : IComparable<T> => left.CompareTo(right) < 0;

    public static bool GreaterThan<T>(this T left, T right)
        where T : IComparable<T> => left.CompareTo(right) < 0;

    public static bool LessThanEqual<T>(this T left, T right)
        where T : IComparable<T> => left.CompareTo(right) <= 0;

    public static bool GreaterThanEqual<T>(this T left, T right)
        where T : IComparable<T> => left.CompareTo(right) <= 0;
}
```

이제 적절히 using 문을 사용하기만 하면 IComparable〈T〉를 구현한 모든 클래스 내에 위에서 정의한 확장 메서드가 나타난다. IComparable〈T〉를 구현한 클래스는 여전히 CompareTo 메서드만 구현하고 있지만 이 클래스의 사용자는 확장 메서드로 추가된 메서드를 손쉽게 살펴보고 사용할 수 있다.

새로운 인터페이스를 작성하는 경우에도 동일한 패턴을 사용할 수 있다. 즉 다양한 기능을 제공하도록 인터페이스를 정의하지 말고 반드시 필요한 기능만을 포함하도록 간단히 인터페이스를 작성하자. 그리고 사용자 편의를 위해 다양하게 제공하려는 기능은 확장 메서드 방식으로 작성하는 것이다. 인터페이스 내에 다양한 기능을 정의하는 것에 비해 확장 메서드를 이용하는 편이 필수로 작성해야 하는 메서드의 수도 줄일 수 있고 사용자에게 더 풍부한 기능을 제공할 수 있다.

인터페이스와 확장 메서드를 이와 같이 사용하는 경우, 인터페이스 내에 정의된 메서드의 기본 구현체를 확장 메서드를 통해 제공할 수도 있다. 이는 인터페이스를 구현해야 하는 책임이 있는 클래스에게 기초적인 구현 내용을 제공할 수 있으므로 실용적으로 상당히 도움이 된다. 인터페이스에 새로운 메서드를 추가하기 이전에 이미 정의되어 있는 다른 메서드를 이용하여 구현 가능한 기능인지를 확인해보자. 만약 기존 멤버를 이용하여 구현 가능한 메서드라면 확장 메서드로 구현할 수 있는 좋은 후보가 된다.

특정 인터페이스에 대하여 확장 메서드가 구현돼 있고, 이 인터페이스를 구현한 클래스가 확장 메서드에서 구현한 메서드와 동일한 원형의 메서드를 이미 구현하고 있는 경우라면 이해하기 어려운 이상 증상을 유발할 가능성이 있다. 비록 컴파일러가 동일한 원형의 메서드가 있는 경우 확장 메서드보다 클래스 내에 구현된 메서드를 우선적으로 호출해 주기는 하지만 이는 어디까지나 컴파일타임의 이야기다. 실제로 인터페이스 타입의 객체를 통해 메서드를 호출하면 타입 내에 정의된 메서드가 아니라 확장 메서드가 호출된다.

약간 엉뚱하긴 하지만 한 가지 예를 살펴보자. 다음에 Marker라는 속성을 정의하고 있는 인터페이스가 있다.

```
public interface IFoo
{
    int Marker { get; set; }
}
```

이제 이 인터페이스에 대해 Marker 값을 1 증가시키는 확장 메서드를 다음과 같이 작성했다.

```
public static class FooExtensions
{
    public static void NextMarker(this IFoo thing) =>
        thing.Marker += 1;
}
```

이제 어디서든 이 확장 메서드를 사용할 수 있다.

```
public class MyType : IFoo
{
    public int Marker { get; set; }
}

// 다른 위치:
MyType t = new MyType();
t.NextMarker();
```

유지보수 단계에서 다른 개발자가 MyType의 내용을 수정했다고 가정해보자. NextMarker() 의 내용이 바뀌었다.

```
// 수정된 클래스
public class MyType : IFoo
{
    public int Marker { get; set; }

    public void NextMarker() => Marker += 5;
}
```

코드를 이렇게 수정하면 이제 응용프로그램이 이전과 다르게 동작한다. 다음 코드를 수행하면 Marker 값이 5가 된다.

```
MyType t = new MyType();
t.NextMarker();
```

이 같은 문제를 완전히 피할 수는 없지만 영향을 최소화할 수는 있다. 이 예제는 적절하지 않게 동작하도록 고안되었지만 실제 코드를 작성할 때는 클래스 내에 구현한 메서드와 확장 메서드로 구현한 메서드가 동일한 원형일 경우 의미적으로 완전히 동일한 작업을 수행하도록 작성해야 한다. 더욱 효율적으로 동작하는 알고리즘을 구현한 코드를 클래스 내에 배치하는 것이 좋겠다. 하지만 어떤 경우라도 동일한 작업을 수행하도록 코드를 작성하는 것이 중요하다. 그렇게 해야만 프로그램이 오동작할 가능성을 줄일 수 있다.

여러 클래스에서 반드시 구현해야 하는 인터페이스를 정의하는 경우 인터페이스 내에 정의하는 멤버의 수를 최소한으로 하기 위해 노력해야 한다. 사용자 편의를 위해서 추가적으로 제공하려는 메서드는 확장 메서드의 형태로 구현하는 것이 좋다. 이러한 방법을 활용하면 인터페이스를 구현할 때 반드시 작성해야 하는 코드의 양을 줄일 수 있고, 확장 메서드를 통해 풍부한 기능을 제공할 수 있다.

아이템 28: 확장 메서드를 이용하여 구체화된 제네릭 타입을 개선하라

응용프로그램을 개발하다 보면 List〈int〉, Dictionary〈EmployeeID, Employee〉와 같이 제네릭 컬렉션에 타입 매개변수를 지정하여 사용하게 될 것이다. 컬렉션을 사용하는 이유는 특정 타입의 집합을 다뤄야 하거나, 컬렉션이 제공하는 고유의 기능을 활용하기 위함일 것이다. 기존에 사용 중인 컬렉션 타입에 영향을 주지 않으면서 새로운 기능을 추가하고 싶다면 구체화된 컬렉션 타입에 대해 확장 메서드를 작성하면 된다.

이러한 패턴은 Sytem.Linq.Enumerable 클래스의 예에서도 찾아볼 수 있다. 앞서 **아이템 27: 인터페이스는 간략히 정의하고 기능의 확장은 확장 메서드를 사용하라**에서 IEnumerable〈T〉에 대한 확장 메서드를 작성하기 위해서 Enumerable〈T〉에 다양한 시퀀스에 공통으로 적용 가능한 메서드를 구현한 예를 살펴본 바 있다. Enumerable에는 그 외에도 IEnumerable〈T〉 타입을 특정 타입으로 구체화했을 때만 사용할 수 있는 메서드들도 상당수 포함되어 있다. 예를 들어 타입 매개변수로 특정 숫자 타입이 전달되었을 경우에만 사용되는 메서드들이 구현돼 있다. 구체적으로 IEnumerable〈int〉, IEnumerable〈double〉, IEnumerable〈long〉, IEnumerable〈float〉 등으로 타입 매개변수가 지정된 경우에만 사용되는 특화된 메서드가 있다. 이 중 IEnumerable〈int〉의 대한 확장 메서드를 더 살펴보자.

```
public static class Enumerable
{
    public static int Average(this IEnumerable<int> sequence);
    public static int Max(this IEnumerable<int> sequence);
    public static int Min(this IEnumerable<int> sequence);
    public static int Sum(this IEnumerable<int> sequence);

    // 다른 메서드는 생략
}
```

이 패턴은 타입 매개변수로 특정 타입이 주어질 때, 해당 타입에 대하여 가장 효과적으로 동작하도록 코드를 분리하여 구현하는 방법이다. 전자상거래 응용프로그램을 개발 중에 있으며 고객에게 쿠폰을 발송하는 메서드를 만들어야 하는 경우를 가정해보자. 다음과 같이 코드를 작성할 수 있을 것이다.

```
public static void SendEmailCoupons(this
    IEnumerable<Customer> customers, Coupon specialOffer)
```

비슷한 예로 지난 한 달간 아무런 주문도 하지 않은 고객을 찾는 메서드는 다음과 같이 작성할 수 있을 것이다.

```
public static IEnumerable<Customer> LostProspects(this
    IEnumerable<Customer> targetList)
```

확장 메서드를 사용하지 않았다면 구체화된 제네릭 타입을 상속하여 새로운 타입을 만들어야 했을 것이다. 이 경우 앞의 두 메서드를 다음과 같이 구현할 것이다.

```
public class CustomerList : List<Customer>
{
    public void SendEmailCoupons(Coupon specialOffer);
    public static IEnumerable<Customer> LostProspects();
}
```

코드를 이처럼 작성해도 동작하는 데는 문제가 없지만 IEnumerable〈Customer〉에 대하여 확장 메서드를 구현한 것에 비해서는 제약이 훨씬 많아진다. 메서드 원형의 차이만 보더라도 그 원인을 대략 유추해볼 수 있다. 확장 메서드는 IEnumerable〈Customer〉를 기반으로 작성됐지만, 파생 클래스에 메서드를 추가하는 방식은 List〈Customer〉를 기반으로 한다. 결국 새롭게 구성한 CustomerList에 대해서는 더 이상 이터레이터 메서드들을 사용할 수가 없다(**아이템 31: 시퀀스에 사용할 수 있는 조합 가능한 API를 작성하라** 참조). 단언컨대 상속을 잘못 사용한 예다.

유사한 기능을 구현할 때 확장 메서드를 활용하는 것이 나은 또 다른 이유는 쿼리를 작성하는 방법과 관련이 있다. LostProspects() 메서드는 다음과 같이 구현할 수 있을 것이다.

```
public static IEnumerable<Customer> LostProspects(
    IEnumerable<Customer> targetList)
{
    IEnumerable<Customer> answer =
        from c in targetList
```

```
        where DateTime.Now - c.LastOrderDate > TimeSpan.FromDays(30)
        select c;

    return answer;
}
```

이 기능을 확장 메서드로 구현하면 람다 표현식을 이용하여 재사용 가능한 쿼리를 작성할 수 있다. where 절의 술어만을 재사용하는 것이 아니라 전체 쿼리를 재사용할 수 있다.

작성 중인 응용프로그램이나 라이브러리의 객체 모델을 다시 한 번 살펴보기 바란다. 저장소 모델을 확정 짓기 위해서 구체화된 제네릭 타입의 컬렉션을 사용한 경우가 비일비재할 것이다. 만약 이런 코드가 있다면 구체화된 제네릭 타입을 살펴보고 논리적으로 어떤 메서드가 추가돼야 하는지를 재검토하기 바란다. 구체화된 제네릭 타입을 상속하여 메서드를 추가하기보다는 확장 메서드를 구현하는 편이 훨씬 낫다. 이러한 방식을 사용하면 단순한 기능을 제공하는 메서드를 다양하게 재사용할 수 있는 길이 열린다. 게다가 컬렉션 고유의 저장소 모델과 무관하게 기능을 구현할 수 있다.

CHAPTER 4

LINQ 활용

C# 3.0에 추가된 기능 중 단연 돋보이는 기능은 LINQ다. LINQ라는 기능을 새롭게 추가하고 구현한 이유는 지연된 쿼리를 지원하고 다양한 데이터 저장소에 대해 쿼리를 수행할 수 있는 통합 구문을 제공하기 위해서다. 4장에서는 저장소의 유형과 상관없이 데이터를 쿼리하기 위해서 LINQ를 어떻게 활용할지 알아볼 것이다. 그리고 데이터 쿼리 외의 용도로 LINQ를 활용하는 방법도 함께 알아볼 것이다.

LINQ의 목표는 데이터 소스의 유형과 상관없이 동일한 작업을 수행하는 코드를 손쉽게 작성하는 것이다. 하지만 동일한 구문으로 서로 다른 데이터 소스에 대해서 작업을 수행하는 수준을 넘어서 쿼리와 실제 데이터 소스를 연결해주는 쿼리 제공자Query Provider를 자유롭게 구현할 수 있는 기능도 함께 제공한다. 쿼리 제공자의 기능과 구현 내용을 이해하면 LINQ의 동작 방식을 좀 더 명확하게 이해할 수 있다.

아이템 29: 컬렉션을 반환하기보다 이터레이터를 반환하는 것이 낫다

메서드를 작성하다 보면 단일의 객체를 반환하기보다 일련의 시퀀스를 반환해야 하는 경우가 종종 있다. 시퀀스를 반환하는 메서드를 작성해야 한다면 컬렉션을 반환하기보다는 이터레이터를 반환하는 것이 좋다. 이터레이터를 반환하면 이를 이용하여 다양한 작업을 좀 더 수월하게 수행할 수 있기 때문이다.

이터레이터 메서드란 호출자가 요청한 시퀀스를 생성하기 위해서 yield return 문을 사용하는 메서드를 말한다. 다음에 알파벳 소문자에 대한 시퀀스를 생성하는 매우 기본적인 이터레이터 메서드의 구현 예를 나타냈다.

```
public static IEnumerable<char> GenerateAlphabet()
{
    var letter = 'a';
    while (letter <= 'z')
    {
        yield return letter;
        letter++;
    }
}
```

이터레이터 메서드에서 가장 흥미로운 부분은 실상 우리가 작성한 구문이 아니라 컴파일러가 이를 어떻게 해석하고 코드를 생성하는지에 대한 부분이다. 앞에서와 같이 코드를 작성하면 다음과 유사한 클래스가 생성된다.

```
class EmbeddedIterator : IEnumerable<char>
{
    public IEnumerator<char> GetEnumerator() =>
        new LetterEnumerator();

    IEnumerator IEnumerable.GetEnumerator() =>
        new LetterEnumerator();

    public static IEnumerable<char> GenerateAlphabet() =>
        new EmbeddedIterator();

    private class LetterEnumerator : IEnumerator<char>
    {
        private char letter = (char)('a' - 1);

        public bool MoveNext()
        {
            letter++;
            return letter <= 'z';
        }
```

```
        public char Current => letter;

        object IEnumerator.Current => letter;

        public void Reset() =>
            letter = (char)('a' - 1);

        void IDisposable.Dispose() { }
    }
}
```

이터레이터 메서드가 호출되면 앞에서와 같이 컴파일러가 생성한 객체가 인스턴스화된다. 이후 시퀀스 내에 포함된 항목을 요청하면 비로소 시퀀스가 생성된다. 이러한 동작 방식은 시퀀스의 크기가 작은 경우에는 별다를 바가 없다. 하지만 다음의 예와 같이 .NET Framework의 Enumerable.Range()를 사용하여 int 타입으로 표현 가능한 음이 아닌 정수의 시퀀스를 모두 요청하는 경우를 생각해보자.

```
var allNumbers = Enumerable.Range(0, int.MaxValue);
```

이 메서드를 호출하면 숫자 시퀀스를 만들어내는 객체를 생성한다. 호출 측에서는 이터레이터 메서드의 결괏값을 추가적인 컬렉션에 저장하지 않는 이상 방대한 결과치를 저장하기 위한 공간이 필요하지 않다. 호출 측에서는 Enumerable.Range()를 호출하여 방대한 크기의 시퀀스를 요청하긴 했지만 실상 이 중 일부만을 사용하기 위함일 수도 있을 것이다. 정확히 필요한 개수의 숫자만을 생성하는 것만큼 효율적이지는 않겠지만 음이 아닌 모든 정수를 생성하여 저장소에 저장하는 것보다는 낫다. 게다가 필요한 개수의 숫자만 골라서 생성하는 것이 항상 가능한 것은 아니다. 예를 들어 외부 센서에서 데이터를 읽어오거나, 네트워크 요청을 처리하거나, 혹은 시간별로 상당량의 데이터가 만들어지는 경우 필요한 객체의 수를 사전에 예측하기란 불가능하다.

'필요할 때 생성'이라는 전략은 이터레이터 메서드를 작성할 때 가장 중요한 전략 중 하나다. 이터레이터 메서드는 시퀀스를 생성하는 방법을 알고 있는 객체를 생성한다. 그리고 이 객체는 실제 시퀀스에 대한 접근이 이루어지는 경우에만 사용된다.

매개변수를 이용하여 시퀀스를 생성하는 또 다른 예를 살펴보자.

```
public static IEnumerable<char>
    GenerateAlphabetSubset(char first, char last)
{
    if (first < 'a')
        throw new ArgumentException(
            "first must be at least the letter a", nameof(first));
    if (first > 'z')
        throw new ArgumentException(
            "first must be no greater than z", nameof(first));
    if (last < first)
        throw new ArgumentException(
            "last must be at least as large as first", nameof(last));
    if (last > 'z')
        throw new ArgumentException(
            "last must not be past z", nameof(last));

    var letter = first;

    while (letter <= last)
    {
        yield return letter;
        letter++;
    }
}
```

컴파일러는 이 코드를 이용하여 다음과 유사한 코드를 생성한다.

```
public class EmbeddedSubsetIterator : IEnumerable<char>
{
    private readonly char first;
    private readonly char last;

    public EmbeddedSubsetIterator(char first, char last)
    {
        this.first = first;
        this.last = last;
    }

    public IEnumerator<char> GetEnumerator() =>
        new LetterEnumerator(first, last);

    IEnumerator IEnumerable.GetEnumerator() =>
```

```
    new LetterEnumerator(first, last);

public static IEnumerable<char> GenerateAlphabetSubset(
    char first, char last) =>
        new EmbeddedSubsetIterator(first, last);
private class LetterEnumerator : IEnumerator<char>
{
    private readonly char first;
    private readonly char last;

    private bool isInitialized = false;

    public LetterEnumerator(char first, char last)
    {
        this.first = first;
        this.last = last;
    }

    private char letter = (char)('a' - 1);

    public bool MoveNext()
    {
        if (!isInitialized)
        {
            if (first < 'a')
                throw new ArgumentException(
                "first must be at least the letter a",
                nameof(first));
            if (first > 'z')
                throw new ArgumentException(
                "first must be no greater than z",
                nameof(first));
            if (last < first)
                throw new ArgumentException(
                "last must be at least as large as first",
                nameof(last));
            if (last > 'z')
                throw new ArgumentException(
                "last must not be past z",
                nameof(last));
            letter = (char)(first - 1);
        }
        letter++;
        return letter <= last;
```

```
        }

        public char Current => letter;
        object IEnumerator.Current => letter;

        public void Reset() => isInitialized = false;

        void IDisposable.Dispose() {}
    }
}
```

이 코드에서 유념해서 살펴볼 부분은 시퀀스의 첫 번째 요소가 요청될 때까지 매개변수의 값이 유효한지를 확인하는 코드가 수행되지 않는다는 것이다. 이런 이유로 이 메서드에 잘못된 인자를 넘겼을 경우 문제를 확인하고 해결하기가 까다롭다. 개발자가 잘못 작성한 코드에서 예외가 발생하는 것이 아니라 나중에 시퀀스를 사용하려 할 때 예외가 발생하기 때문이다. 컴파일러의 코드 생성 방식을 변경할 수는 없지만 코드를 약간 재구성하여 인자에 대한 유효성 검사를 수행하는 부분과 실제로 시퀀스를 생성하는 부분을 분리할 수는 있다. 앞의 예의 경우 다음과 같이 메서드를 분리하면 된다.

```
public static IEnumerable<char> GenerateAlphabetSubset(
    char first, char last)
{
    if (first < 'a')
        throw new ArgumentException(
            "first must be at least the letter a", nameof(first));
    if (first > 'z')
        throw new ArgumentException(
            "first must be no greater than z", nameof(first));
    if (last < first)
        throw new ArgumentException(
            "last must be at least as large as first", nameof(last));
    if (last > 'z')
        throw new ArgumentException(
            "last must not be past z", nameof(last));

    return GenerateAlphabetSubsetImpl(first, last);
}

private static IEnumerable<char> GenerateAlphabetSubsetImpl(
```

```
        char first, char last)
{
    var letter = first;
    while (letter <= last)
    {
        yield return letter;
        letter++;
    }
}
```

이제 이 메서드에 잘못된 인자를 전달한 경우 private 메서드로 진입하기 이전에 public 메서드 내에서 예외가 발생하게 된다. 이전처럼 시퀀스에 접근하려 할 때 뒤늦게 예외가 발생하는 것이 아니라 즉각적으로 발생하는 것이다. 이렇게 하면 좀 더 쉽게 오류를 확인하고 수정할 수 있다.

이제 어떤 경우에 이터레이터 메서드를 이용하여 시퀀스를 생성하는 것이 좋은지 알아보자. 일련의 시퀀스를 반복적으로 사용하는 경우라면 시퀀스를 캐싱하는 것은 어떤가? 이러한 결정은 사용자가 결정하도록 남겨두는 것이 좋다. 우리가 작성한 코드를 사용자들이 어떻게 사용할지에 대해서 섣불리 예단하지 말자. 메서드가 반환하는 시퀀스를 캐싱할지에 대해서도 사용자가 결정할 수 있도록 하는 것이 좋다. 실제로 ToList()나 ToArray()와 같은 확장 메서드를 이용하면 IEnumerable<T> 타입을 이용하는 시퀀스로부터 모든 항목이 담긴 컬렉션을 손쉽게 생성할 수 있다. 따라서 IEnumerable<T>를 반환하도록 메서드를 작성하면 전체 값을 가져오는 것이 효율적인 경우나 반대로 필요한 시점에 맞춰 값을 가져오는 것이 효율적인 경우 모두에 손쉽게 대응할 수 있다.

메서드는 필요에 따라 다른 반환 타입을 가질 수 있으며 이러한 반환 타입의 객체를 생성하는 데 드는 비용은 타입별로 각기 다르다. 계산 시간과 저장소 공간을 모두 고려한다면 간혹은 시퀀스를 반환하는 메서드가 전체 시퀀스를 단번에 생성하여 반환하는 메서드보다 비용이 더 클 수도 있다. 하지만 우리가 작성한 API들을 사용자들이 어떻게 사용할지 예측할 수 없으므로 이에 대해서 과도하게 신경쓰기보다는 API를 좀 더 쉽게 사용할 수 있도록 배려하는 것에 집중하는 편이 좋겠다. 이런 측면에서 보자면 IEnumerable<T>와 같은 인터페이스를 반환하도록 메서드를 작성하는 편이 좀 더 편리하다. 필요할 때마다 하나씩 항목을 생성할 수도 있고, ToList()나 ToArray()를 이용하여 전체 시퀀스가 저장된 컬렉션을 생성할 수도 있기 때문이다.

아이템 30: 루프보다 쿼리 구문이 낫다

C#은 흐름을 제어할 수 있는 for, while, do/while, foreach 등의 다양한 반복 구문을 제공하기 때문에 일상적인 개발에는 부족함이 없다. 하지만 쿼리 구문을 사용하는 것이 반복문을 사용하는 것보다 더 나은 경우가 꽤 있다.

쿼리 구문을 사용하면 프로그램의 논리를 명령형 방식에서 선언적인 방식으로 전환할 수 있다. 쿼리 구문을 이용하면 질의의 내용을 구성할 수 있을 뿐 아니라 개별 항목에 대해 수행하려는 작업의 수행 시기를 연기할 수 있다. 쿼리 구문이나 메서드 호출 구문 중 어떤 방식을 쓰더라도 이러한 장점은 동일하다. 쿼리 구문이나 메서드 호출 구문을 확장하여 사용하면 루프를 이용하는 것보다 사용자의 의도를 더 명확하게 드러낼 수 있는 부가적인 장점도 있다.

다음 코드는 명령형 방식으로 배열을 구성하고 그 내용을 출력하는 예다.

```
var foo = new int[100];

for (var num = 0; num < foo.Length; num++)
    foo[num] = num * num;

foreach (int i in foo)
    Console.WriteLine(i.ToString());
```

이 간단한 예조차도 수행할 작업 그 자체보다 작업을 어떻게 수행할지에 초점을 두어 코드가 작성되었음에 주목하기 바란다. 쿼리 구문을 이용하여 동일한 작업을 수행하는 코드를 재작성하면 가독성과 재사용성이 훨씬 좋아진다.

이를 위해 먼저 배열을 구성하는 코드를 다음과 같이 쿼리의 결과를 얻어내 형태로 변경할 수 있다.

```
var foo = (from n in Enumerable.Range(0, 100)
          select n * n).ToArray();
```

각각의 요소를 화면에 출력하려면 확장 메서드를 사용해서 다음과 같이 변경할 수 있다.

```
foo.ForAll((n) => Console.WriteLine(n.ToString()));
```

.NET BCL에는 List〈T〉에 대해서만 ForAll이 구현되었다. 하지만 IEnumerable〈T〉에 대해서 동일한 메서드를 작성하는 것은 그리 어렵지 않다.

```
public static class Extensions
{
    public static void ForAll<T>(this IEnumerable<T> sequence,
        Action<T> action)
    {
        foreach (T item in sequence)
            action(item);
    }
}
```

앞의 코드는 너무 짧고 간단하기 때문에 별다른 이점이 없어 보일지도 모르겠다. 맞는 말이다. 이제 조금 다른 문제를 살펴보자.

코드를 작성하다 보면 중첩 루프를 사용해야 하는 경우가 흔히 있다. 0부터 99까지의 수에 대해 (X,Y) 좌표 객체를 생성해야 한다고 가정해보자. 중첩 루프를 사용하면 다음과 같이 코드를 작성할 수 있다.

```
private static IEnumerable<Tuple<int, int>> ProduceIndices()
{
    for (var x = 0; x < 100; x++)
        for (var y = 0; y < 100; y++)
            yield return Tuple.Create(x, y);
}
```

물론 쿼리 구문을 통해서도 코드를 작성할 수 있다.

```
private static IEnumerable<Tuple<int, int>> QueryIndices()
{
    return from x in Enumerable.Range(0, 100)
           from y in Enumerable.Range(0, 100)
           select Tuple.Create(x, y);
}
```

이 둘은 매우 유사해 보인다. 하지만 쿼리 구문은 문제의 유형이 복잡해지더라도 단순함을 그대로 유지할 수 있는 장점이 있다. 문제를 살짝 바꾸어 X와 Y의 합이 100보다 작은 경우에 해당하는 쌍만을 반환하도록 고쳐보자. 이제 둘을 다시 비교해보자.

```
private static IEnumerable<Tuple<int, int>> ProduceIndices2()
{
    for (var x = 0; x < 100; x++)
        for (var y = 0; y < 100; y++)
            if (x + y < 100)
                yield return Tuple.Create(x, y);
}

private static IEnumerable<Tuple<int, int>> QueryIndices2()
{
    return from x in Enumerable.Range(0, 100)
           from y in Enumerable.Range(0, 100)
           where x + y < 100
           select Tuple.Create(x, y);
}
```

여전히 둘은 비슷해 보이지만 명령형으로 구현한 코드는 문제의 본질로부터 조금씩 멀어져가는 듯하다. 또 다시 문제를 바꾸어 이번에는 (0,0)에서 떨어진 거리 순으로 정렬하여 객체를 반환해야 한다고 가정해보자.

다음에 동일한 결과를 생성하는 두 메서드를 각기 나타냈다.

```
private static IEnumerable<Tuple<int, int>> ProduceIndices3()
{
    var storage = new List<Tuple<int, int>>();

    for (var x = 0; x < 100; x++)
        for (var y = 0; y < 100; y++)
            if (x + y < 100)
                storage.Add(Tuple.Create(x, y));

    storage.Sort((point1, point2) =>
        (point2.Item1 * point2.Item1 + point2.Item2 * point2.Item2).CompareTo(
        point1.Item1 * point1.Item1 + point1.Item2 * point1.Item2));
    return storage;
}
```

```
private static IEnumerable<Tuple<int, int>> QueryIndices3()
{
    return from x in Enumerable.Range(0, 100)
           from y in Enumerable.Range(0, 100)
           where x + y < 100
           orderby (x * x + y * y) descending
           select Tuple.Create(x, y);
}
```

이제 장점이 명확히 드러나는 것 같다. 명령형으로 구현한 코드는 이전보다 훨씬 이해하기 어려워졌다. 만약 이 코드를 대충 살펴봤다면 비교 함수에서 인자의 순서가 바뀌어 있음을 발견하지 못했을 수도 있다. 이렇게 해야만 내림차순으로 정렬할 수 있기 때문이다. 주석이나 이를 설명하는 문서가 없다면 명령형 코드를 읽는 것이 상대적으로 훨씬 어렵다.

설사 인자의 순서가 바뀌어 있음을 발견했다 하더라도 이를 오류라고 생각했을까 아니면 정상적인 코드라고 생각했을까? 명령형 모델은 동작이 수행되는 절차에 주안을 두기 때문에 동작이 진행되는 과정을 따라가다가 혼돈에 빠지기 쉽고, 원래 의도를 잊는 경우도 흔하다.

반복 구문에 비해 쿼리 구문이 갖는 또 다른 장점은 더욱 다양하게 조합이 가능하다는 점이다. 쿼리 구문은 개별 항목에 대하여 수행해야 하는 작업을 작은 코드 블록으로 생성한다. 쿼리 구문의 지연 수행 모델 덕분에 개별 항목에 대해 수행해야 하는 여러 작업을 하나로 조합할 수 있다. 이러한 기능을 이용하면 한 번의 순회 과정 동안 여러 작업을 결합하여 단번에 수행할 수 있다. 반복 구문을 이용할 경우에는 이처럼 여러 작업들을 조합하여 수행하는 것이 어렵다. 이러한 문제를 해결하려면 각 작업 단계별로 임시 저장소를 만들거나 추가 메서드를 만들어서 개별 작업들을 조합해야만 할 것이다.

앞의 예는 사실 작업의 동작 방식을 살펴보기 위한 것에 불과하지만, 개별 항목에 대하여 필터링(where 절), 정렬(orderby 절), 프로젝션(select 절)과 같은 다양한 작업이 수행되고 있음에도 모든 작업이 하나로 조합되어 한 번의 순회 동안 모두 수행된다. 명령형 방식의 예는 임시 저장소를 사용하고 있으며 정렬 과정을 독립된 작업으로 수행하고 있다.

지금까지 쿼리 구문만을 사용했지만 메서드 호출 구문을 사용하는 경우에도 동일한 질의를 표현할 수 있다. 메서드 호출 구문을 사용하면 메서드를 어떻게 사용해야 하는지 기억해야 하지만, 이 방식이 쿼리 구문에 비해 자연스러운 경우도 있다.

다음에 앞의 쿼리 구문과 동일하게 동작하는 메서드 호출 구문을 나타냈다.

```
private static IEnumerable<Tuple<int, int>> MethodIndices3()
{
    return Enumerable.Range(0, 100).
        SelectMany(x => Enumerable.Range(0, 100),
        (x, y) => Tuple.Create(x, y)).
        Where(pt => pt.Item1 + pt.Item2 < 100).
        OrderByDescending(pt =>
            pt.Item1 * pt.Item1 + pt.Item2 * pt.Item2);
}
```

쿼리 구문과 메서드 호출 구문 중 어떤 것이 더 가독성이 좋은가 하는 것은 사실 스타일의 문제다. 앞의 예의 경우 쿼리 구문이 더 명확해 보인다. 하지만 다른 경우에는 또 다르게 평가될 수도 있다. 추가적으로 반드시 알아두어야 할 것은 일부 메서드들의 경우 쿼리 구문에서는 사용할 수 없다는 점이다. 실제로 Take, TakeWhile, Skip, SkipWhile, Min, Max 등은 메서드 호출 구문에서만 사용할 수 있다. 다른 언어, 특히 VB.NET에서는 이 중 많은 것을 키워드로 정의해 두어서 쿼리 구문에서 활용할 수 있기는 하다.

혹자는 쿼리 구문을 통해 작성한 코드가 루프보다 느리게 수행된다고 주장하곤 한다. 통상 루프를 이용하여 직접 코딩하면 쿼리보다 성능이 좋은 코드를 작성할 수 있지만 항상 그런 것은 아니다. 쿼리 구문의 성능이 만족스럽지 않다면 우선 수행 성능을 측정해보길 바란다. 그리고 성능을 개선하기 위해서 LINQ에 대한 병렬 확장parallel extension을 사용하는 것도 고려해보기 바란다. 쿼리 구문을 사용하면 병렬 수행을 위해 복잡한 추가 작업을 할 필요 없이 .AsParallel() 메서드를 호출하기만 하면 된다. 이는 쿼리 구문의 또 다른 장점이다.

C#은 명령형 언어로 시작되었으며 그 유산의 일부로 기존에 개발된 모든 기능들을 포함하고 있다. 따라서 이미 익숙한 방식을 그대로 유지할 수 있는 장점이 있다. 하지만 기존의 방식이 최선인가는 별개의 문제다. 반복 구문을 작성해야 한다면 이를 쿼리 구문으로 변경할 수 있는지 다시 한 번 생각해보기 바란다. 쿼리 구문을 적용하기 어렵다면, 다음으로 메서드 호출 구문을 적용할 수 있을지 확인해보라. 거의 대부분의 경우에 반복 구문을 사용하는 것보다 더욱 깔끔하게 코드를 작성할 수 있을 것이다.

아이템 31: 시퀀스에 사용할 수 있는 조합 가능한 API를 작성하라

반복 구문을 포함하는 코드를 작성해본 경험은 누구나 있을 것이다. 반복 구문이 필요한 경우는 단일 요소를 처리하기보다 여러 요소로 구성된 시퀀스를 처리하는 알고리즘을 작성하기 위한 경우가 대부분이다. 이를 위해 foreach, for, while 등이 주로 많이 사용된다. 일반적으로 반복 구문을 포함하는 메서드를 작성하는 경우에 매개변수로 컬렉션을 받아와서 컬렉션에 포함된 요소들을 살펴보거나, 내용을 수정하거나, 혹은 그중 일부만 필터링해서 또 다른 컬렉션에 그 결과를 저장한 후 반환하는 식으로 코드를 작성하게 된다.

이와 같이 작업을 수행하는 것은 효율성에 문제가 있다. 왜냐하면 전체 컬렉션을 대상으로 단 하나의 작업만을 수행하는 경우는 거의 없고, 최초 원본 컬렉션에 대해 다양한 작업을 여러 단계를 걸쳐 수행한 후에야 비로소 원하는 결과를 얻을 수 있는 경우가 대부분이기 때문이다. 여러 단계를 거치는 동안 중간 결과를 저장하기 위해서 추가적으로 컬렉션(아마도 매우 큰)이 필요할 수도 있다. 또한 첫 번째 요소에 대해 첫 번째 작업을 완료했다 하더라도 전체 컬렉션에 대해 첫 번째 작업을 모두 완료하기 전까지는 두 번째 작업을 시작할 수 없다는 단점이 있다. 게다가 이런 방식은 각 단계마다 매번 전체 컬렉션을 순회해야 하기 때문에 다단계로 구성된 알고리즘을 수행하는 경우 전체적으로 수행 시간이 길어질 수밖에 없다.

대안으로는 개별 요소에 대해 수행해야 하는 모든 작업을 분리된 메서드로 작성한 후 루프 내에서 이 메서드를 호출하는 방법이 있을 수 있다. 이렇게 하면 컬렉션을 한 번만 순회하면 되므로 성능이 개선되고, 중간 결과물을 저장하기 위한 컬렉션을 사용할 필요가 없기 때문에 메모리도 적게 사용된다. 하지만 이러한 방식으로 코드를 작성하면 메서드의 재사용 가능성이 낮아진다. 여러 단계의 작업을 단번에 수행하도록 작성된 메서드보다 각각의 작업을 개별적으로 수행하는 메서드들이 재사용 가능성이 훨씬 높기 때문이다.

시퀀스를 다루는 메서드는 C# 이터레이터를 활용하여 작성할 수 있으며 결과가 필요한 시점에 맞춰 메서드가 수행되도록 할 수 있다. yield return 문을 사용하면 시퀀스를 반환하는 메서드를 쉽게 만들 수 있기도 하다. 이터레이터 메서드는 단일의 시퀀스(IEnumerable〈T〉로 표현되는)를 입력으로 취하고 그 결과로도 단일의 시퀀스(다른 IEnumerable〈T〉)를 반환하는 메서드를 말하는데, 이러한 메서드를 작성할 때 yield return을 사용하면 메서드 내에서 시퀀스 내의 개별 요소를 저장하기 위해 별도의 저장소를 마련할 필요가 없다. 왜냐하면 정확히 값이 필요한 시점에 입력 시퀀스상에서 다음 요소를 가져오고, 출력 결과가 반드시 필요한 시점에 출력 시퀀스로 결과를 내보내기 때문이다.

메서드의 입력 매개변수 타입과 반환 타입을 IEnumerable〈T〉로 정의하는 방식은 일반적인 메서드 선언 방식과는 사뭇 거리가 있어서 개발자들에게 익숙하지 않은 것이 사실이다.

하지만 매개변수 타입과 반환 타입을 이와 같이 정의하면 상당히 많은 이점이 있다. 구체적으로 다양한 방식으로 조합하여 사용할 수 있는 알고리즘 빌딩 블록이 자연스럽게 만들어지므로 재사용성이 좋아진다. 이렇게 작성된 여러 메서드를 하나로 조합하면 전체 시퀀스를 한 번만 순회하면서 조합된 메서드 세트를 수행할 수 있으므로 런타임의 효율이 개선된다. 이터레이터 메서드는 N번째 요소가 요청됐을 때 비로소 N번째 결과를 생성하기 위해 코드를 실행한다. 이러한 지연 수행 모델deferred execution model(**아이템 37: 쿼리를 사용할 때는 즉시 평가보다 지연 평가가 낫다** 참조) 덕분에 전통적인 방식으로 알고리즘을 구현한 경우 반드시 필요한 추가 저장소를 사용하지 않을 수 있으며, 각 메서드가 구현하고 있는 알고리즘의 조합 가능성도 높아진다(**아이템 40: 지연 수행과 즉시 수행을 구분하라** 참조). 이터레이터 메서드를 사용하도록 라이브러리를 개선하면 다수의 CPU 코어에 서로 다른 작업을 할당할 수 있으므로 전체적인 성능이 더욱 개선된다. 일반적으로 이러한 이터레이터 메서드를 구현할 때는 작업의 대상이 되는 개별 요소의 타입에 대한 가정을 덜할 수 있으므로 제네릭 메서드로 변경하기에도 용이하며 결국 재사용성이 더욱 좋아진다.

이터레이터 메서드를 작성하면 어떤 장점이 있는지를 구체적으로 살펴보기 위해서 우선 간단한 예를 살펴보고 이를 조금씩 개선해보자. 다음 메서드는 정수 배열을 받아와서 중복값을 제거한 후 각기 한 번만 값을 출력하는 예제다.

```
public static void Unique(IEnumerable<int> nums)
{
    var uniqueVals = new HashSet<int>();

    foreach (var num in nums)
    {
        if (!uniqueVals.Contains(num))
        {
            uniqueVals.Add(num);
            WriteLine(num);
        }
    }
}
```

단순한 메서드다 보니 재사용할 부분이 딱히 없어 보인다. 하지만 중복값을 제거하는 기능은 다른 곳에서도 재사용할 수 있을 것 같다.

앞의 코드를 다음과 같이 변경해보자.

```
// 버전 2
public static IEnumerable<int> Unique(IEnumerable<int> nums)
{
    var uniqueVals = new HashSet<int>();

    foreach (var num in nums)
    {
        if (!uniqueVals.Contains(num))
        {
            uniqueVals.Add(num);
            yield return num;
        }
    }
}
```

이 메서드는 이제 (중복이 제거된) 고유한 값을 담고 있는 시퀀스를 반환한다. 다음과 같이 사용할 수 있다.

```
foreach (var num in Unique(nums))
    WriteLine(num);
```

코드를 수정하긴 했지만 별 소득이 없어 보이고 오히려 효율성이 더 떨어져 보인다. 하지만 사실은 그렇지 않다. Unique 메서드가 펼치는 마법을 감상하기 위해서 추적이 가능하도록 메시지를 출력하는 코드를 몇 군데 추가해보자. 다음에 수정된 Unique 메서드를 나타냈다.

```
public static IEnumerable<int> Unique(IEnumerable<int> nums)
{
    var uniqueVals = new HashSet<int>();

    WriteLine("\tEntering Unique");

    foreach (var num in nums)
    {
```

```
            WriteLine("\tevaluating {0}", num);
            if (!uniqueVals.Contains(num))
            {
                WriteLine("\tAdding {0}", num);
                uniqueVals.Add(num);

                yield return num;
                WriteLine("\tRe-entering after yield return");
            }
        }
        WriteLine("\tExiting Unique ");
    }
```

출력 결과는 다음과 같다.

```
        Entering Unique
        evaluating 0
        Adding 0
0
        Reentering after yield return
        evaluating 3
        Adding 3
3
        Reentering after yield return
        evaluating 4
        Adding 4
4
        Reentering after yield return
        evaluating 5
        Adding 5
5
        Reentering after yield return
        evaluating 7
        Adding 7
7
        Reentering after yield return
        evaluating 3
        evaluating 2
        Adding 2
2
        Reentering after yield return
        evaluating 7
        evaluating 8
```

```
        Adding 8
8
        Reentering after yield return
        evaluating 0
        evaluating 3
        evaluating 1
        Adding 1
1
        Reentering after yield return
        Exiting Unique
```

yield return 문은 매우 흥미롭게 동작하는데, 값을 반환한 후 내부적으로 사용하는 이터레이터의 현재 위치와 상태 정보를 저장한다. 전체 시퀀스에 대하여 수행해야 할 메서드는 입력과 출력이 모두 이터레이터다. 순회 과정은 내부적으로 입력 시퀀스의 현재 위치를 계속 갱신해가면서 출력 시퀀스에 차례차례 그 결과를 반환하는 과정이다. 이러한 메서드를 컨티뉴어블 메서드continuable method라고도 한다. 컨티뉴어블 메서드란 현재의 수행 상태를 보전하고 있어서 메서드로 재진입 시 이전에 수행한 코드 이후부터 수행을 이어갈 수 있는 메서드를 말한다.

Unique() 메서드를 컨티뉴어블 메서드로 만들면 두 가지 이점이 있다. 먼저 시퀀스 내의 개별 요소에 대하여 지연 평가/수행이 가능하다는 점이다. 그리고 이보다 더 중요한 두 번째 이점은 메서드가 foreach 루프를 포함하고 있는 경우라도 조합 가능한 메서드로 만들 수 있다는 점이다.

Unique() 메서드는 입력 시퀀스의 개별 요소가 정수 타입이라는 것에 한정하여 정수 타입에 대해서만 작업이 가능하도록 작성되지 않았다. 따라서 제네릭 메서드로 변경하기가 쉽다.

```
// 버전 3
public static IEnumerable<T> Unique<T>(IEnumerable<T> sequence)
{
    var uniqueVals = new HashSet<T>();

    foreach (T item in sequence)
    {
        if (!uniqueVals.Contains(item))
        {
            uniqueVals.Add(item);
            yield return item;
        }
    }
}
```

이터레이터 메서드의 진정한 힘은 여러 단계를 거쳐서 처리돼야 하는 작업을 수행하는 경우에 드러난다. 최종적으로 얻고자 하는 값이 고유한 숫자의 제곱 값을 가져오는 것이라 가정해보자. Square(제곱) 메서드를 이터레이터 메서드로 작성하는 것은 매우 쉽다.

```
public static IEnumerable<int> Square(IEnumerable<int> nums)
{
    foreach (var num in nums)
        yield return num * num;
}
```

이제 두 메서드를 조합하여 사용할 수 있다.

```
foreach (var num in Square(Unique(nums)))
    WriteLine("Number returned from Unique: {0}", num);
```

여러 개의 이터레이터 메서드를 조합하더라도 전체 시퀀스에 대한 순회는 단 한 번만 이뤄진다. 의사코드pseudocode를 이용하여 알고리즘의 흐름을 [그림 4.1]에 나타냈다.

그림 4.1 여러 개의 이터레이터 메서드를 거쳐서 개별 요소들이 처리된다. 앞쪽에 위치한 이터레이터 메서드가 특정 요소에 대한 처리를 마치면, 이를 입력 시퀀스로 취하는 다른 이터레이터 메서드에 앞서 처리된 요소를 전달한다. 특정 시점을 기준으로 보면 단 하나의 요소만이 각 이터레이터 메서드에 의해서 처리된다.

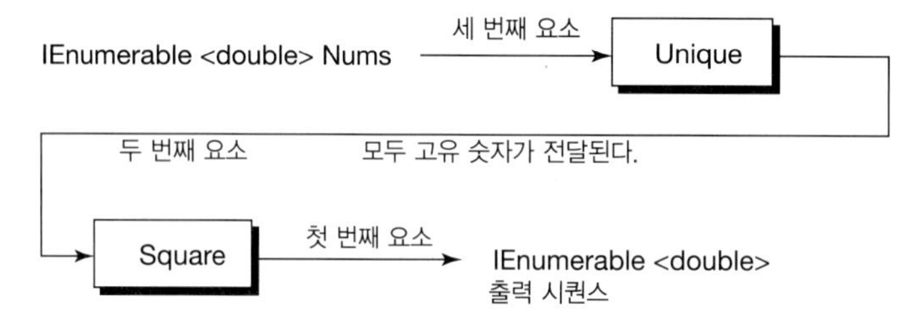

[그림 4.1]을 통해 여러 개의 이터레이터 메서드들이 조합되어 쓰이고 있음을 알 수 있다. 여러 개의 이터레이터 메서드가 사용됐지만 단 한 번의 순회 과정을 통해 여러 작업이 단번에 수행되고 있음을 알 수 있다. 대조적으로 전통적인 방식으로 개발했다면 한 번의 순회 과정 동안 하나의 작업만을 수행했을 것이고 여러 번의 순회 과정을 거쳐 결과를 계산할 수밖에 없었을 것이다.

일반적으로 입력과 출력 시퀀스를 각각 하나씩 갖는 이터레이터 메서드를 작성하는 경우가 대부분이지만 2개의 입력 시퀀스와 하나의 출력 시퀀스를 갖도록 작성할 수도 있다.

```
public static IEnumerable<string> Zip(IEnumerable<string> first,
    IEnumerable<string> second)
{
    using (var firstSequence = first.GetEnumerator())
    {
        using (var secondSequence = second.GetEnumerator())
        {
            while (firstSequence.MoveNext() &&
                        secondSequence.MoveNext())
            {
                yield return string.Format("{0} {1}",
                    firstSequence.Current,
                    secondSequence.Current);
            }
        }
    }
}
```

[그림 4.2]에서 보듯이 Zip은 2개의 문자열 시퀀스를 취해서 이를 결합한 후 단일의 출력 시퀀스를 내보낸다. Zip은 Unique보다 좀 더 복잡하지만 이 또한 제네릭 메서드로 변경할 수 있다. 이는 **아이템 18: 반드시 필요한 제약 조건만 설정하라** 에서 다룬 주제이기도 하다.

그림 4.2 Zip은 2개의 서로 다른 입력 시퀀스로부터 개별 요소를 가져온다. 새로운 출력 요소가 필요한 시점에 되면 입력 시퀀스로부터 각각 개별 요소를 가져온 후, 이를 결합하여 새로운 출력 요소를 만든 후 출력 시퀀스에 내보낸다.

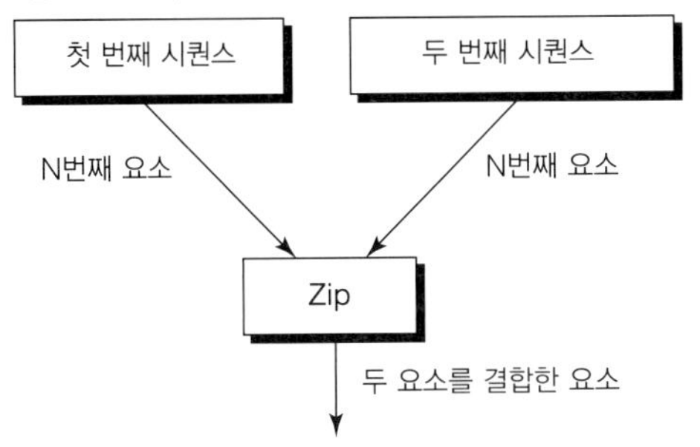

앞서 살펴본 Square 메서드를 살펴보면 메서드 내에서 입력 시퀀스로부터 가져온 요소를 이용하여 새로운 요소를 생성하고 있음을 알 수 있다. Unique() 이터레이터 메서드는 앞서 입력

된 적이 없는 값이 전달된 경우에만 요소를 반환하도록 작성됐지만 Square()나 Zip() 이터레이터 메서드처럼 출력 시퀀스를 임의로 생성하는 것도 가능하다. 이 메서드의 경우 입력 시퀀스의 내용을 변경하지는 않지만 입력 시퀀스가 참조 타입을 포함하는 경우라면 개별 요소의 내용을 변경하는 것도 가능하다.

이터레이터 메서드는 마치 아이들이 가지고 노는 마블런(구슬 미끄럼틀) 장난감과 비슷해 보인다. 이 장난감은 한 번에 하나씩 구슬을 내려놓으면 튜브와 각종 장애물을 거쳐서 아래까지 내려간다. 사용하는 구슬에 따라서 장애물을 바꿔야 하는 것은 아니다. 간혹 먼저 내려보낸 구슬이 나중에 내려보내는 구슬의 장애물이 되는 경우는 있을 수 있다. 각각의 이터레이터 메서드는 입력 시퀀스의 개별 요소에 대해 간단한 작업만을 수행한 후 출력 시퀀스로 새로운 요소를 내보낸다. 따라서 각각의 이터레이터 메서드는 매우 작게 작성할 수 있다. 이터레이터 메서드를 하나의 입력 시퀀스와 하나의 출력 시퀀스를 갖도록 작성하면 조합하기가 쉬워진다. 또한 이터레이터 메서드를 여럿 만들어두면 다단계의 작업 과정을 거쳐야만 결과를 만들어낼 수 있는 알고리즘을 쉽고 효과적으로 작성할 수 있다.

아이템 32: Action, Predicate, Function과 순회 방식을 분리하라

아이템 31: 시퀀스에 사용할 수 있는 조합 가능한 API를 작성하라에서는 개별 데이터 타입에 대해서 주안을 두기보다는 yield return을 이용하여 시퀀스에 대해 사용 가능한 이터레이터 메서드를 만드는 방법을 살펴봤다. 이터레이터 메서드의 사용 예를 살피다 보면 크게 두 가지 유형이 있음을 알 수 있다. 시퀀스 내의 개별 항목을 이용하여 작업을 수행하는 유형 외에도, 시퀀스의 순회 방식에 변경을 주는 유형도 있다. 예를 들어 특정 조건에 부합하는 항목만을 가져오거나, 매 N번째 항목만을 건너뛰며 가져오는 메서드의 경우다.

이처럼 순회 방식에 변경을 주는 유형은 모든 항목에 대해서 어떤 작업을 수행하는 메서드와는 사뭇 다르다. 예를 들어 동일 데이터를 기반으로 다양한 보고서를 생성하고, 일부 값을 합산하고, 컬렉션 내의 값을 일부 수정하는 등의 작업을 한다고 하자. 어떤 유형의 업무라도 실제로 개별 항목에 대하여 수행해야 하는 작업의 내용과 시퀀스의 순회 방식은 서로 연관이 없으므로 분리하여 처리할 수 있다. 이 두 가지를 한 번에 수행하면 코드 간의 결합도도 커지고 중복 코드가 발생하게 된다.

일반적으로 개발자들이 여러 가지 작업을 하나의 메서드에 집어넣어 개발하는 이유는 메서드 중간 어딘가를 커스텀화하기가 어렵기 때문이다. 알고리즘의 중간 어디쯤을 커스텀화하는 유일한 방법은 메서드를 호출할 수 있는 무엇인가를 전달하거나 함수 객체를 전달하는 것이다. C#에서는 이를 위해서 작업을 정의한 델리게이트를 사용할 수 있다. 그리고 좀 더 깔끔하게 람다 표현식을 사용할 수 있다.

익명 델리게이트를 사용할 때는 function과 action이라는 두 가지 패턴이 있다. function의 특별한 용례인 predicate도 있는데 predicate는 시퀀스 내의 항목이 조건에 부합하는지를 부울boolean로 반환하는 function을 말한다. action 델리게이트는 컬렉션 내의 개별 요소에 대하여 실제 수행할 작업을 전달하기 위해 주로 사용된다. 이러한 델리게이트는 활용도가 매우 높기 때문에 Action〈T〉, Func〈T, TResult〉, Predicate〈T〉의 형태로 .NET 라이브러리 내에 포함되어 있다.

```
namespace System
{
    public delegate bool Predicate<T>(T obj);
    public delegate void Action<T>(T obj);
    public delegate TResult Func<T, TResult>(T arg);
}
```

예를 들어 List〈T〉.RemoveAll() 메서드는 predicate를 사용하는데 다음과 같이 코드를 작성하면 myInts로부터 5를 모두 삭제한다.

```
myInts.RemoveAll(collectionMember => collectionMember == 5);
```

내부적으로 List〈T〉.RemoveAll()은 리스트 내의 각각의 요소를 델리게이트 메서드(익명 메서드로 정의한)의 인자로 전달한다. 델리게이트가 true를 반환하면 해당 요소는 리스트에서 제거된다(사실은 이보다 좀 더 복잡하다. RemoveAll()은 내부적으로 사용하는 저장소를 활용하여 전체 순회 과정 동안 리스트의 내용이 변경되는 것을 막아준다. 하지만 이는 세부적인 구현 사항일 뿐이다).

action 메서드는 컬렉션의 모든 요소에 대하여 개별적으로 호출된다. List〈T〉.ForEach()

메서드가 action 메서드를 사용하는 대표적인 예다. 다음 코드는 컬렉션 내의 모든 정수를 콘솔에 출력하는 예다.

```
myInts.ForEach(collectionMember => WriteLine(collectionMember));
```

이 예제는 너무 단순해서 지루하기까지 하다. 하지만 익명 델리게이트로 action을 지정하고 ForEach 메서드를 이용하여 컬렉션 내의 모든 요소에 대하여 action이 호출되도록 하는 방식은 action 델리게이트를 사용하는 가장 일반적인 예다.

이 방법은 컬렉션에 대해 복잡한 작업을 수행하는 다양한 기법의 토대가 된다. 이번에는 predicate와 action을 활용하여 코드의 양을 최소화하는 방법을 살펴보자.

필터 메서드는 predicate를 이용하여 테스트를 수행한다. predicate는 어떤 객체를 통과시키고 통과시키지 않을지를 결정하는 필터링 조건을 정의하기 위해 사용된다. **아이템 31: 시퀀스에 사용할 수 있는 조합 가능한 API를 작성하라**에서 언급한 내용을 반영하여 임의의 조건을 만족하는 항목의 시퀀스를 반환하는 제네릭 필터를 작성해보자.

```
public static IEnumerable<T> Where<T>(
    IEnumerable<T> sequence,
    Predicate<T> filterFunc)
{
    if (sequence == null)
        throw new ArgumentNullException(nameof(sequence),
            "sequence must not be null");

    if (filterFunc == null)
        throw new ArgumentNullException("Predicate must not be null");

    foreach (T item in sequence)
        if (filterFunc(item))
            yield return item;
}
```

입력 시퀀스 내의 개별 요소는 predicate 메서드를 통해 평가된다. predicate가 true를 반환하면 출력 시퀀스에 해당 요소를 출력한다. 이제 특정 시퀀스에 대하여 필터 조건을 설정하려는 경우 이 메서드를 사용할 수 있다.

이번에는 시퀀스에서 매 N번째 요소만을 반환하는 코드를 작성해보자.

```
public static IEnumerable<T> EveryNthItem<T>(
    IEnumerable<T> sequence, int period)
{
    var count = 0;

    foreach (T item in sequence)
        if (++count % period == 0)
            yield return item;
}
```

이제 시퀀스로부터 일부 항목만을 뽑아내고 싶은 경우 타입의 유형에 상관없이 이 메서드를 사용할 수 있다. Func〈〉 델리게이트는 이터레이션 패턴과 결합하여 사용할 수 있다. 다음 코드는 입력 시퀀스로부터 새로운 시퀀스를 생성하는 변환 메서드의 예다.

```
public static IEnumerable<T> Select<T>(
    IEnumerable<T> sequence, Func<T, T> method)
{
    // 시퀀스가 null인지를 확인하는 부분은 생략했다.

    foreach (T element in sequence)
        yield return method(element);
}
```

이제 Select를 이용하여 정숫값을 가진 시퀀스로부터 개별 요소의 제곱 값을 가진 새로운 시퀀스를 생성하기 위해서 다음과 같이 코드를 작성할 수 있다.

```
foreach (int i in Select(myInts, value => value* value))
    WriteLine(i);
```

변환 메서드라 하더라도 반드시 입력 요소와 동일한 타입을 반환할 필요는 없다. 변환 메서드의 출력 타입을 입력 타입과 다른 타입으로 설정해야 한다면 다음과 같이 Select 메서드를 수정하면 된다.

```
public static IEnumerable<Tout> Select<T in, T out>(
    IEnumerable<T in> sequence, Func<T in, T out> method)
{
    // 시퀀스가 null인지를 확인하는 부분은 생략했다.

    foreach (Tin element in sequence)
        yield return method(element);
}
```

이 메서드는 다음과 같이 사용할 수 있다.

```
foreach (string s in Select(myInts, value => value.ToString()))
    WriteLine(s);
```

아이템 31: 시퀀스에 사용할 수 있는 조합 가능한 API를 작성하라에서 살펴봤듯이 이러한 메서드를 작성하고 사용하는 것은 어렵지 않다. 중요한 점은 (1)시퀀스를 순회하는 것과 (2)시퀀스의 개별 요소에 대해 작업을 수행하는 것을 구분해야 한다는 것이다. 익명 델리게이트나 람다 표현식을 이용하여 빌딩 블록을 작성해두면 다양한 방법으로 이를 재활용할 수 있다. 당연한 이야기지만 이러한 빌딩 블록은 더 큰 빌딩 블록을 만들기 위해 활용할 수 있다. function(predicate와 같이 특화된 function을 포함하여)을 이용하면 시퀀스의 개별 요소에 대해 적용할 다양한 작업을 구현할 수 있다. action(혹은 유사한 정의를 통해)을 이용하면 시퀀스의 일부 요소를 가져와서 수행할 작업을 손쉽게 구현할 수 있다.

아이템 33: 필요한 시점에 필요한 요소를 생성하라

이터레이터 메서드가 입력 매개변수로 반드시 시퀀스를 전달받아야 할 필요는 없다. 이터레이터 메서드를 구현할 때 통상 새로운 출력 시퀀스를 생성하기 위해서 yield return을 주로 사용하게 되는데, 이 과정에서 입력 시퀀스를 활용하는 대신 새로운 요소를 생성하는 팩토리 메서드를 사용할 수도 있다. 작업을 수행하기 전에 필요한 요소를 모두 생성해서 컬렉션에 저장해두는 대신 필요할 때마다 개발 요소를 생성하는 식이다. 이 방법으로 코드를 작성하면 사용되지 않을 요소를 미리 생성하는 것을 피할 수 있다. 우선 정숫값의 시퀀스를 생성하는 간단한 예부터 살펴보자.

```
static IList<int> CreateSequence(int numberOfElements,
    int startAt, int stepBy)
{
    var collection =
        new List<int>(numberOfElements);
    for (int i = 0; i < numberOfElements; i++)
        collection.Add(startAt + i * stepBy);

    return collection;
}
```

이 코드는 잘 동작하지만 yield return을 이용하여 새로운 시퀀스를 생성하는 것에 비해서는 단점이 많다. 먼저 이 코드는 결과를 List〈int〉에 저장한다고 가정하고 있다. 클라이언트가 BindingList〈int〉와 같이 다른 타입을 요구하면 변환 작업을 반드시 수행해야 한다.

```
var data = new BindingList<int>(
    CreateSequence(100, 0, 5).ToList());
```

이처럼 변환을 수행하면 그 과정에서 미묘한 버그가 발생할 소지가 있다. BindingList〈T〉는 생성자의 매개변수로 주어진 리스트를 복사하지 않고 동일한 메모리 공간을 그대로 재사용하는 특징이 있다. 따라서 매개변수로 전달한 객체를 다른 곳에서 이미 사용하고 있다면 일관성의 문제가 발생할 수 있다. 동일한 저장 공간에 대해서 여러 개의 참조가 사용되는 꼴이기 때문이다.

또한 클라이언트가 중간에 작업을 중단할 수 없기 때문에 CreateSequence() 메서드는 항상 요청된 개수만큼 요소를 생성한다. 사용자가 페이징이나 혹은 다른 이유로 작업을 중단하고 싶어도 방법이 없다.

간혹은 이와 같이 시퀀스를 생성한 이유가 여러 단계를 거쳐 가공하고 수정한 후 최종 결과물을 생성하기 위한 초깃값으로 활용하기 위해서일 수도 있다. 그런데 이런 경우에는 시퀀스 내의 요소들을 모두 생성할 때까지 다음 단계를 진행할 수 없기 때문에 전체 파이프라인의 병목 구간이 된다. 시퀀스를 생성하는 기능을 이터레이터 메서드로 만들면 이 같은 문제들을 모두 피할 수 있다.

```
static IEnumerable<int> CreateSequence(int numberOfElements,
    int startAt, int stepBy)
{
    for (var i = 0; i < numberOfElements; i++)
        yield return startAt + i * stepBy;
}
```

숫자 시퀀스를 만들기 위한 핵심 코드는 거의 동일하다.

새롭게 작성한 코드는 이전 코드와 실행 방식에 큰 차이가 있음에 주목해야 한다. 이 코드를 실행하면 시퀀스 내의 개별 요소가 요청 시마다 하나씩 생성된다. 동일한 int 타입의 요소를 생성하기 때문에 코드를 이처럼 수정해도 작업의 내용이 변경되지는 않는다. 그리고 이 코드는 클라이언트가 값을 어떤 컬렉션에 저장하더라도 문제없이 동작한다. 만약 클라이언트가 생성된 시퀀스를 List〈int〉에 저장하고 싶다면 (List〈int〉 타입이 이미 제공하는) IEnumerable〈int〉를 매개변수로 취하는 생성자를 사용하면 된다.

```
var listStorage = new List<int>(CreateSequence(100, 0, 5));
```

다음과 같이 코드를 작성하면 BindingList〈double〉 컬렉션을 생성할 수도 있다.

```
var data = new BindingList<int>(
    CreateSequence(100,0,5).ToList());
```

그런데 언뜻 보기에 이 코드는 약간 비효율적인 것 같다. 동일한 시퀀스가 두 번 생성될 것처럼 보이기 때문이다. BindingList〈T〉 클래스가 IEnumerable〈T〉를 매개변수로 취하는 생성자를 지원하지 않기 때문에 코드를 이렇게 작성해야만 했다. 그런데 BindingList는 기존 리스트에 대한 참조만을 저장할 뿐 리스트에 포함된 요소를 복사하지는 않기 때문에 실제로는 그리 비효율적이지 않다. ToList()는 CreateSequence()가 생성한 시퀀스의 모든 요소들을 담고 있는 List 객체를 생성하고 BindingList〈int〉 객체는 이 List 객체를 참조하고 있는 구조가 된다.

다음과 같이 코드를 작성하면 시퀀스에 대한 순회 과정을 쉽게 중단할 수도 있다. 이 코드는 앞서 작성한 두 가지 버전의 CreateSequence()와 함께 사용할 수 있다. 하지만 첫 번째 버전을 사용하면 호출 측에서 리스트에 대한 생성을 언제 멈출지와 상관없이 항상 1,000개의 요소가 모두 생성된다. 반면, 두 번째 버전을 사용하면 조건에 부합하지 않는 상황이 됐을 때 추가로 숫자를 생성하지 않으므로 성능상에 이점이 있다.

```
// 익명 델리게이트를 사용
var sequence = CreateSequence(10000, 0, 7).
    TakeWhile(delegate (int num) { return num < 1000; });

// 람다 표기법을 사용
var sequence = CreateSequence(10000, 0, 7).
     TakeWhile((num) => num < 1000);
```

이와 같은 방법 외에도 다양한 조건으로 순회를 중단할 수 있다. 사용자로부터 지속 여부를 확인할 수도 있고, 다른 스레드의 상태를 폴링하거나, 수행해야 할 다른 작업이 있는지를 확인하여 지속 여부를 결정할 수도 있다. 이터레이터 메서드를 사용하면 어느 때나 간단히 순회를 중단할 수 있다. 지연 실행deferred execution이란 필요한 시점에 필요한 요소를 생성하는 것을 말한다. 클라이언트가 값을 요청하면 그 시점에 값을 생성하도록 알고리즘을 작성하는 것이 핵심이다.

시퀀스를 소비하는 측에서 값을 요청하는 시점에 맞춰 필요한 값을 생성하는 것이 가장 좋다. 시퀀스 전체를 소비하지 않고 일부만 필요한 경우임에도 전체 요소를 미리 생성해두는 것은 좋은 방법이 아니다. 각각의 요소를 생성하는 데 필요한 비용이 어느 정도냐에 따라 소소한 비용 절감 효과가 나기도 하고 혹은 매우 큰 비용 절감 효과가 나기도 한다. 어떤 경우라도 필요한 시점에 맞추어 필요한 요소를 생성하도록 코딩하는 것이 가장 효과적이다.

아이템 34: 함수를 매개변수로 사용하여 결합도를 낮추라

개발자들은 종종 본인이 가장 익숙한 언어를 이용하여 컴포넌트 간의 계약 관계를 기술하곤 한다. 클래스 내의 메서드를 정의하기 위해서 베이스 클래스나 인터페이스를 정의하고 이렇게 정의된 내용을 기반으로 코딩을 한다. 이러한 방식도 대체로 유효한 접근 방법이지만 함수를 매개변수로 취하는 방식을 활용한다면 기존의 컴포넌트나 라이브러리와 함께 사용해야 하는 코드를 개발할 때 상당히 큰 도움이 된다. 함수를 매개변수로 취한다는 것은 개발자가 더 이상 구상 타입concreate type을 작성할 필요가 없으며, 오히려 추상화된 정의를 통해 종속성을 다루는 것을 의미한다.

인터페이스와 클래스를 구분하는 것에는 반드시 익숙해져야 한다. 하지만 때로는 인터페이스를 정의하고 구현하는 것조차 성가신 경우가 있으며 전통적인 객체지향 기법과는 다른 기법을 사용하여 API를 좀 더 단순하게 만들 수 있다. 실제로 델리게이트를 사용하여 컴포넌트의 계약을 기술하면 클라이언트 측에서 코드를 사용하기가 쉬워진다.

다른 개발자가 사용할 코드를 작성하는 경우 우리는 의도하지 않은 가정을 하게 되고 다양한 의존성 문제를 다룰 수밖에 없는데, 이러한 가정과 의존성 문제를 우리가 작성할 코드에서 분리하는 것은 상당히 까다로운 작업이다. 이 두 가지 문제가 코드에 미치는 영향은 실로 다양하다. 먼저 작성할 코드가 다른 부분에 의존하면 할수록 단위 테스트를 수행하기 어렵고, 다른 환경에서 코드를 재사용하기가 어려워진다. 한편 우리가 작성한 코드를 사용할 다른 개발자가 흔히 사용하는 구현 패턴과 유사하게 다가가면 갈수록 구현 시의 제약 조건은 점점 더 많아진다.

함수를 매개변수로 사용하면 컴포넌트를 사용하는 측과 컴포넌트를 구현하는 측의 코드를 분리할 수 있다. 하지만 이러한 기법을 새롭게 적용하면 늘 그러하듯 추가 비용이 발생한다. 함께 사용하던 코드들을 분리하려면 추가 작업을 할 수밖에 없고 코드의 명확성도 떨어진다. 따라서 코드를 분리해서 사용자들이 얻을 수 있는 잠재적인 이득과 코드의 복잡도 증가라는 단점 사이에서 적절한 균형을 가져야 한다. 이와는 별도로 델리게이트나 여타의 통신 메커니즘을 사용하여 코드상의 결합도를 낮추면 낮출수록 컴파일러가 제공하는 다양한 검사 기능을 활용하기가 어려워진다. 이 또한 해결해야 할 과제로 남게 된다.

둘 사이의 균형이라는 스펙트럼 한쪽 끝에는 새로운 클래스 개발 시에 베이스 클래스를 작성하여 이를 상속하는 방식이 있다. 이 방식을 사용하면 최종 사용자는 우리가 개발한 컴포넌트를 매우 쉽게 사용할 수 있다. 이 경우 계약 사항은 매우 명확하며 특정 베이스 클래스를 상속하여 새로운 클래스를 작성하고 추상(혹은 가상) 메서드를 구현해 주기만 하면 된다. 자주 사용되는 기능은 추상 베이스 클래스에 미리 구현해둘 수도 있다. 이렇게 하면 사용자는 동일한 기능을 재구현해야 하는 부담을 덜 수 있다.

컴포넌트의 관점에서 보더라도 그럭저럭 장점이 있다. 먼저 특정 동작이 반드시 구현되었을 것이라 가정할 수 있다. 파생 클래스가 모든 추상 메서드를 구현하지 않으면 컴파일러가 빌드 과정에서 오류를 발생시킬 것이기 때문이다. 메서드가 올바르게 구현됐는지는 확인할 도리가 없지만 최소한 그 메서드가 존재할 거라는 가정은 할 수 있다.

하지만 베이스 클래스에서 파생 클래스가 반드시 작성해야 하는 작업을 강제하는 것은 가장 제약이 많은 방법이다. 베이스 클래스가 필요로 하는 구성요소를 파생클래스에서 작성하도록 요구하는 것은 사용자 입장에서는 매우 제한적으로 느껴질 수 있다. 하지만 이 경우 클래스 상속 방식을 이용하여 작업을 위임하기 때문에 다른 기법을 활용할 도리가 없다.

인터페이스를 작성하고 이를 구현하도록 구조를 가져가면 베이스 클래스에 의존하는 방식보다는 조금 더 느슨한 결합을 만들 수 있다. 하지만 이러한 방식 또한 베이스 클래스를 사용하는 경우와 크게 다르지 않으며 두 가지의 중요한 차이가 있을 뿐이다. 첫 번째, 인터페이스를 사용하면 사용자에게 클래스의 계층 구조를 강제하지 않을 수 있다는 장점이 있다. 두 번째, 인터페이스만을 제공하기 때문에 클라이언트 코드에서 활용할 수 있는 재사용 가능 코드를 제공하기가 어렵다는 단점이 있다.

사실 이 두 가지 방식 모두 우리가 달성하려는 목적에 비해서는 너무 많은 추가 작업을 요구한다. 정말 인터페이스를 정의해야 할까? 혹은 델리게이트를 정의하는 등의 작업을 통해서 느슨한 결합을 만드는 것이 정말 좋은 것일까?

앞서 **아이템 32: Action, Predicate, Function과 순회 방식을 분리하라**에서 Predicate〈T〉 타입의 델리게이트를 활용하는 List.RemoveAll() 메서드에 대해서 살펴본 바 있다.

```
void List<T>.RemoveAll(Predicate<T> match);
```

.NET Framework를 설계한 개발자들은 이 메서드를 활용할 때 델리게이트가 아니라 인터페이스를 이용해서도 사용할 수 있도록 구현해 두었다.

```
// 추가적으로 부적절한 연관 관계가 생김
public interface IPredicate<T>
{
    bool Match(T soughtObject);
}

public class List<T>
{
    public void RemoveAll(IPredicate<T> match)
    {
        // 생략
    }
    // 이하 생략
```

```
}

// 이 인터페이스를 사용하려면 추가적인 작업이 필요하다.
public class MyPredicate : IPredicate<int>
{
    public bool Match(int target) =>
        target < 100;
}
```

위 내용을 보면 **아이템 32: Action, Predicate, Function과 순회 방식을 분리하라**에서와 같이 델리게이트를 사용하여 RemoveAll() 메서드를 수행하는 것이 훨씬 간편하다는 것을 알 수 있다. 즉, 인터페이스를 사용하는 것보다 델리게이트나 느슨한 결합을 위한 여타의 메커니즘을 사용하는 편이 훨씬 낫다.

인터페이스 대신 델리게이트를 사용하는 이유는 델리게이트가 타입을 구성하는 핵심 구성요소가 아니기 때문이다. 델리게이트는 메서드 중 하나로 간주되지도 않는다.

.NET Framework를 살펴보면 단 하나의 메서드만 정의하고 있는 인터페이스가 여럿 있다. IComparable〈T〉나 IEquatable〈T〉와 같은 인터페이스가 대표적인데 이러한 인터페이스는 꽤 잘 만들어져 있다. 이 인터페이스를 구현하는 것은 사용자가 정의하는 타입이 선후 관계 혹은 동일성을 지원한다는 것을 명확히 드러내는 측면이 있다. 하지만 IPredicate〈T〉와 같은 인터페이스는 설사 이를 구현한다고 해도 이 타입이 무엇을 지원하는지가 명확하지 않다. 타입의 성격을 드러낸다기보다 단지 특정 API를 사용하기 위해서 메서드 하나가 필요할 뿐이다.

인터페이스를 정의하거나 베이스 클래스를 만들어야 하는 경우라면 함수를 매개변수로 취하는 제네릭 메서드를 구현하는 것이 대안이 될 수 있을지 반드시 검토해보기 바란다.

앞서 **아이템 31: 시퀀스에 사용할 수 있는 조합 가능한 API를 작성하라**를 통해 2개의 시퀀스를 결합하는 Zip 메서드를 살펴본 바 있다.

```
public static IEnumerable<string> Zip(
    IEnumerable<string> first,
    IEnumerable<string> second)
{
    using (var firstSequence = first.GetEnumerator())
    {
        using (var secondSequence = second.GetEnumerator())
```

```
        {
            while (firstSequence.MoveNext() && secondSequence.MoveNext())
            {
                yield return string.Format("{0} {1}",
                    firstSequence.Current,
                    secondSequence.Current);
            }
        }
    }
}
```

이 코드를 조금 수정하여 출력 시퀀스를 만들기 위한 함수를 매개변수로 받도록 개선할 수 있다.

```
public static IEnumerable<TResult> Zip<T1, T2, TResult>(
    IEnumerable<T1> first,
    IEnumerable<T2> second,
    Func<T1, T2, TResult> zipper)
{
    using (var firstSequence = first.GetEnumerator())
    {
        using (var secondSequence =
            second.GetEnumerator())
        {
            while (firstSequence.MoveNext() && secondSequence.MoveNext())
            {
                yield return zipper(firstSequence.Current,
                    secondSequence.Current);
            }
        }
    }
}
```

이 메서드를 사용하려면 사용자는 zipper 매개변수를 정의해야 한다.

```
var result = Zip(first, second,
    (one, two) => string.Format("{0} {1}", one, two));
```

이처럼 코드를 작성하면 Zip 메서드와 호출자의 결합도가 훨씬 느슨해진다.

아이템 33: 필요한 시점에 필요한 요소를 생성하라에서 살펴본 CreateSequence() 메서드도 동일한 방법으로 변경할 수 있다. 다음 예는 정수 시퀀스를 생성하는 방법을 지정하기 위한 함수를 매개변수로 받도록 수정했다.

```
public static IEnumerable<T> CreateSequence<T>(
    int numberOfElements,
    Func<T> generator)
{
    for (var i = 0; i < numberOfElements; i++)
        yield return generator();
}
```

이 메서드를 사용하려면 메서드 생성 방법을 다음과 같이 지정해야 한다.

```
var startAt = 0;
var nextValue = 5;

var sequence = CreateSequence(1000, () => startAt += nextValue);
```

또 다른 예로 시퀀스 내의 모든 요소에 대해 특정 알고리즘을 수행한 후 단일의 스칼라 값을 결과로 얻고 싶은 경우가 있다. 예를 들어 다음은 정수 시퀀스로부터 합을 구하는 메서드다.

```
public static int Sum(IEnumerable<int> nums)
{
    var total = 0;

    foreach (int num in nums)
    {
        total += num;
    }
    return total;
}
```

이제 합을 구하는 코드를 분리해서 델리게이트로 치환하면 이 메서드를 범용 누적기로 바꿀 수 있다.

```
public static T Sum<T>(IEnumerable<T> sequence, T total,
    Func<T, T, T> accumulator)
{
    foreach (T item in sequence)
    {
        total = accumulator(total, item);
    }
    return total;
}
```

이 메서드는 다음과 같이 사용할 수 있다.

```
var total = 0;
total = Sum(sequence, total, (sum, num) => sum + num);
```

Sum 메서드는 여전이 제약이 많은 것 같다. 이 메서드는 여전히 초깃값의 타입과 반환값의 타입으로 시퀀스 내의 개별 요소와 동일한 타입을 사용해야 한다. 다음과 같이 이를 다르게 사용하고 싶을 수도 있다.

```
    var peeps = new List<Employee>();
    // Employee를 추가한다.

    // 전체 급여의 합을 계산한다.
    var totalSalary = Sum(peeps, 0M,
        (person, sum) => sum + person.Salary);
```

이 경우 Sum 메서드를 약간 수정하여 시퀀스 내의 개별 요소와 누적 합이 서로 다른 타입을 갖도록 할 수 있다. 더욱 범용적인 메서드로 개선된 것 같으니 이름도 Fold로 변경하자.

```
public static TResult Fold<T, TResult>(
    IEnumerable<T> sequence,
    TResult total,
    Func<T, TResult, TResult> accumulator)
{
    foreach (T item in sequence)
    {
```

```
        total = accumulator(item, total);
    }
    return total;
}
```

함수를 매개변수로 사용하면 알고리즘 자체와 알고리즘을 적용할 타입을 분리하는 데 도움이 된다. 하지만 이렇게 결합도를 느슨하게 구성하려면 분리된 컴포넌트를 사용할 때 발생할 수 있는 오류를 처리하기 위해서 추가적인 작업을 해야 한다. 예를 들어 이벤트를 정의하는 코드를 작성했다고 가정해보자. 사용자가 이벤트 핸들러를 구성하지 않았을 수도 있으므로 이벤트를 발생시킬 때마다 해당 이벤트가 null인지를 확인해야 한다. 델리게이트를 사용할 때도 마찬가지다. 클라이언트가 델리게이트로 null을 전달하면 어떻게 해야 할까? 이것은 예외적인 상황인가? 아니면 이 경우를 위한 기본 동작이 있는가? 만약 델리게이트가 예외를 일으키면 어떻게 되는가? 이를 복구할 수 있는가? 만일 그렇다면 어떻게 복구할 것인가?

마지막으로 사용자에게 요구하는 계약 사항을 상속 기법을 이용하여 엄밀하게 정의하지 않고 델리게이트를 사용한다 하더라도, 델리게이트에 대한 참조가 필요하므로 런타임에 결합 관계는 여전히 발생한다는 사실을 알아두어야 한다. 만약 어떤 객체가 특정 델리게이트를 나중에 다시 사용하기 위해서 그 복사본을 저장해두면 이 객체는 델리게이트의 생명주기에 영향을 미치게 된다. 즉 참조하는 델리게이트가 이전보다 오랜 기간 살아있게 된다. 이는 나중에 사용할 목적으로 객체에 대한 참조를 저장해두는 것(인터페이스나 베이스 클래스의 참조를 저장하는 등의 방식으로)과 다를 바 없다. 하지만 코드를 읽는 것이 조금 더 어려울 수 있다.

우리가 개발한 컴포넌트와 이를 사용하는 클라이언트 코드 간의 계약 관계를 정의하는 가장 핵심적인 방법은 여전히 인터페이스를 이용하는 것이다. 추상 베이스 클래스를 사용하면 클라이언트 측에서 자주 사용할 법한 코드를 미리 구현해서 제공할 수도 있다. 예측할 수 있는 수준에서 델리게이트를 잘 활용하면 유연성을 매우 높일 수 있다. 하지만 도구의 지원을 많은 부분 포기해야 할 수도 있다. 더 많은 작업을 해야 할 수도 있지만 대신 유연성이라는 선물을 얻게 된다.

아이템 35: 확장 메서드는 절대 오버로드하지 마라

앞서(**아이템 27: 인터페이스는 간략히 정의하고 기능의 확장은 확장 메서드를 사용하라, 아이템 28: 확장 메서드를 이용하여 구체화된 제네릭 타입을 개선하라**) 인터페이스와 타입에 대하여 확장 메서드를 작성해야 하는 세 가지 이유(인터페이스에 기본 구현 추가, 닫힌 제네릭 타입에 동작 추가, 조합 가능한 인터페이스 작성)에 대해서 설명한 바 있다. 하지만 확장 메서드는 설계 의도를 드러내는 방법으로는 썩 훌륭하지 않다. 확장 메서드를 사용하는 대부분의 경우가 기존에 개발된 타입을 개선하기 위해서이지 타입의 본질적인 동작 방식을 변경하기 위한 것은 아니기 때문이다.

아이템 27: 인터페이스는 간략히 정의하고 기능의 확장은 확장 메서드를 사용하라에서 인터페이스에는 최소한의 기능만을 정의하고, 확장 메서드를 이용하여 공통적으로 사용될 것으로 예상되는 작업에 대한 기본 구현체를 제공할 수 있다고 설명했다. 타입을 확장하기 위해서 동일한 기법을 사용하려 할 수도 있을 것이다. 또한 네임스페이스를 달리하여 여러 가지 버전의 확장 메서드를 정의하려고 시도할 수도 있다. 하지만 절대로 그래서는 안 된다. 확장 메서드를 이용하여 인터페이스에 대한 기본 구현체를 제공하는 것이 괜찮은 방법인 것은 분명하지만 타입을 확장하기 위한 용도로 사용하는 것은 적절하지 않으며 더 좋은 대안들이 많다. 확장 메서드를 과도하게 사용하거나 잘못 사용하면 메서드 충돌로 인해 유지보수 비용이 급격히 증가하는 곤경에 처할 수 있다.

우선 확장 메서드를 잘못 사용한 예부터 살펴보기로 하자. 별도의 라이브러리에 Person 클래스를 다음과 같이 정의하고 있다고 가정하자.

```
public sealed class Person
{
    public string FirstName
    {
        get; set;
    }
    public string LastName
    {
        get; set;
    }
}
```

Person 객체의 FirstName과 LastName을 화면에 출력하기 위해서 확장 메서드를 작성할 수 있다.

```
// 좋지 않은 시작
// 확장 메서드를 이용하여 클래스를 확장함
namespace ConsoleExtensions
{
    public static class ConsoleReport
    {
        public static string Format(this Person target) =>
            $"{target.LastName,20}, {target.FirstName,15}";
    }
}
```

화면 출력 코드는 간단히 작성할 수 있다.

```
static void Main(string[] args)
{
    List<Person> somePresidents =
        new List<Person> {
            new Person{
                FirstName = "George",
                LastName = "Washington" },
            new Person{
                FirstName = "Thomas",
                LastName = "Jefferson" },
            new Person{
                FirstName = "Abe",
                LastName = "Lincoln" }
        };

    foreach (Person p in somePresidents)
        Console.WriteLine(p.Format());
}
```

특별히 나쁜 점이 없을 수도 있다. 이제 요구 사항이 바뀌어서 콘솔에 출력하지 않고 XML 파일을 만들어야 한다고 해보자. 다음과 같이 메서드를 작성하려 할 수도 있다.

```
// 점점 나빠진다.
// 네임스페이스를 달리하여
// 확장 메서드를 추가로 정의
```

```
namespace XmlExtensions
{
    public static class XmlReport
    {
        public static string Format(this Person target) =>
            new XElement("Person",
                new XElement("LastName", target.LastName),
                new XElement("FirstName", target.FirstName)
                ).ToString();
    }
}
```

이제 using 문장을 바꾸면 출력 방향이 달라지게 된다. 이는 확장 메서드를 잘못 사용한 예인데 이처럼 타입의 기능을 확장하는 것은 좋지 않다. 개발자가 실수로라도 네임스페이스를 잘못 참조하게 되면 프로그램의 동작 방식이 바뀌어버린다. 혹은 확장 메서드가 포함된 네임스페이스를 참조하는 것을 잊어버리면 프로그램은 컴파일조차 되지 않는다. 만약 2개의 네임스페이스에서 공통적으로 필요한 메서드가 있다면 어떨까? 이 경우 어떤 확장 메서드가 필요한지를 고려하여 클래스 정의를 담고 있는 파일을 여러 파일에 중복 정의할 수밖에 없다. 하지만 이 경우 두 네임스페이스를 함께 참조하게 되면 모호한 참조 때문에 컴파일 오류가 발생하게 된다.

이러한 기능을 구현하려면 분명히 다른 방법이 필요하다. 확장 메서드는 컴파일타임의 객체 타입을 기반으로 강제로 메서드를 호출한다. 네임스페이스를 기반으로 어떤 메서드를 호출할지를 결정하는 방식은 그 구조가 너무 허약하다.

앞서 구현한 새로운 기능은 사실 타입의 기능을 확장하는 것으로 보기는 어렵다. Person 객체를 XML로 출력하거나 콘솔로 출력하는 기능은 Person 타입 자체의 기능으로 생각하기보다는 외부에서 Person 객체를 사용하는 방법 중 하나로 보는 것이 적절할 것 같다.

확장 메서드는 추가하려는 기능이 타입과 자연스럽게 어울릴 때만 사용해야 한다. 논리적으로 살폈을 때 추가하려는 기능이 타입 내에 포함되는 것이 적절할 경우에만 사용하라는 것이다. **아이템 27: 인터페이스는 간략히 정의하고 기능의 확장은 확장 메서드를 사용하라**와 **아이템 28: 확장 메서드를 이용하여 구체화된 제네릭 타입을 개선하라**에서 인터페이스와 닫힌 타입에 대해서 기능을 개선하기 위한 용도로 확장 메서드를 사용하는 방법에 대해 살펴본 바 있다. 이 항목에 포함된 예제들을 살펴보면 사용자의 관점에서는 타입의 일부처럼 느낄 수 있는 기능만을 확장 메서드로 구현하고 있음을 알 수 있다. 앞의 예제와 비교해보기 바란다. Format 메서드는 Person 타입의 일부로 보기보다 Person 타입을 사용하는 메서드로 봐야 한다. 이러한 메서드는 Person 타입 내에 있을 필요가 없다.

Format 메서드는 그 내용만 볼 때는 크게 문제될 것이 없다. 하지만 지금처럼 확장 메서드로 작성하기보다는 Person 객체를 사용할 때 함께 활용할 수 있는 정적 메서드로 작성하는 것이 더 낫다. 그리고 두 메서드를 가능한 한 동일 클래스 내에 서로 다른 이름을 가진 메서드로 작성하는 것이 좋겠다.

```
public static class PersonReports
{
    public static string FormatAsText(Person target) =>
        $"{target.LastName,20}, {target.FirstName,15}";

    public static string FormatAsXML(Person target) =>
        new XElement("Person",
            new XElement("LastName", target.LastName),
            new XElement("FirstName", target.FirstName)
            ).ToString();
}
```

이 클래스에는 앞서 살펴본 두 가지 확장 메서드가 정적 메서드로 작성되어 있다. 다만 역할에 따라 이름을 조금 수정했다. 이제 Person 타입의 사용자는 특별한 혼동 없이 두 메서드를 모두 사용할 수 있다. 동일한 원형의 메서드를 네임스페이스의 이름만 달리하여 작성했을 때의 모호함은 사라졌다. 이는 매우 중요한데 using 문을 잘못 사용하거나 네임스페이스를 잘못 설정할 경우 컴파일 오류가 발생할 것으로 생각하는 개발자는 있어도, using 문을 변경했을 때 프로그램의 동작 방식이 바뀔 것으로 생각하는 개발자는 거의 없기 때문이다.

물론 앞서 알아본 두 메서드를 동일한 이름으로 작성하지 않았다면 확장 메서드로 둔다 한들 크게 문제되지 않을 수도 있다. 하지만 이 메서드들은 타입을 확장하는 것처럼 보이지도 않고 이를 통해서 얻을 수 있는 이득도 별로 없다. 그럼에도 불구하고 두 메서드의 이름을 달리 하기만 하면 같은 네임스페이스, 같은 클래스에 함께 정의할 수 있으므로 앞서 언급한 문제를 피해갈 수 있기는 하다.

특정 타입에 대해 동작하는 확장 메서드는 하나의 세트로 간주해야 한다. 확장 메서드를 여러 네임스페이스 걸쳐 오버로드해서는 안 된다. 동일한 원형의 확장 메서드를 여러 개 만들어야 할 경우라도 절대 그렇게 해서는 안 된다. 대신 메서드의 이름을 달리하고 정적 메서드로 작성하는 것을 고려하기 바란다. 그래야만 컴파일러가 using 문장을 기반으로 오버로드된 메서드 중 하나를 선택하는 이상한 상황이 벌어지지 않는다.

아이템 36: 쿼리 표현식과 메서드 호출 구문이 어떻게 대응되는지 이해하라

LINQ는 쿼리 언어와 그 쿼리 언어를 일련의 메서드 집합으로 변환하는 2개의 핵심 구조를 기반으로 한다. C# 컴파일러는 쿼리 언어로 작성된 쿼리 표현식을 메서드 호출 구문으로 변환해준다.

모든 쿼리 표현식은 하나 혹은 여러 개의 메서드로 매핑된다. 이러한 매핑 관계는 두 가지 관점으로 분리해서 생각해봐야 한다. 클래스 사용자의 관점에서 볼 때 쿼리 표현식은 단순히 메서드 호출 구문의 다른 표현 방법일 뿐이다. where 절은 적절한 인자를 이용하여 Where()라는 메서드를 호출하는 코드로 변환된다. 클래스 설계자의 관점에서서는 기본 프레임워크에서 제공하는 메서드들이 어떻게 구현됐는지를 살펴보고 더 나은 방법으로 구현할 수 있을지를 판단해야 한다. 더 나은 구현 방법이 없다면 기본 라이브러리를 그대로 사용하면 되겠지만 개선의 가능성이 있다면 우선 쿼리 표현식이 메서드 호출 구문으로 어떻게 변환되는지를 완벽하게 이해해야 하며, 이러한 이해를 기반으로 메서드의 원형을 올바르게 정의해서 메서드 호출 방식으로의 변환이 올바르게 수행될 수 있도록 코드를 작성해야 한다. 대체로 구현 방식이 명확하지만 일부 복잡한 표현식의 경우 상당히 까다로운 경우도 있다.

먼저 사용자의 관점에서 접근해보자. 전체 쿼리 표현식 패턴에는 11가지의 메서드가 포함되어 있다. 다음은 엔더스 헤일스버그Anders Hejlsberg, 매드 토거슨Mads Torgersen, 스콧 빌타무스Scott Wiltamuth, 피터 골드Peter Golde가 2009년 출간한 『C# Programming Language』 3판의 7.15.3절의 내용을 허락받아 발췌한 것이다.

```
delegate R Func<T1, R>(T1 arg1);
delegate R Func<T1, T2, R>(T1 arg1, T2 arg2);

class C
{
```

```
    public C<T> Cast<T>();
}

class C<T> : C
{
    public C<T> Where(Func<T, bool> predicate);
    public C<U> Select<U>(Func<T, U> selector);
    public C<V> SelectMany<U, V>(Func<T, C<U>> selector,
        Func<T, U, V> resultSelector);
    public C<V> Join<U, K, V>(C<U> inner,
        Func<T, K> outerKeySelector,
        Func<U, K> innerKeySelector,
        Func<T, U, V> resultSelector);
    public C<V> GroupJoin<U, K, V>(C<U> inner,
        Func<T, K> outerKeySelector,
        Func<U, K> innerKeySelector,
        Func<T, C<U>, V> resultSelector);
    public O<T> OrderBy<K>(Func<T, K> keySelector);
    public O<T> OrderByDescending<K>(Func<T, K> keySelector);
    public C<G<K, T>> GroupBy<K>(Func<T, K> keySelector);
    public C<G<K, E>> GroupBy<K, E>(Func<T, K> keySelector,
        Func<T, E> elementSelector);
}

class O<T> : C<T>
{
    public O<T> ThenBy<K>(Func<T, K> keySelector);
    public O<T> ThenByDescending<K>(Func<T, K> keySelector);
}

class G<K, T> : C<T>
{
    public K Key { get; }
}
```

.NET BCL은 이 패턴을 범용적으로 구현한 구현체 두 가지를 제공한다. System.Linq.Enumerable 클래스는 IEnumerable〈T〉에 대한 확장 메서드의 형태로 이 패턴을 구현하고 있다. 더하여 System.Linq.Queryable 클래스는 IQueryable〈T〉에 대한 확장 메서드의 형태로 유사한 기능을 구현하고 있으며, 쿼리 제공자에게 쿼리 표현식을 다른 포맷으로 변환할 수 있는 기능도 함께 제공한다(예를 들어 LINQ to SQL 구현체는 쿼리 표현식을 SQL 데이터베이스 엔진에서 사용할 수 있는 SQL 쿼리 구문으로 변환한다). .NET BCL 사용자는 대체로

이 두 가지 구현체 중 하나를 사용하게 될 것이다.

이번에는 클래스 설계자의 관점에서 접근해보자. 클래스 설계자라면 IEnumerable〈T〉나 IQueryable〈T〉를 구현한 데이터 소스(혹은 IEnumerable〈T〉나 IQueryable〈T〉를 이용하여 닫힌 제네릭 타입)를 만들 수 있을 것이다. 그런데 이 경우 해당 타입은 이미 쿼리 표현식 패턴을 구현한다고 볼 수 있다. 이미 확장 메서드를 통해 필요한 쿼리 표현식 패턴이 모두 구현되어 있기 때문이다.

설명을 이어가기에 앞서 C#은 쿼리 표현식 패턴에 포함된 개별 메서드가 어떤 의미를 가지고 있는지 전혀 개의치 않는다는 것을 알고 있어야 한다. 즉 쿼리 표현식 패턴에 포함된 메서드와 완전히 동일한 원형을 가진 메서드를 정의하되 완전히 다른 작업을 수행하더라도 C#은 구현 내용에 대해 전혀 개의치 않는다. 다시 말하면 컴파일러는 Where()와 같은 메서드가 쿼리 표현식의 패턴에서 의도하는 동작을 온전히 수행하는지를 확인하지 않으며, 다만 구문상의 오류가 있는지만을 확인할 뿐이다. 이는 마치 유효한 구조의 메서드라 하더라도 그 메서드가 우리가 의도하는 바를 제대로 구현하고 있는지를 컴파일러가 확인할 수 없는 것과 다르지 않다.

당연한 이야기지만 계획 단계에서부터 이러한 특성까지 심각하게 고려할 필요는 없다. 쿼리 표현식 패턴에 포함된 메서드를 구현해야 한다면 그 구조는 물론이고 역할의 측면에서도 일관성을 유지해야 한다. 성능상의 차이를 제외한다면 사용자의 관점에서 기존 구현체와 신규로 개발한 구현체를 구분할 수 없을 정도로 일관되게 동작해야 한다.

쿼리 표현식을 메서드 호출 구문으로 변환하려면 꽤 복잡한 과정을 반복해야 한다. 컴파일러는 쿼리 표현식이 완벽하게 메서드 호출 구문으로 변환될 때까지 차례차례 쿼리 표현식을 메서드 호출 구문으로 바꿔나간다. 컴파일러가 수행하는 변환 절차의 세부적인 내용은 C#의 언어 명세에 규정되어 있는데, 컴파일러 입장에서 편리하게 변환 작업을 수행할 수 있는 절차와 방법을 기술하고 있다. 이 과정을 쉽게 이해할 수 있도록 간단한 예제를 통해서 컴파일러가 수행하는 변환 과정을 따라가 보도록 하자.

다음 쿼리 구문에서 where, select와 n에 주목하기 바란다.

```
var numbers = { 0, 1, 2, 3, 4, 5, 6, 7, 8, 9 };
var smallNumbers = from n in numbers
                   where n < 5
                   select n;
```

from n in numbers 표현식은 numbers의 개별 요소들을 범위 변수 n에 바인딩한다. where 절은 Where() 메서드에서 사용할 필터를 지정하는데 실제로 where n < 5는 numbers.Where(n => n < 5);로 변환된다.

where는 필터 이상의 역할을 수행하지 않는다. Where()는 입력 시퀀스로부터 조건을 만족하는 요소만을 추려낸다. 입력과 출력 시퀀스는 동일한 타입이어야 하고 입력 시퀀스의 요소를 수정하지 않아야 한다(사용자가 조건을 정의할 때 개별 요소를 수정하도록 식을 작성할 수는 있지만 쿼리 표현식 패턴 자체가 개별 요소가 수정 가능하도록 기능을 지원할 필요는 없다).

Where() 메서드는 numbers에 접근하는 인스턴스 메서드의 형태나 numbers 타입에 대한 확장 메서드 형태로 구현될 수 있다. 예를 들어 앞의 예에서 numbers는 int 배열이므로 메서드 호출 시 n은 정수여야 한다.

Where() 메서드는 쿼리 표현식을 메서드 호출 구문으로 어떻게 변환하는지를 보여주는 가장 간단한 예다. 다른 내용을 살펴보기 전에 이러한 변환 과정이 어떻게 수행되는지에 대해서 자세히 살펴보고 그 의미를 따져보자. 컴파일러는 메서드의 오버로딩이나 타입 바인딩 과정을 처리하기에 앞서 쿼리 표현식을 메서드 호출 구문으로 변환하는 과정을 우선적으로 수행한다. 따라서 컴파일러는 쿼리 표현식을 메서드 호출 구문으로 변환하는 동안 활용할 수 있는 다른 메서드가 있는지를 알지 못한다. 타입을 확인하지도 않고 다른 확장 메서드가 있는지도 살펴보지 않으며 매우 단순하게 쿼리 표현식을 메서드 호출 구문으로 변환할 뿐이다. 컴파일러는 이러한 절차를 완료한 이후에야 비로소 후보군이 되는 메서드를 살펴보고 가장 적합한 메서드를 호출하도록 코드를 생성한다.

다음으로 쿼리 표현식 내의 select를 변환하는 과정을 수행한다. select 절은 Select() 메서드로 변환된다. 특별한 경우이기는 하지만 간혹 Select() 메서드 호출 자체가 생략되기도 한다. 앞의 예에서 사용된 select 구문은 입력 시퀀스로부터 출력 시퀀스로 옮겨야 할 범위 변수를 선택하기 위한 축약 select로 볼 수 있다. 또한 앞의 쿼리 구문은 where 절을 포함하고 있으므로 입력 시퀀스와 출력 시퀀스가 다르다. 이처럼 입력 시퀀스와 출력 시퀀스가 다를 경우, select 문은 삭제될 가능성이 있다. 최종적으로 변경된 메서드 호출 구문은 다음과 같다.

```
var smallNumbers = numbers.Where(n => n < 5);
```

앞의 예제의 경우 다른 표현식의 출력 시퀀스(앞의 예제에서는 Where() 메서드가 반환한)를 즉각적으로 이어받아 Select()를 호출하므로 Select() 메서드를 호출할 필요가 없다.

하지만 Select() 메서드가 다른 표현식의 출력 시퀀스를 즉각적으로 이어받는 경우가 아니라면 Select() 메서드를 삭제할 수 없다. 아래 쿼리를 살펴보라.

```
var allNumbers = from n in numbers select n;
```

이 쿼리는 다음과 같은 메서드 호출 구문으로 변환된다.

```
var allNumbers = numbers.Select(n => n);
```

쿼리 표현식에서 select는 입력값을 다른 값으로 바꾸거나 혹은 타입을 변환하는 용도로 사용된다. 다음 쿼리는 select를 이용하여 입력값을 다른 값으로 바꾸는 예다.

```
var numbers = { 0, 1, 2, 3, 4, 5, 6, 7, 8, 9 };
var smallNumbers = from n in numbers
                   where n < 5
                   select n * n;
```

다음 예는 입력값을 다른 타입으로 변경하는 경우다.

```
var numbers = { 0, 1, 2, 3, 4, 5, 6, 7, 8, 9 };
var squares = from n in numbers
              select new { Number = n, Square = n * n };
```

이 예의 select 절은 쿼리 표현식 패턴 내의 Select() 메서드로 변환된다.

```
var squares = numbers.Select(n =>
    new { Number = n, Square = n * n });
```

이 예에서 Select() 메서드는 입력값을 다른 타입으로 변환하는 용도로 사용되는데, 입력 시퀀스 내의 개별 요소에 대하여 각기 새로운 타입의 객체를 생성하여 출력 시퀀스로 내보낸다. 이때 Select() 메서드에서 입력 시퀀스 내의 요소들을 수정해서는 안 된다.

간단한 쿼리 표현식에 대해서는 이쯤에서 마무리 짓기로 하고 좀 더 복잡하고 명확하지 않은 변환 과정에 대해서도 살펴보기로 하자. 쿼리 구문 내에 정렬과 관련된 부분은 OrderBy(), ThenBy(), OrderByDescending(), ThenByDescending() 메서드로 변환된다. 아래 쿼리를 살펴보자.

```
var people = from e in employees
             where e.Age > 30
             orderby e.LastName, e.FirstName, e.Age
             select e;
```

이 쿼리는 다음과 같이 변환된다.

```
var people = employees.Where(e => e.Age > 30).
    OrderBy(e => e.LastName).
    ThenBy(e => e.FirstName).
    ThenBy(e => e.Age);
```

OrderBy()의 결과가 ThenBy()에 의해서 처리되고 그 결과가 다시 ThenBy()에 의해 처리되고 있음에 주목하기 바란다. 이러한 절차로 수행되기 때문에 이미 정렬된 결과물 내에서 정렬 키가 동일한 요소들 내에서만 ThenBy()를 이용하여 다시 추가 정렬을 수행한다. 그리고 이를 구현하기 위해 임의의 표식을 포함하곤 한다.

만약 쿼리 표현식 내에서 orderby 절을 각기 구분하여 쓰면 이와 같이 변환 작업이 수행되지 않는다. 다음 쿼리는 시퀀스를 LastName으로 정렬하고, FirstName으로 재정렬한 후, 마지막으로 Age로 또 다시 정렬을 수행하는 예다.

```
// 올바르지 않다. 전체 시퀀스를 세 번에 걸쳐 정렬한다.
var people = from e in employees
             where e.Age > 30
             orderby e.LastName
             orderby e.FirstName
             orderby e.Age
             select e;
```

orderby 절을 이용하여 정렬 방식을 내림차순으로 지정할 수도 있다.

```
var people = from e in employees
             where e.Age > 30
             orderby e.LastName descending, e.FirstName, e.Age
             select e;
```

OrderBy() 메서드는 뒤따라 나오는 ThenBy() 절이 더 효율적으로 수행되고 전체 쿼리에 대해서 올바른 타입을 생성하기 위해서 입력 시퀀스와는 다른 타입의 출력 시퀀스를 만들어낸다. ThenBy()는 정렬되지 않은 시퀀스에 대해서는 올바르게 작업을 수행하지 못하므로 반드시 정렬된 시퀀스(예제에서는 O〈T〉 타입)를 입력으로 줘야 한다. 부분 항목들은 이미 정렬되었고 적절한 표식을 가진다. 만약 특정 타입에 대하여 고유의 OrderBy() 메서드와 ThenBy() 메서드를 구현하려면 이러한 규칙을 반드시 준수해야 한다. 뒤따라 나오는 ThenBy() 메서드가 제대로 동작하도록 하려면 이미 정렬된 부분 항목에 식별자를 추가해야 한다. ThenBy() 메서드는 OrderBy()와 다른 ThenBy() 메서드의 출력 시퀀스를 받을 수 있도록 작성해야 하고, 부분 항목 내에서 올바르게 정렬을 수행하도록 구현해야 한다.

OrderBy()와 ThenBy()에서 살펴본 내용들은 OrderByDescending()과 ThenByDescending()에서도 동일하게 적용된다. 실제로 특정 타입에 대해 이 메서드들 중 하나라도 사용자 정의 메서드로 정의하고 싶다면 항상 네 가지 메서드를 모두 구현해야 한다.

이번에는 여러 단계를 거쳐 쿼리 표현식을 메서드 호출 구문으로 변환하는 경우를 살펴보자. 쿼리 표현식 내에 그룹핑grouping이 포함되어 있거나 혹은 여러 개의 from 절이 포함된다면 여러 단계를 거쳐 메서드 호출 구문으로 변환된다. 다음 예제를 살펴보자.

```
var results = from e in employees
              group e by e.Department into d
              select new
              {
                  Department = d.Key,
                  Size = d.Count()
              };
```

다른 변환 작업에 앞서 group into 구문을 중첩 쿼리로 변경한다.

```
var results = from d in
              from e in employees group e by e.Department
              select new {
              Department = d.Key,
              Size = d.Count()};
```

이 작업이 완료되면 이제 메서드 호출 구문으로 변환 작업을 수행한다.

```
var results = employees.GroupBy(e => e.Department).
    Select(d => new { Department = d.Key, Size = d.Count() });
```

이 쿼리 표현식은 단일 시퀀스를 반환하는 GroupBy() 메서드의 사용 예를 보여준다. 쿼리 표현식 패턴 내에 정의되어 있는 GroupBy() 메서드는 그룹에 대한 시퀀스를 반환하도록 정의되어 있다. 여기서 그룹이란 하나의 키와 값의 리스트로 구성된 타입을 일컫는다.

```
var results = from e in employees
              group e by e.Department into d
              select new
              {
                  Department = d.Key,
                  Employees = d.AsEnumerable()
              };
```

이 쿼리는 다음과 같은 메서드 호출 구문으로 변경된다.

```
var results2 = employees.GroupBy(e => e.Department).
    Select(d => new {
        Department = d.Key,
        Employees = d.AsEnumerable()
    });
```

GroupBy() 메서드는 개별 요소로 하나의 키와 값의 리스트를 쌍으로 갖는 시퀀스를 생성한다. 키는 그룹을 선택하는 셀렉터 역할을 하고 값의 리스트는 그룹 내의 항목들을 나타낸다. 이 쿼리 표현식 내의 select 절은 각 그룹 단위로 별도의 키와 값의 리스트 쌍을 가진 시퀀스를 생성하는데, 값 리스트는 개별 그룹 내에 포함된 값의 리스트를 가지게 된다.

마지막으로 알아볼 메서드는 SelectMany(), Join(), GroupJoin()이다. 이 3개의 메서드는 여러 개의 입력 시퀀스를 이용하기 때문에 꽤 복잡하다. 이 메서드들은 여러 개의 시퀀스를 이용하여 단일의 출력 시퀀스를 만들어낸다. SelectMany()는 2개의 입력 시퀀스를 이용하여 카티전 곱Cartesian product을 생성한다. 다음 쿼리를 살펴보자.

```
int[] odds = { 1, 3, 5, 7 };
int[] evens = { 2, 4, 6, 8 };

var pairs = from oddNumber in odds
            from evenNumber in evens
            select new
            {
                oddNumber,
                evenNumber,
                Sum = oddNumber + evenNumber
            };
```

이 구문은 16개의 요소를 가진 시퀀스를 생성한다.

```
1,2, 3
1,4, 5
1,6, 7
1,8, 9
3,2, 5
3,4, 7
3,6, 9
3,8, 11
5,2, 7
5,4, 9
5,6, 11
5,8, 13
7,2, 9
7,4, 11
7,6, 13
7,8, 15
```

여러 개의 from 절을 포함하는 쿼리 표현식은 SelectMany() 메서드로 변환된다. 따라서 앞의 쿼리 표현식도 SelectMany()를 사용하는 메서드 호출 구문으로 변환된다.

```
int[] odds = { 1, 3, 5, 7 };
int[] evens = { 2, 4, 6, 8 };

var values = odds.SelectMany(oddNumber => evens,
    (oddNumber, evenNumber) =>
        new {
            oddNumber,
            evenNumber,
            Sum = oddNumber + evenNumber
        });
```

SelectMany() 메서드의 첫 번째 매개변수는 첫 번째 입력 시퀀스의 각 요소에 두 번째 입력 시퀀스를 매핑하는 함수다. 두 번째 매개변수(출력 선택기output selector라고도 한다)는 두 입력 시퀀스를 이용하여 출력 시퀀스를 생성하는 함수가 온다.

SelectMany()는 첫 번째 시퀀스를 순회하면서 첫 번째 시퀀스 내의 개별 요소에 대해 두 번째 시퀀스를 다시 순회한다. 이러한 과정을 거치면서 쌍으로 구성된 입력값을 만들어낸다. 출력 선택기에는 두 시퀀스를 조합하여 만든 단일 시퀀스가 매개변수로 전달된다. SelectMany는 다음과 같이 구현할 수도 있다.

```
static IEnumerable<TOutput> SelectMany<T1, T2, TOutput>(
    this IEnumerable<T1> src,
    Func<T1, IEnumerable<T2>> inputSelector,
    Func<T1, T2, TOutput> resultSelector)
{
    foreach (T1 first in src)
    {
        foreach (T2 second in inputSelector(first))
            yield return resultSelector(first, second);
    }
}
```

첫 번째 입력 시퀀스를 순회하는 동안 입력 시퀀스의 현재 값을 활용하여 두 번째 입력 시퀀스를 순회한다. 두 번째 시퀀스의 inputSelector 메서드가 첫 번째 시퀀스의 값에 의존한다는 사실을 아는 것이 중요하다. 다음으로 두 시퀀스로부터 개별 요소의 쌍을 매개변수로

resultSelector를 호출한다.

만일 쿼리에 더 많은 수식이 포함되어서 SelectMany() 메서드가 최종 결과물을 만들어내는 경우가 아니라면 SelectMany() 메서드는 입력 시퀀스의 개별 항목에 대응하는 튜플tuple을 생성한다. 이 튜플은 다음 표현식의 입력 시퀀스로 전달된다. 예를 들어 앞의 예제를 조금 수정한 다음 코드를 살펴보자.

```
int[] odds = { 1, 3, 5, 7 };
int[] evens = { 2, 4, 6, 8 };

var values = from oddNumber in odds
             from evenNumber in evens
             where oddNumber > evenNumber
             select new
             {
                 oddNumber,
                 evenNumber,
                 Sum = oddNumber + evenNumber
             };
```

우선 다음과 같이 SelectMany() 메서드를 호출하도록 변환된다.

```
odds.SelectMany(oddNumber => evens,
    (oddNumber, evenNumber) =>
        new { oddNumber, evenNumber });
```

다음으로 전체 쿼리 표현식이 다음과 같이 변환된다.

```
var values = odds.SelectMany(oddNumber => evens,
    (oddNumber, evenNumber) =>
        new { oddNumber, evenNumber }).
        Where(pair => pair.oddNumber > pair.evenNumber).
        Select(pair => new {
            pair.oddNumber,
            pair.evenNumber,
            Sum = pair.oddNumber + pair.evenNumber
        });
```

여러 개의 from 절을 포함하고 있는 쿼리 표현식을 SelectMany() 메서드를 호출하는 메서드 호출 구문으로 변환하는 과정에서 컴파일러가 SelectMany() 메서드를 다루는 방식은 매우 흥미롭다. SelectMany() 메서드는 조합하기 쉬운 메서드라서 3개의 from 절을 사용하면 2개의 SelectMany() 메서드를 호출하도록 코드가 생성된다. 첫 번째 SelectMany() 메서드의 결과 쌍은 두 번째 SelectMany()의 입력 시퀀스로 전달되며, 그 결과 트리플triple이 생성된다. 이 트리플에는 3개의 입력 스퀀스의 모든 조합을 포함하게 된다.

```
var triples = from n in new int[] { 1, 2, 3 }
              from s in new string[] { "one", "two", "three" }
              from r in new string[] { "I", "II", "III" }
              select new { Arabic = n, Word = s, Roman = r };
```

앞의 코드는 다음과 같이 변환된다.

```
var numbers = new int[] { 1, 2, 3 };
var words = new string[] { "one", "two", "three" };
var romanNumerals = new string[] { "I", "II", "III" };
var triples = numbers.SelectMany(n => words,
    (n, s) => new { n, s }).
    SelectMany(pair => romanNumerals,
        (pair, n) =>
            new { Arabic = pair.n, Word = pair.s, Roman = n });
```

이처럼 SelectMany() 메서드를 이용하면 3개 혹은 그 이상의 입력 시퀀스를 조합할 수 있다. 앞의 예제는 SelectMany() 메서드와 익명 타입을 함께 사용하는 방법도 보여주고 있는데 실제로 SelectMany()의 출력 시퀀스는 익명 타입의 시퀀스다.

이제 남은 두 가지 메서드인 Join()과 GroupJoin()에 대해서 살펴보자. 이 둘은 모두 조인join 표현식에서 사용된다. GroupJoin()은 조인 표현식에 into 절이 포함된 경우 사용되며, Join()은 조인 표현식에 into 절이 포함되지 않은 경우 사용된다.

조인 표현식에 into 절이 없는 경우부터 살펴보자.

```
var numbers = new int[] { 0, 1, 2, 3, 4, 5, 6, 7, 8, 9 };
var labels = new string[] { "0", "1", "2", "3", "4", "5" };
```

```
var query = from num in numbers
            join label in labels on num.ToString() equals label
            select new { num, label };
```

앞의 코드는 다음과 같이 변환된다.

```
var query = numbers.Join(labels, num => num.ToString(),
    label => label, (num, label) => new { num, label });
```

into 절을 사용하면 세분된 결과 목록을 만든다.

```
var groups = from p in projects
             join t in tasks on p equals t.Parent
             into projTasks
             select new { Project = p, projTasks };
```

앞의 코드는 GroupJoin() 을 이용하여 다음과 같이 변환된다.

```
var groups = projects.GroupJoin(tasks,
    p => p, t => t.Parent, (p, projTasks) =>
        new { Project = p, TaskList = projTasks });
```

전체 쿼리 표현식을 메서드 호출 구문으로 변환하는 과정은 복잡할 뿐더러 여러 단계를 거치기도 한다.

다행스러운 점은 대부분의 경우 컴파일러가 올바르게 변환 작업을 수행한다는 사실을 믿고 작업을 수행하면 된다는 것이다. IEnumerable〈T〉를 구현하는 타입을 작성하는 경우 이러한 변환 작업이 올바르게 수행될 것임을 보장할 수 있다.

하지만 쿼리 표현식 패턴 중 일부를 나름의 방식으로 구현하고 싶을 수도 있을 것이다. 사용자가 정의한 컬렉션 타입에 대해 항상 특정 키를 이용하여 정렬을 수행한다거나, OrderBy()를 적용하되 중간에 수행을 중단시키고 싶을 수도 있을 것이다. 리스트의 리스트를 노출하는 타입에 대해 GroupBy()나 GroupJoin()을 보다 효율적으로 구현하고 싶을 수도 있을 것이다.

더 야심차게 쿼리 표현식 패턴 전체에 대하여 자신만의 공급자를 만들어볼 수도 있겠다. 하지만 이 경우에는 쿼리 메서드의 동작 방식을 완전히 이해하고 세부 구현 내용을 완벽하게 알아야 한다. 각각의 구현체를 만들기 이전에 다양한 예제를 참조하여 기존 쿼리 메서드의 동작 방식을 완벽하게 파악하기 바란다.

수많은 사용자 정의 타입이 실제로는 일종의 컬렉션을 모델링하곤 한다. 사용자 정의 컬렉션을 사용하는 개발자들은 이 컬렉션에 대하여 쿼리 구문을 작성할 때 여타의 다른 컬렉션과 완전히 동일하게 동작할 것이라 생각할 것이다. 컬렉션을 모델링할 때 IEnumerable〈T〉 인터페이스를 지원하면 이러한 요구 사항을 손쉽게 달성할 수 있다. 하지만 사용자 정의 타입의 내부적인 특성을 고려하여 더 나은 구현체를 만들기로 결정했다면 모든 형태의 쿼리 패턴에 대해 올바르게 동작하도록 구현체를 만들어야 한다.

아이템 37: 쿼리를 사용할 때는 즉시 평가보다 지연 평가가 낫다

쿼리를 정의한다고 해서 결과 데이터나 시퀀스를 즉각적으로 얻어오는 것은 아니다. 실제로는 쿼리를 정의하는 작업은 수행 시에 어떤 과정으로 작업을 수행할지에 대한 절차만을 정의하는 것에 지나지 않는다. 일반적으로 이러한 방식이 더 효과적이며 실제로 쿼리의 결과를 이용하여 순회를 수행해야만 결과가 생성된다. 이를 지연 평가lazy evaluation라고 한다. 하지만 가끔은 이러한 동작 방식이 적절하지 않은 경우도 있다. 마치 일반 변수를 사용하는 것처럼 즉각적으로 그 값을 얻어와야 할 때도 있다. 이를 즉시 평가eager evaluation라고 한다.

쿼리를 작성할 때는 쿼리의 결과를 여러 번 순회하는 경우 어떻게 동작하기를 바라는지를 미리 고려해야 하며, 즉시 데이터의 스냅샷을 얻기 원하는지, 아니면 결과 시퀀스를 생성하는 방법만을 기술할지를 결정해야 한다.

사실 이러한 개념은 기존에 개발자에게 익숙한 방식과는 사뭇 달라 보인다. 코드를 살펴봐도 즉각적으로 코드가 수행될 것처럼 보인다. 하지만 LINQ 쿼리를 사용한다면 코드조차도 데이터처럼 생각해야 한다. 쿼리에서 사용하는 람다 표현식 인자는 즉각 수행되지 않으며 향후 필요한 시점에 수행될 코드 조각을 나타낸다. 게다가 쿼리 제공자가 델리게이트 대신 표현식 트리expression tree를 사용하는 경우 새로운 쿼리를 기존 표현식 트리에 반영할 뿐이다.

지연 평가와 즉시 평가의 차이를 예제를 통해서 살펴보기로 하자. 다음의 코드는 시퀀스를 생성한 다음 생성된 시퀀스를 두 차례에 걸쳐 순회하되 매 단계를 수행할 때마다 잠깐씩 중지하도록 작성했다.

```
private static IEnumerable<TResult> Generate<TResult>(
    int number, Func<TResult> generator)
{
    for (var i = 0; i < number; i++)
        yield return generator();
}

private static void LazyEvaluation()
{
    WriteLine($"Start time for Test One: {DateTime.Now:T}");
    var sequence = Generate(10, () => DateTime.Now);

    WriteLine("Waiting....\tPress Return");
    ReadLine();

    WriteLine("Iterating...");
    foreach (var value in sequence)
        WriteLine($"{value:T}");

    WriteLine("Waiting....\tPress Return");
    ReadLine();

    WriteLine("Iterating...");
    foreach (var value in sequence)
        WriteLine($"{value:T}");
}
```

LazyEvaluation() 메서드를 호출하면 그 결과는 다음과 같다.

```
Start time for Test One: 6:43:23 PM
Waiting....    Press Return

Iterating...
6:43:31 PM
...
6:43:31 PM
Waiting....    Press Return
```

```
Iterating...
6:43:42 PM
...
6:43:42 PM
```

앞의 코드는 지연 평가의 특징을 잘 보여주는데 시퀀스를 매번 순회할 때마다 서로 다른 시간 정보가 출력된다는 사실을 주의 깊게 살펴보기 바란다. 출력 결과로부터 미루어 짐작할 수 있겠지만, 시퀀스는 값 그 자체를 갖고 있는 것이 아니라 시퀀스 내의 개별 요소들을 생성하는 방법을 나타내는 코드를 갖고 있다. 앞의 예제를 직접 수행해보면서 각각의 단계를 차근히 쫓아가보면 어느 시점에 평가가 이뤄지는지 쉽게 이해할 수 있을 것이다. 이를 통해 LINQ 쿼리의 지연 평가 방식을 정확히 이해할 수 있길 바란다.

이번에는 쿼리의 결과를 대상으로 추가적인 쿼리를 수행하는 코드를 작성해보자. 첫 번째 쿼리 결과를 획득한 후 여러 번에 걸쳐 순회를 재수행하는 대신 추가 쿼리를 수행하여 두 개의 쿼리가 결합될 수 있도록 코드를 작성했다. 다음 코드는 이전 쿼리의 시간 결과를 세계 공용 포맷으로 변경하는 추가 쿼리를 작성한 예다.

```
var sequence1 = Generate(10, () => DateTime.Now);
var sequence2 = from value in sequence1
                select value.ToUniversalTime();
```

sequence1과 sequence2는 데이터를 공유하는 것이 아니라 내부적으로 함수를 합성하여 수행된다. 다시 말하면 sequence2를 순회할 때 sequence1이 이미 생성해둔 값을 순회하면서 개별 요소를 세계 공용 포맷을 수정하는 것이 아니라, 순회 시점에 맞춰 sequence1에서 지정한 코드를 호출하여 그 결과를 얻은 후 연이어 세계 공용 포맷으로 그 내용을 변경한다. 2개의 시퀀스를 각기 다른 시간에 순회해보면 개별 시퀀스가 전혀 관련 없이 동작함을 알 수 있다. sequence2는 sequence1이 생성한 값을 변경하는 것이 아니라 완전히 새로운 값을 만들어낸다. 다시 말하지만 sequence1이 생성한 일련의 데이터 세트를 가져와서 세계 공용 포맷으로 변경된 시퀀스를 생성하는 것이 아니라, 세계 공용 포맷의 시간 정보가 필요한 시점에 완전히 새로운 값을 생성한다.

쿼리 표현식은 이처럼 지연 평가를 수행하기 때문에 이론적으로 무한 시퀀스를 표현하는 것이 가능하다. 시퀀스의 첫 번째 값부터 시작하여 적절한 값을 만난 경우 작업을 중단하도록 코드를 작성하기만 하면 된다. 하지만 일부 쿼리 표현식의 경우 결과를 얻기 위해서 반드시 전체 시퀀스가 준비되어야 하는 경우도 있다. 어떤 경우가 그러한지를 알고 있다면 성능이 저하되지 않도록 쿼리를 작성하는 데도 도움되고, 기존에 작성한 쿼리로부터 병목 현상의 원인을 찾을 때도 도움될 것이다.

다음 코드를 살펴보자.

```
static void Main(string[] args)
{
    var answers = from number in AllNumbers()
                  select number;

    var smallNumbers = answers.Take(10);
    foreach (var num in smallNumbers)
        Console.WriteLine(num);
}

static IEnumerable<int> AllNumbers()
{
    var number = 0;
    while (number < int.MaxValue)
    {
        yield return number++;
    }
}
```

이 예제는 쿼리를 수행할 때 전체 시퀀스가 필요하지 않은 경우를 보여주기 위한 코드다. 앞의 코드를 수행하면 순차적으로 0, 1, 2, 3, 4, 5, 6, 7, 8, 9를 출력한다. 하지만 AllNumbers() 메서드는 무한 시퀀스를 생성한다(중단하지 않고 계속해서 순회를 이어간다면 오버플로가 발생할 것이다).

이 코드가 충분히 빠른 속도로 동작할 수 있는 이유는 사전에 전체 시퀀스를 생성하는 것이 아니기 때문이다. Take() 메서드는 시퀀스로부터 처음부터 N개의 객체를 반환하는 작업을 수행한다. 하지만 다음과 같이 쿼리를 변경하면 프로그램은 영원히 종료되지 않을 것이다.

```
static void Main(string[] args)
{
    var answers = from number in AllNumbers()
                  where number < 10
                  select number;

    foreach (var num in answers)
        Console.WriteLine(num);
}
```

이 코드가 영원히 수행(혹은 int.MaxValue까지)되는 이유는 이 코드의 쿼리 구문을 수행하기 위해서 시퀀스 내의 모든 값을 대상으로 비교 연산을 수행해야 하기 때문이다. 즉, 이 코드는 이전 코드와 동일한 작업을 수행하지만 전체 시퀀스가 필요한 예다.

정상적으로 쿼리를 수행하기 위해서 전체 시퀀스가 반드시 필요한 연산자가 여럿 있다. where는 전체 시퀀스를 요구한다. 따라서 무한 시퀀스에 대해서 where를 수행하면 시퀀스 내의 개별 요소가 주어진 조건에 부합하는지를 검사하여 또 다른 무한 시퀀스를 생성하게 된다. orderby는 정렬을 위해서 전체 시퀀스가 필요하다. Max나 Min 또한 where와 유사한 이유로 전체 시퀀스가 필요하다. 사실 이러한 작업들은 시퀀스 내의 모든 요소들을 검사하지 않고는 올바른 결과를 얻어낼 수 없는 연산들이다. 최댓값/최솟값, 혹은 정렬 등의 작업이 필요하다면 이러한 메서드를 쓰지 않을 도리가 없다.

다만, 전체 시퀀스가 필요한 메서드를 사용할 때는 반드시 염두에 두어야 할 사항이 몇 가지 있다. 첫째로 앞서 살펴본 바와 같이 시퀀스가 무한정 지속될 가능성이 있다면 이 같은 메서드를 사용할 수 없다. 둘째로 시퀀스가 무한이 아니더라도 시퀀스를 필터링하는 쿼리 메서드는 다른 쿼리보다 먼저 수행하는 것이 좋다. 선행 단계에서 컬렉션의 요소를 필터링하여 그 개수를 줄일 수 있다면 다음으로 수행할 쿼리의 성능을 개선할 수 있기 때문이다.

예를 들어 다음 두 쿼리는 동일한 결과를 생성하지만 두 번째 쿼리가 첫 번째 쿼리보다 더 빠르게 수행된다. 아주 정교하게 작성된 쿼리 공급자를 이용하면 최적화를 통해 2개의 쿼리가 동일한 속도로 수행되도록 할 수도 있겠으나, 실제 System.Linq.Enumerable에서 구현하는 LINQ to Objects의 경우 그다지 정교하지 않다. 따라서 첫 번째 쿼리의 경우 모든 값을 읽고 정렬한 완료한 이후에야 비로소 필터링을 수행한다.

```
// 정렬 후 필터링
var sortedProductsSlow =
    from p in products
    orderby p.UnitsInStock descending
    where p.UnitsInStock > 100
    select p;

// 필터링 후 정렬
var sortedProductsFast =
    from p in products
    where p.UnitsInStock > 100
    orderby p.UnitsInStock descending
    select p;
```

첫 번째 쿼리는 전체 시퀀스의 요소를 정렬한 후 UnitsInStock 값이 100 이하인 값을 버린다. 두 번째 쿼리는 시퀀스에 필터를 먼저 적용하기 때문에 정렬할 요소의 개수가 훨씬 적다. 때로는 전체 시퀀스를 필요로 하는 메서드가 무엇인지를 아는 것만으로도 알고리즘을 간단히 최적화할 수 있다. 어떤 메서드가 전체 시퀀스를 요구하는지 정확히 알아두고 그 메서드를 가장 마지막에 사용하도록 하자.

지금까지 쿼리에서 지연 평가를 사용하는 몇 가지 이유를 알아봤다. 대부분의 경우 지연 평가가 더 나은 접근 방식임에 분명하다. 하지만 간혹 특정 시점에 값을 반드시 알아야 하는 경우도 있기 마련이다. 시퀀스로부터 값을 즉각적으로 평가하여 그 결과를 얻고 싶다면 ToList()와 ToArray() 2개의 메서드를 사용하면 된다. 이 2개의 메서드는 각각 List〈T〉와 Array 컨테이너에 결과를 저장해준다.

이 메서드들은 크게 두 가지 경우에 유용하게 활용될 수 있다. 먼저 쿼리가 즉각 실행되도록 하여 시퀀스를 실제 순회하기 이전에 지체 없이 데이터의 스냅샷을 얻고자 하는 경우다. 둘째로 쿼리의 결과가 매번 변경되지 않고 동일한 결과를 반환하는 경우다. 이 경우 ToList()나 ToArray()를 사용하여 그 값을 캐싱해두면 이를 반복적으로 사용할 수 있기 때문에 유용하다.

거의 대부분의 경우에 지연 평가를 사용하면 즉시 평가에 비해서 작업의 양도 줄고 유연성도 증가한다. 드문 경우이긴 하지만 즉각적으로 쿼리를 수행하고 그 결과를 가져와야 하는 경우라면 ToList()나 ToArray()를 사용하면 된다. 하지만 즉시 평가가 반드시 필요한 경우가 아니라면 대체로 지연 평가를 사용하는 편이 훨씬 낫다.

아이템 38: 메서드보다 람다 표현식이 낫다

이번 항목은 직관에 반하는 이야기가 될 수도 있다. 람다 표현식을 이용하여 코드를 작성하다 보면 동일한 코드를 반복하는 경우가 자주 발생한다. 다음의 코드도 바로 그러한 예다.

```
var allEmployees = FindAllEmployees();

// 20년 이상 근속자
var earlyFolks = from e in allEmployees
                 where e.Classification == EmployeeType.Salary
                 where e.YearsOfService >= 20
                 where e.MonthlySalary < 4000
                 select e;

// 20년 미만 근속자
var newest = from e in allEmployees
             where e.Classification == EmployeeType.Salary
             where e.YearsOfService < 20
             where e.MonthlySalary < 4000
             select e;
```

앞의 쿼리에서는 where 절을 여러 번에 걸쳐 나누어 썼지만 모든 조건을 결합하여 하나의 where 절로 변경할 수도 있을 것이다. 하지만 이렇게 코드를 수정한다고 해도 성능이 개선되기를 기대하기는 어렵다. 앞서(**아이템 31: 시퀀스에 사용할 수 있는 조합 가능한 API를 작성하라** 참조) 알아본 바와 같이 단순한 조건문의 경우 모두 인라인화될 가능성이 높기 때문이다.

동일한 람다 표현식이 반복 사용되는 것을 방지하기 위해서 재사용 가능한 메서드를 이용할 수도 있다. 이 경우 코드를 다음과 같이 변경하면 된다.

```
// 메서드로 분리
private static bool LowPaidSalaried(Employee e) =>
    e.MonthlySalary < 4000 && e.Classification ==
    EmployeeType.Salary;

// 20년 이상 근속자
var allEmployees = FindAllEmployees();
var earlyFolks = from e in allEmployees
                 where LowPaidSalaried(e) &&
                       e.YearsOfService >= 20
```

```
                 select e;

    // 20년 미만 근속자
    var newest = from e in allEmployees
                 where LowPaidSalaried(e) &&
                       e.YearsOfService < 20
                 select e;
```

간단한 예제다 보니 크게 바뀐 것 같지는 않지만 그래도 이전의 예제보다는 훨씬 나아 보인다. 이제 MonthlySalary나 Classification 조건이 바뀌면 한 군데만 수정하면 된다.

불행히도 메서드로 분리한 부분은 재사용 가능성이 낮아 보인다. 그리고 두 번째 코드보다 첫 번째 코드가 실제로는 재사용 가능성이 더 높다. 그 이유는 람다 표현식이 평가되고, 파싱되고, 수행되는 일련의 과정 때문이다. 대부분의 개발자가 그러하듯 동일한 코드를 복사하여 사용하는 것은 만악의 근원이요 반드시 제거돼야 하는 부분이라고 생각할 것이다. 메서드로 공통 코드를 분리하면 코드가 더욱 간단해지고 나중에 수정할 부분도 하나이기 때문에 좋다고 생각할 것이다. 이는 좋은 소프트웨어 엔지니어링이란 무엇인가에 대한 매우 규범적인 이야기이기도 하다.

그러나 불행히도 이 또한 틀린 이야기다. 통상 쿼리 표현식 내의 람다 표현식은 델리게이트로 변환되어 수행된다. 다른 경우에는 람다 표현식을 활용하여 표현식 트리를 만들고, 향후 이를 파싱하여 완전히 다른 구문을 생성한 후, 그 결과를 다른 환경에서 수행하기도 한다. LINQ to Objects가 전자에 해당하고, LINQ to SQL이 후자의 경우에 해당한다.

LINQ to Objects는 지역 데이터 저장소에 대하여 쿼리를 수행하는 방법인데 일반적으로 컬렉션 내에 저장된 요소를 쿼리할 때 사용한다. 실제 LINQ to Objects의 구현부는 람다 표현식 내의 코드를 포함하는 익명 델리게이트를 생성한 후 이를 활용한다. LINQ to Objects 확장 메서드는 IEnumerable〈T〉를 입력 시퀀스로 취한다.

반면 LINQ to SQL은 표현식 트리를 활용한다. 표현식 트리는 쿼리를 나타내기 위한 논리적인 구성을 포함하고 있다. LINQ to SQL은 이 표현식 트리를 파싱하여, 적절한 T-SQL 쿼리를 생성한 후, 이를 데이터베이스에 전달한다. 전달된 T-SQL 쿼리는 데이터베이스 엔진 내에서 수행된다.

이처럼 작업을 수행하려면 LINQ to SQL 엔진이 표현식 트리를 분석하여 모든 연산을 동일한 작업을 수행하는 T-SQL 구문으로 변경해야 한다. 쿼리 구문 내에 메서드를 호출하는 부분은 Expression.MethodCall이라는 노드로 구성된다. 문제는 LINQ to SQL 엔진이 메서드 호출부를 나타내는 이 같은 노드를 T-SQL 표현식으로 변경하지 못한다는 것이다. 이 경우 LINQ to SQL 엔진은 여러 번에 걸쳐 쿼리를 실행한 후 필요한 데이터를 클라이언트 측으로 가져와서 처리하는 대신 예외를 발생시킨다.

다양한 데이터 소스에 대하여 재사용 가능한 라이브러리를 만드는 경우라면 이러한 상황은 반드시 고려돼야 한다. 다양한 데이터 소스를 지정하더라도 올바르게 동작하도록 코드를 작성해야 한다면 람다 표현식을 각각 구분하여 작성하되 인라인으로 해석될 수 있도록 놔둬야 한다.

당연한 이야기지만 라이브러리 전체에 걸쳐 반복 코드를 작성해도 좋다는 말이 아니라 쿼리 표현식과 람다가 관련된 경우에 한하여 기존 방식과는 조금 다른 형태의 빌딩 블록을 만들어서 사용해야 한다는 것이다. 앞의 코드 예제의 경우 다음과 같이 재사용 가능한 빌딩 블록을 만들 수 있다.

```
private static IQueryable<Employee> LowPaidSalariedFilter
    (this IQueryable<Employee> sequence) =>
        from s in sequence
        where s.Classification == EmployeeType.Salary &&
        s.MonthlySalary < 4000
        select s;

// 나머지 부문
var allEmployees = FindAllEmployees();

// 우선 필터링을 수행함
var salaried = allEmployees.LowPaidSalariedFilter();

// 20년 이상 근속자
var earlyFolks = salaried.Where(e => e.YearsOfService >= 20);

// 20년 미만 근속자
var newest = salaried.Where(e => e.YearsOfService < 20);
```

물론 모든 쿼리를 이처럼 단순하게 개선할 수 있는 것은 아니다. 람다 표현식이 중복적으로 나타나지 않도록 하기 위해서 동일하게 사용되는 로직을 분리하여 호출 체인의 앞쪽으로 이동시켜야 할 수도 있다. **아이템 31: 시퀀스에 사용할 수 있는 조합 가능한 API를 작성하라**에서 이야기한 바와 같이 이터레이터 메서드는 컬렉션 내의 항목들을 실제로 순회하기 전까지는 호출되지 않는다는 사실을 다시 한 번 상기하기 바란다. 즉, 람다 표현식을 포함하는 간단한 메서드들을 작성하여 쿼리의 일부분을 대체할 수 있다. 이러한 메서드들은 반드시 입력 시퀀스를 취하도록 작성되어야 하며, yield return 키워드를 이용하여 시퀀스를 반환해야 한다.

이 같은 패턴을 사용하면 원격지에서 수행할 새로운 표현식 트리를 생성하기 위해서 IQueryable을 사용하는 enumerator를 조합하여 사용할 수 있다. 즉, 앞의 예제와 같이 IQueryable을 사용하는 메서드를 이용하면 여러 단계에 걸쳐 쿼리를 수행하더라도 결과적으로 원격지에서 쿼리가 수행돼야 할 시점에 단일의 표현식 트리로 결합된다. LINQ to SQL 데이터 소스와 같은 IQueryProvider 객체는 로컬에서 처리해야 하는 부분을 따로 분리하지 않으며, 전체 쿼리를 단번에 처리한다.

다음으로 할 일은 앞서 잘게 쪼갠 코드를 재결합하여 응용프로그램 내에서 재사용할 수 있는 형태의 더 큰 쿼리를 만드는 것이다. 이러한 기법을 사용하면 첫 번째 예제에서 이야기한 코드 중복 문제를 피할 수 있을 뿐 아니라 쿼리가 실제로 수행되기 직전에 완성된 표현식 트리를 생성하도록 코드를 구조화할 수 있다.

복잡한 쿼리에서 람다 표현식을 재사용하는 가장 효율적인 방법 중 하나는 닫힌 제네릭 타입에 대하여 쿼리를 위한 확장 메서드를 작성하는 것이다. 마지막 예제에서 LowPaidSalariedFilter()가 바로 그런 메서드에 해당한다. 이 메서드는 전체 Employee 시퀀스를 매개변수로 받아서 조건에 부합하는 요소만을 반환한다. 실제 운영 환경을 위한 코드를 작성하는 경우라면 IEnumerable〈Employee〉를 매개변수로 취하는 오버로드 메서드를 반드시 함께 작성해야 할 것이다. 그래야만 LINQ to SQL과 LINQ to Objects 모두를 지원할 수 있기 때문이다.

쿼리를 작성할 때 람다 표현식을 본문으로 하는 조그만 빌딩 블록을 조합하여 완전한 쿼리를 작성할 수 있다. 각각의 빌딩 블록은 IEnumerable〈T〉와 IQueryable〈T〉를 활용하면 장점을 극대화할 수 있다. 또한 이 방식을 이용하면 표현식 트리를 이용하여 쿼리를 수행하는 LINQ to SQL에서도 올바르게 동작하는 재사용 가능한 빌딩 블록을 작성할 수 있다.

아이템 39: function과 action 내에서는 예외가 발생하지 않도록 하라

일련의 값을 순차적으로 처리하는 코드가 중간 어디쯤에서 예외를 일으키면 상태를 복구할 수 없는 문제에 봉착한다. 처리가 완료된 요소가 몇 개인지를 알 수도 없고 따라서 원복해야 할 요소가 무엇인지도 알 수 없다. 결국 프로그램의 상태를 전혀 원복할 수 없게 된다.

전체 직원들의 월급을 5% 인상해주는 다음 코드를 살펴보자.

```
var allEmployees = FindAllEmployees();
allEmployees.ForEach(e => e.MonthlySalary *= 1.05M);
```

어느 날 이 루틴에서 예외가 발생했다고 가정해보자. 첫 번째 직원을 처리하기 이전이나 혹은 마지막 직원을 처리한 이후에 예외가 발생했을 것이라고 단정할 수 없기 때문에 일부 직원의 월급은 인상했지만 다른 직원의 월급은 인상하지 못했을 수도 있다. 이 경우 모든 직원의 월급을 이 루틴 수행 이전으로 원복하기란 매우 어렵다. 과연 이전 값으로 복구가 가능한 건지도 불명확하다. 이처럼 프로그램의 상태 정보가 손상되면 모든 데이터를 일일이 확인하지 않고는 이전 상태로 원복하기가 불가능할 수 있다.

이러한 문제는 이 코드가 시퀀스 내에 포함된 요소의 값을 직접 수정하기 때문에 발생한다. 이러한 작업은 언제든 예외를 유발할 가능성이 있으며, 오류 발생 시에도 무슨 일이 발생했는지 자세히 알아낼 도리가 없다.

문제 상황을 해결하려면 메서드가 작업을 완전히 완료하기 전까지는 최소한 외부에서 바라보는 프로그램의 상태가 변경되지 않도록 보장하면 된다. 여러 가지 방법으로 이를 구현해볼 수 있는데 각각의 방법마다 서로 다른 이점과 위험 요소가 있다.

위험 요소에 대해서 세부적으로 확인하기에 앞서 이 문제를 좀 더 자세히 살펴보자. 우선 모든 메서드가 동일한 문제 상황에 직면할 가능성이 있는 것은 아니다. 시퀀스에 적용할 수 있는 수많은 메서드가 있지만 그 모두가 시퀀스에 포함된 요소를 수정하는 것은 아니기 때문이다. 다음 메서드는 전체 직원들의 월급을 합한 결과를 반환한다.

```
var total = allEmployees.Aggregate(0M,
    (sum, emp) => sum + emp.MonthlySalary);
```

이 메서드는 시퀀스 내의 요소들을 수정하지 않는다. 따라서 이 같은 코드를 작성할 때조차 과도하게 신중해야 할 필요는 없으며, 실상 대부분의 메서드가 시퀀스 내의 요소를 수정하지 않는다. 이제 모든 직원의 월급을 5% 인상해주는 첫 번째 예제로 돌아가보자. 이 메서드가 절대로 예외를 유발하지 않도록 개선하려면 어떻게 해야 할까?

우선 가장 쉬운 접근 방법은 람다 표현식으로 나타낸 액션 메서드가 절대 예외를 발생시키지 않도록 하는 것이다. 대부분의 경우 시퀀스 내의 개별 요소들을 수정하기 이전에 오류 가능성을 사전에 테스트해볼 수 있다. 오류 발생 가능성을 확인하기 위해서 메서드 내부에서 다양한 조건문을 구성해볼 수도 있을 것이다. 만약 오류가 발생할 가능성이 있다면 아무런 작업도 수행하지 않고 자연스럽게 다음 요소로 넘어가도록 코드를 작성하는 것도 방법이 될 수 있다. 예를 들어 앞의 코드를 수행할 때 이미 퇴사한 직원에 대한 정보가 남아 있어서 이로 인해 예외가 발생한다고 가정해보자. 이 경우 퇴사한 직원들을 단순히 필터링하는 것만으로도 예외가 발생하는 것을 피할 수 있다. 다음 코드를 살펴보자.

```
allEmployees.FindAll(
    e => e.Classification == EmployeeType.Active).
    ForEach(e => e.MonthlySalary *= 1.05M);
```

이 방법은 알고리즘의 적용 대상이 되는 데이터가 일관성을 가지지 못해서 오류가 발생하는 경우에 적용할 수 있는 가장 간단한 방법이다. 람다 표현식이나 action 메서드를 작성할 때 예외가 외부로 전파되는 것을 막을 수만 있다면 이 방법이 가장 효율적이다.

하지만 때로는 예외가 발생하지 않도록 코드를 작성하는 것이 불가능한 경우도 있다. 이런 경우라면 비용이 들더라도 더욱 강력한 방어 조치를 취해야 한다. 즉, 알고리즘을 작성할 때 예외 발생 가능성을 염두에 두고 코드를 작성하는 것이다. 실례로 원본 시퀀스의 복사본을 마련해두고 이 복사본에 대해 알고리즘을 적용한 후 모든 작업이 정상적으로 완료된 경우에만 원본 시퀀스를 대체하는 방식이 있다. 예외가 발생할 가능성을 피할 도리가 없다면 알고리즘을 수정할 수밖에 없다.

```
var updates = (from e in allEmployees
               select new Employee
               {
                   EmployeeID = e.EmployeeID,
                   Classification = e.Classification,
```

```
            YearsOfService = e.YearsOfService,
            MonthlySalary = e.MonthlySalary *= 1.05M
        }).ToList();

allEmployees = updates;
```

이 코드를 살펴보면 알고리즘을 변경함에 따라 추가적인 비용이 얼마나 발생하는지를 확인할 수 있다. 우선 이전 코드에 비해서 코드가 상당히 길어졌다. 관리해야 하는 코드의 양이 늘었을 뿐 아니라 코드를 이해하기도 더 어려워졌다. 응용프로그램의 성능에도 영향을 미친다. 이 코드를 보면 모든 직원들에 대한 추가 복사본을 생성한 후 기존 리스트가 참조하고 있던 직원 리스트를 새로운 직원 리스트로 대체하고 있는데, 만약 직원 리스트의 크기가 크다면 상당한 성능 저하가 발생할 것이다. 또한 직원들에 대한 추가 복사본을 생성하는 과정에서 예외가 발생할 수도 있으므로 쿼리 외부에서 예외 상황을 잘 처리해야 한다.

그리고 이 경우 수정한 코드로 인해 다른 문제가 발생할 여지가 있다. 먼저 위와 같이 코드를 작성하면 더 이상 여러 함수들을 조합하여 작업을 수행할 수가 없다. 앞의 코드는 직원 리스트에 대한 캐시를 생성하게 되므로 단일 리스트에 대해 변환 작업을 수행하는 다른 함수들을 조합할 수 없다. 이 경우 어쩔 수 없이 개별 요소에 대한 변환 작업을 명령형 방식으로 수행해야 한다. 실용적인 관점에서 모든 변환 과정을 단번에 수행할 수 있도록 쿼리를 작성하는 것을 고려해볼 수 있다. 이 경우 조합된 작업의 마지막 단계는 캐시된 전체 리스트로 기존 리스트를 대체하는 작업이 될 것이다. 이 방법을 사용하면 함수의 조합 가능성을 유지하면서도 예외가 발생하지 않도록 코드를 작성할 수 있다.

사실 이 방법은 기존 시퀀스의 개별 요소들을 수정해서 반환하는 것이 아니라 새로운 시퀀스를 생성하여 반환하는 방식이다.

쿼리 합성은 예외를 다루는 코드 작성 방법에 큰 영향을 미친다. action이나 function이 예외를 일으키는 경우 데이터의 비일관성 문제를 피하기 어렵다. 작업을 어디까지 수행하다가 예외를 일으켰는지 추적하기도 어렵고, 데이터를 원복하기도 어렵다. 하지만 기존의 데이터를 수정하는 대신 새로운 데이터를 생성하도록 코드를 작성하면 작업이 완전히 완료됐는지를 확인할 수 있는 기회가 생길 뿐 아니라 문제가 생겼을 경우 프로그램의 상태를 변경하지 않을 수도 있다.

지금까지 알아본 내용은 데이터를 변경하는 작업을 수행하는 메서드가 예외를 일으킬 가능성이 있는 경우뿐 아니라 멀티스레드 환경에서도 적용해볼 수 있는 내용이다. 람다 표현식을 사용하는 경우 그 내부에서 예외가 발생하면 문제의 원인을 규명하기가 매우 어려워진다. 마지막 예와 같이 필요한 작업을 복사본에 대해서 수행하고, 예외가 발생하지 않은 경우에 한해서 전체 시퀀스를 변경하는 방식은 상당히 유용하다.

아이템 40: 지연 수행과 즉시 수행을 구분하라

선언적 코드Declarative code는 해설적이며 무슨 작업을 해야 하는지를 정의한다. 명령형 코드Imperative code는 어떻게 작업을 수행해야 하는지를 단계별로 세분화해서 기술한다. 두 가지 개발 방법 모두 프로그램을 작성하는 데 흔히 사용되는 유효한 방법이지만 이 둘을 섞어서 사용하는 경우 예기치 않은 결과가 발생할 수도 있다.

명령형 코드는 필요한 매개변수를 모두 계산한 다음에야 비로소 메서드를 호출한다. 다음에 명령형 코드에서 수행되는 작업의 진행 순서를 알아보기 위한 간단한 코드를 나타냈다.

```
var answer = DoStuff(Method1(),
    Method2(),
    Method3());
```

런타임에 이 코드는 다음 순서로 수행된다.

1. DoStuff()의 첫 번째 매개변수를 생성하기 위해서 Method1()을 호출한다.
2. DoStuff()의 두 번째 매개변수를 생성하기 위해서 Method2()를 호출한다.
3. DoStuff()의 세 번째 매개변수를 생성하기 위해서 Method3()을 호출한다.
4. 앞서 계산된 매개변수를 이용하여 DoStuff()를 호출한다.

이러한 절차에는 이미 익숙할 것이다. 전달할 매개변수를 먼저 계산하고 그 결과를 이용하여 메서드를 호출하는 식이다. 이러한 방식으로 알고리즘을 작성한다는 것은 결국 결과를 얻기 위해서 따라야 하는 절차를 나열하는 것이다.

람다나 쿼리 표현식에서 사용되는 지연 수행의 경우에는 앞서 알아본 절차와는 작업의 수행 순서가 완전히 다르다. 이는 근간을 흔드는 이야기일 수 있다. 다음 코드는 언뜻 보기에 앞의 코드와 완전히 동일한 작업을 수행하는 것처럼 보이지만 매우 중요한 차이가 있다.

```
var answer = DoStuff(() => Method1(),
    () => Method2(),
    () => Method3());
```

런타임에 이 코드는 다음과 같은 순서로 수행된다.

1. Method1(), Method2(), Method3()를 호출하는 람다 표현식을 매개변수로 DoStuff()를 호출한다.
2. DoStuff 내에서 Method1()의 수행 결과가 필요한 경우 Method1()을 호출한다.
3. DoStuff 내에서 Method2()의 수행 결과가 필요할 경우 Method2()를 호출한다.
4. DoStuff 내에서 Method3()의 수행 결과가 필요한 경우 Method3()을 호출한다.
5. Method1(), Method2(), Method3()은 어떤 순서로도 수행될 수 있으며 필요한 경우 여러 번 수행되거나 혹은 전혀 수행되지 않을 수도 있다.

Method1(), Method2(), Method3()은 각 메서드의 수행 결과가 필요한 경우에만 호출된다. 이는 앞의 예와는 명확히 다르다. 그리고 이러한 차이로 인해 두 가지 방식을 섞어 사용하면 심각한 문제를 일으킬 가능성이 있다.

앞의 예에서 메서드가 부수효과side effect를 유발하지 않는다면 각각의 메서드를 그 메서드의 결괏값으로 대체할 수 있다. 앞서 두 예제에서 사용한 DoStuff() 메서드만으로는 두 가지 수행 전략의 주요 차이를 인지하기란 쉽지 않다. 다만 두 예제의 수행 결과가 동일하다면 두 가지 수행 전략 중 어느 쪽을 사용하더라도 올바른 것으로 간주할 수는 있을 것이다. 동일한 입력값에 대해 항상 동일한 결괏값을 반환하는 메서드가 있다면 이 메서드는 항상 메서드의 결괏값으로 대체할 수 있다. 혹은 반대로 결괏값이 필요한 위치를 메서드로 대체할 수도 있다.

하지만 전체적인 관점에서 프로그램을 살펴보면 앞서 살펴본 두 예제 사이에 매우 큰 차이가 있음을 알 수 있다. 첫 번째 예제인 명령형 모델의 경우 항상 3개의 메서드를 모두 호출한다. 각 메서드의 부수효과는 정확히 한 번씩 발생한다. 반면 두 번째 예제인 선언적 모델의 경우 3개의 메서드가 각기 호출될 수도 있고 호출되지 않을 수도 있다. 게다가 특정 메서드가 여러 번 호출될 수도 있다. 결론적으로 명령형 모델은 메서드를 호출하고 그 결과를 다른 메서드에 전달하지만 선언적 모델은 메서드를 호출할 수 있는 델리게이트를 매개변수로 전달한다는 점에서 큰 차이가 있다. 이처럼 프로그램이 다르게 수행되기 때문에 메서드가 어떤 작업을 수행하느냐에 따라 서로 다른 결과를 얻게 될 수 있다.

람다 표현식뿐 아니라 타입 추론과 열거자도 함수형 프로그래밍의 개념을 클래스 내에서 쉽게 구현할 수 있도록 도와준다. 함수의 매개변수로 다른 함수를 취하거나, 반환값으로 다른 함수를 반환하는 고계도 함수higher-order function를 만들 수도 있다. 일면 이는 큰 변화가 아닐지도 모르겠다. 왜냐하면 순수 함수pure function는 항상 그 함수의 반환값으로 대체할 수 있으며 그 반대도 가능하기 때문이다. 하지만 부수효과를 유발하는 함수에 대해서는 이러한 규칙이 적용되지 않는다.

데이터와 메서드가 서로 상호 대체 가능하다면 둘 중 어떤 것을 사용하는 것이 좋을까? 그리고 어떤 때 이 중 하나를 사용해야 하는 것일까? 이 둘 사이에 가장 중요한 차이라면 데이터는 사용하기 전에 반드시 그 값이 확정돼야 하는 반면 메서드는 지연 평가가 가능하다는 점이다. 반드시 데이터의 값이 사전에 확정돼야 하는 경우라면, 함수형 접근 방식에 근거하여 메서드를 데이터로 대체하기보다는 메서드를 미리 호출하여 그 결괏값을 미리 얻어오는 방법을 사용해야 한다.

둘 중 어떤 방식을 사용하는 것이 좋을지를 결정하는 가장 중요한 두 가지 기준은 함수의 본문 내에서 부수효과가 발생할 가능성이 있는지와 함수의 반환값을 수정할 수 있는가 하는 점이다. **아이템 37: 쿼리를 사용할 때는 즉시 평가보다 지연 평가가 낫다**에서 현재 시간을 결괏값으로 반환하는 쿼리를 살펴본 바 있다. 이 쿼리의 반환값은 쿼리를 언제 수행하느냐에 따라 달라지며 결괏값을 캐싱하느냐 하지 않느냐에 따라서도 달라진다. 또한 쿼리를 다른 함수의 매개변수에 전달하는 경우에도 그 결괏값이 달라진다. 이처럼 함수가 부수효과를 유발하는 경우 함수를 언제 호출하느냐에 따라 프로그램의 동작이 달라진다.

지연 수행과 즉시 수행의 차이를 최소화할 수 있는 몇몇 기법을 알아보자. 순수 변경 불가immutable 타입은 그 값을 수정할 수 없을 뿐 아니라 프로그램 내의 다른 상태를 변경하지도 않는다. 따라서 부수효과가 전혀 없다고 할 수 있다. 앞의 예제에서 Method1(), Method2(), Method3()이 변경 불가 타입의 멤버 메서드라면 어떤 평가 방법을 사용하느냐에 따라 각 메서드의 호출 순서나 횟수에서는 차이가 있을지언정 반환값은 항상 동일해야 한다.

앞의 세 가지 메서드는 모두 매개변수를 요구하지 않는다. 하지만 매개변수가 필요한 메서드를 지연 평가와 즉시 평가 어떤 방식으로 호출해도 그 결과가 동일하도록 보장하려면 매개변수를 변경 불가 타입으로 제한해야 한다.

지연 수행과 즉시 수행 중 어떤 방식을 사용하는 것이 좋을지를 결정하는 핵심 기준은 실제로 메서드가 무슨 작업을 하는가에 달려 있다. 변경 불가 타입 내의 변경 불가 메서드의 경우 메서드 호출 코드를 이 메서드의 반환값으로 대체해도 아무런 문제가 되지 않으며 프로그램은 올바르게 동작한다. 그 반대로 대체하더라도 문제될 것이 없다('변경 불가 메서드'란 메서드 내에서 I/O 작업을 수행하거나, 전역변수의 값을 변경하거나, 혹은 다른 프로세스와 통신하는 등의 작업을 수행하지 않으며 전역적인 상태를 수정하지 않는 메서드를 의미한다). 만약 객체나 메서드가 변경 불가가 아니라면 즉시 수행 코드를 지연 수행 코드로 변경하거나 혹은 그 반대로 변경할 경우 프로그램이 이상 동작할 수 있다. 이 항목의 나머지 부분에서는 지연 수행과 즉시 수행 어떤 방식을 쓰더라도 프로그램의 동작 방식에 문제가 없다는 전제하에 둘 중 어떤 수행 방식을 사용하는 것이 효과적인지를 평가할 때 흔히 이야기하는 몇 가지 쟁점 사항을 살펴볼까 한다.

첫 번째 쟁점은 입출력을 위해 사용하는 공간 비용과 출력을 만들기 위한 계산 비용 간의 관계다. Math.PI가 호출할 때마다 파이 값을 계산하도록 작성됐다고 가정해보자. 외부에서 보자면 파이 값 그 자체와 파이 값을 계산하는 이 함수는 상호 대체 가능하다. 하지만 Math.PI를 사용하면 파이 값을 매번 다시 계산해야 하기 때문에 값을 직접 사용하는 것에 비해 느리게 동작할 것이다. 반면 매개변수로 전달된 값의 약수를 구하는 CalculatePrimeFactors(int)라는 함수가 있고, 이와 유사한 기능을 수행할 목적으로 사전에 모든 정수의 약수를 저장해둔 테이블이 있다고 가정해보자. 이 둘은 상호 대체 가능할 것이다. 하지만 메모리상에 데이터 테이블을 유지하기 위한 공간 비용이 약수를 계산하는 함수에 비해서 과도하게 클 것이다.

통상 우리가 해결해야 하는 문제들은 이 두 가지 극단적인 예의 중간 어디 즈음인가에 해당한다. 이런 이유로 올바른 해결책이란 것이 항상 명확하고 깔끔한 것만은 아닐 수 있다.

계산 비용과 공간 비용에 대한 쟁점 외에도 메서드의 반환값을 어떻게 사용할 것인지에 대해서도 충분히 고려해야 한다. 일부 상황에서는 쿼리 표현식 등을 즉시 수행하는 것이 합당한 경우가 있다. 하지만 이 경우 다른 용도로 사용할 가능성이 거의 없는 중간 결과물이 생성되는 단점이 있다. 만약 코드가 어떠한 부수효과도 유발하지 않아서 지연 수행이나 즉시 수행 어떤 식으로든 제약 없이 사용할 수 있다면, 두 가지 방법을 모두 테스트해보고 그 차이를 비교한 뒤 더 나은 결과를 보이는 방법을 선택하면 될 것이다.

마지막으로 이 두 가지 전략을 잘 섞어서 사용해야만 최상의 결과를 얻을 수 있는 경우도 있다. 메서드의 효율을 높이기 위해서 캐시를 사용하는 방법이 그런 예가 될 것이다. 실례로 캐싱된 값을 반환하는 델리게이트를 만드는 것을 생각해볼 수 있다.

```
var cache = Method1();
var answer = DoStuff(() => cache,
    () => Method2(),
    () => Method3());
```

마지막으로 일부 메서드는 원격 데이터 저장소에서 수행될 수도 있다. 이러한 특징은 LINQ to SQL이 쿼리를 처리하는 방식에서 찾아볼 수 있다. 모든 LINQ to SQL 쿼리는 지연 쿼리로 시작한다. 따라서 모든 매개변수는 데이터가 아니라 메서드가 된다. 일부 메서드는 데이터베이스 엔진 내에서 수행되기도 하며, 일부 로컬 메서드는 데이터베이스 엔진에 쿼리를 전달하기 이전에 미리 수행돼야 하는 경우도 있다. LINQ to SQL은 데이터베이스에 쿼리를 전달하기 직전에 표현식 트리를 분석한다. 이 과정을 통해 로컬 메서드를 호출해야 하는 부분은 해당 함수의 반환값으로 대체된다. 이러한 대체 작업이 가능하려면 입력 시퀀스의 개별 항목에 대해 메서드가 의존성을 갖지 않아야 한다(**아이템 37: 쿼리를 사용할 때는 즉시 평가보다 지연 평가가 낫다**, **아이템 38: 메서드보다 람다 표현식이 낫다** 참조).

LINQ to SQL이 로컬 메서드 호출 부분을 그 메서드의 반환값으로 대체하는 작업을 수행하는 시점에 데이터베이스 엔진에 전달하여 작업을 수행할 수 있도록 표현식 트리를 SQL 구문으로 변환하는 작업도 함께 수행된다. 표현식 트리에 포함된 쿼리나 메서드 등은 LINQ to SQL 라이브러리에 의해서 T-SQL 문장으로 대체된다. 이를 통해 성능을 개선하고 데이터베이스와의 네트워크 대역을 절약할 수 있다. 이러한 작업은 모두 내부적으로 이뤄지기 때문에 C# 개발자들이 T-SQL 구문을 따로 익혀야 하는 부담을 줄여준다. 다른 제공자도 거의 유사하게 동작한다.

그런데 이러한 작업은 데이터를 코드처럼 다루거나 코드를 데이터처럼 다룰 수 있는 경우에만 가능하다. LINQ to SQL의 경우 메서드의 매개변수가 입력 시퀀스에 의존하지 않는 상수일 경우에만 로컬 메서드를 반환값으로 대체할 수 있다. 부가적으로 LINQ to SQL 라이브러리에는 표현식 트리를 T-SQL 구문으로 변경하기 위한 논리적인 구조들이 다수 포함되어 있다.

이제 C#으로 알고리즘을 구현할 때 매개변수로 데이터를 전달하는 경우와 함수를 전달하는 것이 서로 다르다는 것을 이해했을 것이다. 만약 둘 중 어떤 방식을 사용해도 문제가 없다면 어느 쪽이 전략적으로 도움이 되는지를 판단해야 한다. 입력 데이터가 그리 크지 않은 경우라면 데이터를 전달하는 것이 더 좋을 수 있다. 하지만 입력이나 출력 데이터가 매우 커서 전체 데이터를 저장하기가 어려운 경우라면 알고리즘 자체를 매개변수로 취하는 형태가 훨씬 낫다. 어느 쪽이 좋은지 판단하기 어려운 경우라면 알고리즘을 매개변수로 사용하는 것을 우선적으로 고려해보는 것이 좋다. 이렇게 하는 편이 향후에 해당 알고리즘을 즉시 평가가 가능한 데이터 집합으로 대체하기가 용이하기 때문이다.

아이템 41: 값비싼 리소스를 캡처하지 말라

클로저Clousure는 클로저에 바인딩된 변수를 포함하는 객체를 생성한다. 바인딩된 변수의 수명이 길어지면 깜짝 놀랄만한 문제를 일으킬 수 있으므로 주의해야 한다. 대부분의 개발자는 지역변수의 수명에 대해서는 크게 신경쓰지 않는다. 지역변수는 선언된 블록 내에서만 유효하며 그 블록을 벗어나면 향후 가비지 수집기에 의해서 정리될 것이라 생각하기 때문이다. 그리고 이러한 규칙을 기반으로 리소스와 객체를 관리하는 것이 보통이다.

하지만 클로저와 캡처된captured 변수는 이러한 규칙을 벗어난다. 클로저 내에서 변수를 캡처하면 이 변수가 참조하는 객체의 수명이 늘어나게 된다. 캡처된 변수를 사용하는 마지막 델리게이트가 가비지화될 때까지 해당 변수는 가비지로 간주되지 않는다. 간혹은 이보다 수명이 더 연장되는 경우도 있다. 클로저와 캡처된 변수는 이를 정의한 메서드를 벗어나서도 계속 사용될 수 있으며, 이 경우 클로저와 캡처된 변수가 언제 도달 불가능 상태가 될지 알 수가 없다. 즉, 캡처된 변수를 참조하는 클로저를 메서드 외부로 반환하면 캡처된 지역변수는 자신이 선언된 범위를 완전히 벗어나게 된다.

다행스러운 것은 일반적인 경우에는 이러한 특성에 대해서 특별히 신경 쓸 필요가 없다는 것이다. 특별히 무거운 리소스를 참조하는 변수가 아니라면 다른 변수처럼 적절한 시점에 가비지 수집이 될 것이기 때문이다. 지역변수가 단순히 메모리 리소스만 사용하는 경우라면 더더욱 신경 쓸 필요가 없다.

하지만 일부 변수들은 매우 무거운 리소스를 참조하고 있을 수도 있다. 통상 이러한 타입들은 리소스를 명시적으로 해제하기 위해서 IDisposable을 구현하고 있다. 이 경우 해당 리소스를 이용하여 결괏값을 획득했다면 그 즉시 리소스를 정리할 수 있다. 그리고 가능한 한 빨리 파일에 대한 핸들이나 외부 시스템으로의 연결을 정리하지 않으면 동일 파일이나 동일 시스템에 접근이 불가능할 수도 있다.

향후 **아이템 44: 바인딩된 변수는 수정하지 말라**를 통해서 C# 컴파일러가 델리게이트를 어떻게 생성하며, 클로저 내에서 변수를 어떻게 캡처하는지 자세히 알아볼 것이다. 또한 다른 리소스를 참조하고 있는 변수를 캡처한 시점을 어떻게 인식하는지도 알아볼 것이다. 추가적으로 이러한 리소스들을 어떻게 관리해야 하며, 캡처된 변수의 생명주기를 가능한 한 짧게 유지하는 방법에 대해서도 알아볼 것이다.

다음 코드를 살펴보자.

```
var counter = 0;
var numbers = Extensions.Generate(30, () => counter++);
```

이 코드는 실제로 다음과 같은 코드를 생성한다.

```
private class Closure
{
    public int generatedCounter;
    public int generatorFunc() => generatedCounter++;
}

// 사용 예
var c = new Closure();
c.generatedCounter = 0;
var sequence = Extensions.Generate(30, new Func<int>(
     c.generatorFunc));
```

이 코드는 매우 흥미롭다. 내부적으로 숨겨진 중첩 클래스가 정의되며, 이 클래스는 Extensions.Generate가 사용하는 델리게이트에 바인딩된다. 델리게이트는 숨겨진 클래스 타입의 객체 수명에 영향을 주며 이 객체 내의 멤버가 언제 가비지화될지에 대해서도 영향을 미치게 된다. 다음 예제를 보자.

```
public IEnumerable<int> MakeSequence()
{
    var counter = 0;
    var numbers = Extensions.Generate(30, () => counter++);
    return numbers;
}
```

이 코드에서 반환 객체는 클로저에 결합된 델리게이트를 사용한다. 반환 객체가 델리게이트를 필요로 하므로 델리게이트의 수명도 연장되며, 따라서 바인딩된 변수를 포함하는 객체의 수명도 덩달아 늘어나게 된다. 반환 객체가 도달 가능 상태이므로 델리게이트도, 델리게이트가 참조하는 내부 객체도, 그리고 내부 객체 안에 캡처된 객체도 모두 도달 가능 상태가 된다.

앞의 코드를 컴파일 하면 C# 컴파일러는 다음과 같은 코드를 생성한다.

```
public static IEnumerable<int> MakeSequence()
{
    var c = new Closure();
    c.generatedCounter = 0;
    var sequence = Extensions.Generate(30, new Func<int>(c.generatorFunc));

    return sequence;
}
```

이 메서드가 반환하는 시퀀스는 델리게이트를 포함하고 있으며 이 델리게이트에는 c가 바인딩된다. c는 클로저에 의해 캡처된 지역변수를 저장하기 위한 객체다. c는 실제로 지역변수로 선언됐음에도 불구하고 이 변수를 선언한 메서드를 벗어나서도 여전히 살아남게 된다.

대부분의 경우 이러한 상황이 큰 문제가 되는 경우는 드물다. 하지만 매우 혼돈스러운 경우가 간혹 발생하곤 한다. 먼저 IDisposable이 연관되어 있는 경우다. 다음의 코드는 CSV 입력 스트림에서 일련의 숫자 시퀀스를 반환하는 코드의 예다. 각각의 내부 시퀀스는 하나의 라인에 들어 있는 숫자들을 포함한다. 이 코드는 **아이템 27: 인터페이스는 간략히 정의하고 기능의 확장은 확장 메서드를 사용하라**에서 살펴본 바 있는 확장 메서드를 사용한다.

```
public static IEnumerable<string> ReadLines(this TextReader reader)
{
    var txt = reader.ReadLine();

    while (txt != null)
    {
        yield return txt;
        txt = reader.ReadLine();
    }
}
```

```
public static int DefaultParse(this string input, int defaultValue)
{
    int answer;

    return (int.TryParse(input, out answer)) ? answer : defaultValue;
}

public static IEnumerable<IEnumerable<int>>
    ReadNumbersFromStream(TextReader t)
{
    var allLines = from line in t.ReadLines()
                   select line.Split(',');

    var matrixOfValues = from line in allLines
                         select from item in line
                         select item.DefaultParse(0);

    return matrixOfValues;
}
```

이 메서드는 다음과 같이 사용할 수 있다.

```
var t = new StreamReader(File.OpenRead("TestFile.txt"));
var rowOfNumbers = ReadNumbersFromStream(t);
```

쿼리 구문은 해당 값에 실제로 접근할 때 비로소 값을 생성하므로 ReadNumbersFromStream() 메서드는 모든 결괏값을 메모리에 저장하는 것이 아니라 필요한 시점에 스트림에서 값을 로드한다. 실제로 앞의 두 줄의 코드는 파일을 읽지 않으며 나중에 rowOfNumbers를 순회하는 코드가 수행될 때 비로소 파일을 열고, 읽기 시작할 것이다.

다른 개발자가 이 코드를 보았다면 파일을 명시적으로 닫지 않은 것에 대해서 지적할 수 있을 것이다. 특정 테스트 파일에 대해 이 코드를 여러 번 테스트하다 보면 파일이 이미 열려 있어서 다시 열 수 없다는 오류가 발생할 것이고, 이는 마치 리소스 누수처럼 보일 것이기 때문이다. 이 문제를 해결하기 위해서 다음과 같이 코드를 수정했다고 해보자.

하지만 다음과 같이 수정한다 하더라도 문제의 원인을 제대로 해결하지는 못한다.

```
IEnumerable<IEnumerable<int>> rowOfNumbers;
using (TextReader t = new StreamReader(File.OpenRead("TestFile.txt")))
    rowOfNumbers = ReadNumbersFromStream(t);
```

올바르게 실행될 것이라고 기대했겠지만 실제로 다음과 같이 코드를 작성해서 수행해보면 몇 줄 수행하다가 예외를 일으키게 된다.

```
IEnumerable<IEnumerable<int>> rowOfNumbers;
using (TextReader t = new StreamReader(File.OpenRead("TestFile.txt")))
    rowOfNumbers = ReadNumbersFromStream(t);

foreach (var line in rowOfNumbers)
{
    foreach (int num in line)
        Write("{0}, ", num);
    WriteLine();
}
```

어떻게 된 것일까? 분명 파일을 명시적으로 닫고 나서 그 내용에 접근하도록 코드를 작성했다. 하지만 실제로는 값을 순회하는 과정에서 ObjectDisposedException이 발생하게 된다. 앞의 코드를 컴파일하게 되면 C# 컴파일러는 파일로부터 값을 읽고 그 값을 파싱하는 델리게이트에 TextReader 객체를 바인딩한다. rowOfNumbers를 사용한 코드는 여러 곳이지만 실제로 rowOfNumbers를 순회하기 전까지는 아무런 작업도 수행되지 않는다. 스트림으로부터 값을 읽지도 않고, 읽은 값을 파싱하지도 않는다. 이제 리소스 관리에 대한 관리 책임이 호출자에게 전가된다. 만약 호출자가 리소스의 생명주기에 대해서 정확히 이해하지 못하고 있다면 리소스 누수가 발생하거나 오류가 발생할 수 있다.

이를 해결하는 방법은 실상 매우 단순하다. 파일을 닫기 전에 값에 대한 순회를 모두 마치면 된다.

```
using (TextReader t = new StreamReader(File.OpenRead("TestFile.txt")))
{
    var arrayOfNums = ReadNumbersFromStream(t);

    foreach (var line in arrayOfNums)
```

```
        {
            foreach (var num in line)
                Write("{0}, ", num);
            WriteLine();
        }
    }
```

해결된 것 같다. 하지만 모든 문제가 이렇게 간단하게 해결 가능한 것은 아니다. 이 같은 방식으로 문제를 해결하게 되면 우리가 항상 피하려고 한 코드 중복의 문제가 발생할 개연성이 높아진다. 보다 일반적인 해결책에 대한 힌트를 얻기 위해서 앞의 코드를 좀 더 살펴보도록 하자. 앞의 코드는 파일을 닫기 전에 숫자에 대한 순회 과정을 모두 마무리하도록 했기 때문에 문제가 발생하지 않았다.

그런데 위와 같이 코드를 작성하면 실제로 파일을 어느 위치에서 닫아야 할지 알 수가 없다. 만약 값에 대한 순회를 수행하는 부분은 API로 구성했다면, 이 API를 호출하기 위해서는 파일이 반드시 열려 있는 상태여야 하고 결과에 대한 순회를 마칠 때까지 파일을 닫을 수가 없다. API와 이를 사용하는 코드의 구조가 다음과 같다면 어떨까?

```
using (TextReader t = new StreamReader(File.OpenRead("TestFile.txt")))
    return ReadNumbersFromFile(t);
```

이제는 파일을 온전히 닫을 방법이 없다. 파일을 여는 루틴은 존재하지만 열려 있는 파일은 어디서 닫히는 걸까? 확실하지 않지만 우리가 작성한 코드에는 없다. 결국 개발자가 통제할 수 없는 콜 스택 어딘가에서 파일을 닫아야 할 텐데 이 경우 파일의 이름이 무엇인지도 알 수 없으며, 파일을 닫기 위한 핸들에도 접근할 수 없는 지경에 이르게 된다.

한 가지 확실한 해결책은 파일을 열고 시퀀스를 모두 읽은 후 그 시퀀스를 반환하도록 메서드를 변경하는 것이다. 다음에 그 예를 나타냈다.

```
public static IEnumerable<string> ParseFile(string path)
{
    using (var r = new StreamReader(File.OpenRead(path)))
    {
        var line = r.ReadLine();
        while (line != null)
        {
```

```
            yield return line;
            line = r.ReadLine();
        }
    }
}
```

이 메서드는 **아이템 31: 시퀀스에 사용할 수 있는 조합 가능한 API를 작성하라**에서 설명한 것과 동일한 지연 수행 모델을 사용한다. 여기서 중요한 점은 모든 요소를 읽은 후에 즉각 StreamReader 객체가 제거된다는 것이다. 즉, 시퀀스에 대한 순회가 끝나면 파일 객체가 닫히게 된다. 앞의 코드가 의미하는 것을 좀 더 정확히 나타내도록 간단한 예를 따로 작성했다.

```
class Generator : IDisposable
{
    private int count;
    public int GetNextNumber() => count++;

    public void Dispose()
    {
        WriteLine("Disposing now ");
    }
}
```

Generator 클래스는 IDisposable을 구현하고 있기는 하지만 그 의도는 IDisposable을 구현하고 있는 타입의 인스턴스를 캡처했을 때 어떤 일이 발생하는지를 보여주기 위한 것에 불과하다. 다음 예를 살펴보자.

```
public IEnumerable<int> SomeFunction()
{
    using (Generator g = new Generator())
    {
        while (true)
            yield return g.GetNextNumber();
    }
}

var query = (from n in SomeFunction()
             select n).Take(5);
```

```
foreach (var s in query)
    Console.WriteLine(s);

WriteLine("Again");

foreach (var s in query)
    WriteLine(s);
```

이 코드의 수행 결과는 다음과 같다.

```
0
1
2
3
4
Disposing now
Again
0
1
2
3
4
Disposing now
```

Generator 객체는 우리가 원하는 대로 첫 번째 순회를 마친 직후 제거됐다. Generator 객체는 시퀀스에 대한 순회를 끝까지 완료하거나 혹은 조금 일찍 중단된 경우에도 올바르게 삭제된다.

하지만 유심히 살펴봐야 하는 부분은 'Disposing Now'가 두 번 출력된다는 점이다. 실제로 앞의 코드는 시퀀스를 두 번 순회하는데, 이로 인해 Generator의 Dispose() 메서드가 두 번 호출됐다. Generator 클래스의 경우 Dispose() 내에서 간단히 문자열을 출력하도록 작성했기 때문에 문제가 되지 않았지만, 만약 파일을 다루는 경우였다면 두 번째 순회 과정에서 예외가 발생했을 것이다. 왜냐하면 두 번째 순회 과정에서 이미 삭제된 파일 스트림에 접근하려고 시도할 것이기 때문이다. 이러한 방식은 제대로 동작하지 않는다.

따라서 IDisposable 인터페이스를 구현한 리소스에 대해 반복적으로 순회해야 한다면 다른 방법이 필요하다. 응용프로그램을 작성하다 보면 일련의 값들에 대해 서로 다른 로직을 처리해야 하는 경우가 있다. 이 경우 파일로부터 값을 읽고 처리하는 루틴에 델리게이트를 이용하여 서로 다른 로직을 전달할 수 있도록 코드를 작성하는 것이 현명한 방법이다.

이 메서드를 제네릭 버전으로 만들어서, 파일이 최종적으로 닫히기 이전에 알고리즘을 적용할 값들을 우선 캡처한 후 표현식 내에서 캡처된 값들을 사용하도록 할 수 있다. 다음 코드를 살펴보라.

```
// 사용 패턴: 파일과 해당 파일의 각 행별로
// 수행해야 하는 작업을 매개변수로 전달함
ProcessFile("testFile.txt",
    (arrayOfNums) => {
        foreach (var line in arrayOfNums)
        {
            foreach (int num in line)
                Write("{0}, ", num);
            WriteLine();
        }
        // 컴파일러를 위해 임의의 값을 반환하도록 함
        return 0;
    }
);
// 중간 생략

// 델리게이트 타입 선언
public delegate TResult ProcessElementsFromFile<TResult>(
    IEnumerable<IEnumerable<int>> values);

// 파일을 읽고, 델리게이트를 이용하여
// 파일의 각 라인들을 처리하는 메서드
public static TResult ProcessFile<TResult>(
    string filePath, ProcessElementsFromFile<TResult> action)
{
    using (TextReader t = new StreamReader(File.OpenRead(filePath)))
    {
        var allLines = from line in t.ReadLines()
                       select line.Split(',');

        var matrixOfValues = from line in allLines
                             select from item in line
                             select item.DefaultParse(0);

        return action(matrixOfValues);
```

```
    }
}
```

이 코드는 약간 복잡해 보이지만 데이터 소스를 다양하게 다룰 수 있는 장점이 있다. 파일 내의 숫자 중 최댓값을 얻기 위한 코드를 작성한다고 해보자.

```
var maximum = ProcessFile("testFile.txt",
    (arrayOfNums) => (from line in arrayOfNums
                      select line.Max()).Max());
```

이 코드를 살펴보면 파일 스트림을 사용하는 코드가 ProcessFile 메서드 내에 완전히 캡슐화되었음을 알 수 있으며, 얻고자 하는 값은 람다 표현식을 통해서 반환된다. 이처럼 코드를 개선하면 함수 내에서 값비싼 리소스(여기서는 파일 스트림)를 할당, 삭제할 수 있으며 값비싼 리소스가 클로저에 의해 캡처되는 것을 피할 수 있다.

값비싼 리소스가 클로저에 의해 캡처될 때 발생할 수 있는 또 다른 문제점으로는 위의 경우처럼 심각하진 않지만 응용프로그램의 성능에 영향을 미칠 수 있다는 점이다. 다음 메서드를 살펴보라.

```
IEnumerable<int> ExpensiveSequence()
{
    int counter = 0;
    var numbers = Extensions.Generate(30, () => counter++);

    Console.WriteLine("counter: {0}", counter);

    var hog = new ResourceHog();
    numbers = numbers.Union(
        hog.SequenceGeneratedFromResourceHog(
            (val) => val < counter));

    return numbers;
}
```

앞서 살펴본 다른 클로저와 마찬가지로 이 알고리즘은 지연 수행 모델을 사용하여 나중에 수행될 코드를 생성한다. 따라서 ResourceHog는 이 메서드가 반환되더라도 클라이언트 코드가 시퀀스를 순회하는 동안 계속해서 살아있게 된다. 더 나쁜 것은 만약 ResourceHog가 IDisposable 인터페이스를 구현하지 않은 경우, 이 객체가 완전히 도달 불가능 상태가 될 때까지 가비지 수집기에 의해서 정리되지 않을 것이라는 점이다.

만약 이러한 문제가 응용프로그램의 성능 측면에서 병목을 일으키는 부분이라면 쿼리의 구조를 재구성하여 ResouceHog를 사용하는 쿼리가 즉시 수행되도록 변경하여 ResouceHog 객체가 지연 없이 정리되도록 해야 한다.

```
IEnumerable<int> ExpensiveSequence()
{
    var counter = 0;
    var numbers = Extensions.Generate(30, () => counter++);

    WriteLine("counter: {0}", counter);

    var hog = new ResourceHog();
    var mergeSequence = hog.SequenceGeneratedFromResourceHog(
        (val) => val < counter).ToList();
    numbers = numbers.Union(mergeSequence);

    return numbers;
}
```

코드가 그리 복잡하지 않기 때문에 이 예제는 매우 명확하다. 하지만 복잡한 알고리즘의 경우 값비싼 리소스와 그렇지 않은 리소스를 양분하는 것조차 다소 어려울 수 있다. 게다가 클로저를 구성하는 메서드가 얼마나 복잡한 알고리즘을 구현하는가에 따라 캡처된 리소스로 인해 발생하는 문제를 해결하기가 상당히 어려울 수도 있다. 다음 메서드는 클로저에 의해 캡처된 3개의 서로 다른 지역변수의 예를 보여준다.

```
private static IEnumerable<int> LeakingClosure(int mod)
{
    var filter = new ResourceHogFilter();
    var source = new CheapNumberGenerator();
    var results = new CheapNumberGenerator();

    var importantStatistic = ( from num in source.GetNumbers(50)
                               where filter.PassesFilter(num)
                               select num).Average();
```

```
    return from num in results.GetNumbers(100)
           where num > importantStatistic
           select num;
}
```

첫 번째 예는 괜찮아 보인다. ResourceHogFilter를 이용하여 importantStatistic을 생성했지만 메서드의 범위가 한정되어 메서드를 탈출하는 순간 이 객체는 가비지가 될 것처럼 보이기 때문이다.

불행히도 이 메서드는 보이는 것만큼 훌륭히 동작하지 않는다.

왜 그런 걸까? C# 컴파일러는 클로저를 구현할 때 메서드 내에서 단 하나의 중첩 클래스만을 생성한다. 마지막 쿼리 문장을 보면 importantStatistic을 이용하여 이보다 큰 값을 반환하도록 구현하는데, 이로 인해 importantStatistic이 클로저에 바인딩된다. 그 앞 문장에서는 importantStatistic을 생성하기 위해서 클로저에 filter를 바인딩했다. return 문은 where 절을 구현하기 위해서 중첩 클래스의 인스턴스를 사용하는 타입의 인스턴스를 반환한다. 결국 클로저 구현을 위해 생성한 중첩 클래스의 인스턴스가 메서드의 범위를 벗어나게 된다. 보통의 경우라면 이 또한 큰 문제가 되지 않겠지만 ResourceHogFilter가 매우 값비싼 리소스라면 응용프로그램의 성능에 영향을 미칠 가능성이 있다.

이 문제를 해결하려면 이 메서드를 두 부분으로 분리하여 컴파일러가 2개의 독립된 중첩 클래스를 생성하도록 하면 된다.

```
private static IEnumerable<int> NotLeakingClosure(int mod)
{
    var importantStatistic = GenerateImportantStatistic();
    var results = new CheapNumberGenerator();
    return from num in results.GetNumbers(100)
           where num > importantStatistic
           select num;
}

private static double GenerateImportantStatistic()
{
    var filter = new ResourceHogFilter();
    var source = new CheapNumberGenerator();
    return (from num in source.GetNumbers(50)
            where filter.PassesFilter(num)
```

```
            select num).Average();
}
```

'잠깐, GenerateImportantStatistic 메서드 내의 return 문은 여전히 importantStatistic을 반환하고 있으니 다를 바가 없지 않은가?'라고 의아하게 생각할지 모르겠다. 그런데 그렇지가 않다. Average() 메서드가 전체 시퀀스를 필요로 하는 메서드이기 때문이다(**아이템 40: 지연 수행과 즉시 수행을 구분하라** 참조). 이로 인해 결괏값에 대한 순회는 GenerateImportantStatistic 메서드 내에서 모두 이뤄지고 그 평균값만을 반환하게 된다. 따라서 ResourceHogFilter 객체를 포함하는 클로저는 이 메서드가 반환되는 즉시 가비지화된다.

논리적으로 보자면 여러 개의 클로저를 갖고 있는 메서드를 작성하게 되면 보다 많은 문제가 발생할 수 있기 때문에 이처럼 메서드를 분리했다. 개발자 입장에서 보자면 여러 개의 클로저를 생성할 것처럼 보이는 상황에서도, 컴파일러는 메서드당 단 하나의 클로저만을 생성하고 그 내부에 메서드 내의 모든 람다를 둔다. 메서드 내에 여러 쿼리 표현식이 있고 이 중 단 하나만을 반환하는 경우 반환되지 않는 쿼리 표현식에 대해서는 크게 신경 쓰지 않겠지만 간혹 문제의 원인이 되는 경우가 있다. 왜냐하면 컴파일러는 단일 메서드 내의 모든 클로저를 처리하기 위해서 단 하나의 중첩 클래스만을 생성하며 모든 클로저에서 사용하는 캡처된 변수들을 모두 이 클래스 내에 둔다. 아래 메서드를 살펴보자.

```
public IEnumerable<int> MakeAnotherSequence()
{
    var counter = 0;
    var interim = Extensions.Generate(30, () => counter++);
    var gen = new Random();

    var numbers = from n in interim
                  select gen.Next() - n;

    return numbers;
}
```

MakeAnotherSequence()는 2개의 쿼리문을 포함하고 있다. 첫 번째 쿼리는 0부터 29까지의 정수 시퀀스를 생성한다. 두 번째 쿼리는 앞서 생성된 시퀀스를 난수 생성기를 이용하여 수정한다. C# 컴파일러는 counter와 gen을 캡처하기 위해서 단 하나의 private 클래스만을 생성한다. MakeAnotherSequence()를 호출하는 코드는 이처럼 내부적으로 생성된 타입의 인스턴스를 통해서 함수 내부의 지역변수에 접근하게 된다. 컴파일러는 2개의 중첩 클래스를 만들지 않고 단 하나만 생성한다는 점이 중요하다. 그리고 이 중첩 클래스의 인스턴스가 이 함수를 호출한 측으로 전달된다.

이제 클로저 내부에서 작업이 수행되는 시점과 관련된 마지막 문제에 대해서 알아보자. 다음에 간단한 예를 나타냈다.

```
private static void SomeMethod(ref int i)
{
    // ...
}

private static void DoSomethingInBackground()
{
    var i = 0;
    var thread = new Thread(delegate () { SomeMethod(ref i); });
    thread.Start();
}
```

앞의 코드는 하나의 변수를 캡처한 후 2개의 스레드에서 사용하는 예다. 각각의 스레드는 캡처된 변수에 참조를 통해 접근한다. 이 예제를 수행했을 때 i 변수의 값이 어떻게 바뀔지 말해주고 싶어도 사실 그럴 도리가 없다. 스레드 내에서 i의 값을 살펴보고 얼마든지 그 내용을 수정할 수 있지만, 두 스레드 중 어느 스레드가 더 빠르게 수행되느냐에 따라 i의 값이 중구난방으로 바뀔 수 있기 때문이다.

알고리즘 내에서 쿼리 표현식을 사용할 때 컴파일러는 단일 메서드 내의 모든 쿼리 표현식에 대해서 단 하나의 클로저만을 생성한다. 이렇게 내부적으로 생성된 객체는 메서드에 의해 반환될 수 있으며 열거형 멤버를 포함할 수도 있다. 이 객체는 더 이상 사용하는 코드가 없을 때 삭제되지만 이로 인해 문제가 발생하기도 한다. 만약 클로저 내에 IDisposable을 구현하고 있는 객체가 있는 경우 문제가 발생할 수 있다. 그리고 너무 무거운 객체가 포함되는 경우에도 성능상의 문제를 유발할 가능성이 있다. 어느 경우든 클로저에 의해 생성된 객체를 메서드가 반환하는 경우 클로저를 수행하기 위해 캡처됐던 모든 변수들이 그 안에 포함된다는 사실을 알아야 한다. 따라서 반드시 그 변수가 필요한지를 면밀히 살펴야 하고 클로저가 변수를 제대로 정리하는지를 확인해야 한다.

아이템 42: IEnumerable〈T〉 데이터 소스와 IQueryable〈T〉 데이터 소스를 구분하라

IQueryable〈T〉와 IEnumerable〈T〉는 거의 동일한 API 정의를 가진다. 따라서 이 두 인터페이스는 상호 교환 가능하다고 생각할 것이며 실제로도 대부분 그렇다. 이는 사실 의도한 설계이기도 하다. 하지만 시퀀스는 그냥 시퀀스일 뿐이어서 항상 이 둘을 서로 대체하여 사용할 수 있는 것은 아니다. 실상 이 둘은 동작 방식도 매우 다르고 성능 차이도 크게 난다. 다음의 예를 살펴보자.

```
// 첫 번째 예
var q =
    from c in dbContext.Customers
    where c.City == "London"
    select c;

var finalAnswer = from c in q
                  orderby c.Name
                  select c;
// finalAnswer에 대한 순회 코드는 생략

// 두 번째 예
var q =
    (from c in dbContext.Customers
     where c.City == "London"
     select c).AsEnumerable();

var finalAnswer = from c in q
                  orderby c.Name
                  select c;
// finalAnswer에 대한 순회 코드는 생략
```

두 예제의 결괏값은 동일하다. 하지만 그 동작 방식은 매우 상이하다. 첫 번째 예는 일반적인 LINQ to SQL 쿼리이며 IQueryable〈T〉의 기능을 사용한다. 두 번째 예는 데이터베이스 객체를 IEnumerable〈T〉 시퀀스로 변경하기 때문에 데이터베이스가 아니라 로컬 컴퓨터에서 더 많은 작업을 수행하게 된다. 이 쿼리는 지연 평가와 LINQ to SQL 내의 IQueryable〈T〉를 동시에 사용한다.

첫 번째 예의 경우 LINQ to SQL 라이브러리가 모든 쿼리문을 결합하여 단번에 SQL 결과를 생성한다. 앞의 예제의 경우 where 절과 order 절이 모두 결합된 단일의 T-SQL 구문을 만들어서 단 한 차례 데이터베이스를 호출한다.

두 번째 예의 경우 첫 번째 수행된 쿼리문이 IEnumerable〈T〉 시퀀스를 반환하므로 그 다음 작업은 LINQ to Objects 구현체와 델리게이트를 이용하여 수행된다. 첫 번째 쿼리문이 수행되면 데이터베이스에 쿼리를 전달하여 City 값이 London인 모든 레코드를 가져오게 된다. 이후 가져온 레코드들을 Name 필드에 따라 정렬한다. 정렬 작업은 로컬 머신에서 수행된다.

대부분의 경우 쿼리 작업을 수행할 때 IEnumerable〈T〉를 사용하는 것보다 IQueryable〈T〉를 사용하는 편이 훨씬 효율적이기 때문에 이 둘의 차이점을 잘 알아둬야 한다. 또한 IQueryable〈T〉와 IEnumerable〈T〉의 차이로 인해 일부 쿼리들은 둘 중 어느 한쪽에 대해서만 올바르게 동작하는 경우도 있다.

사실 이 둘은 개별 단계만을 비교해도 매우 다르게 동작한다는 것을 알 수 있다. Enumerable〈T〉 확장 메서드는 쿼리식 내의 람다 표현식과 함수 매개변수를 나타내기 위해서 델리게이트를 사용한다. 반면 Queryable〈T〉는 동일한 함수라 하더라도 표현식 트리를 이용하여 이를 처리한다. 표현식 트리란 쿼리 내의 동작들을 표현하기 위한 일종의 데이터 구조다. Enumerable〈T〉 내의 모든 메서드는 로컬 머신에서 수행된다. 람다 표현식은 메서드로 컴파일되고, 이렇게 컴파일된 메서드가 로컬 머신에서 수행되는 것은 어찌 보면 당연하다. 그런데 이로 인해 모든 데이터를 로컬 응용프로그램의 메모리로 가져와야 하며, 따라서 상대적으로 더 많은 데이터를 가져와야 한다. 이 중 필요 없는 데이터들은 나중에 제거한다.

반면, Queryable〈T〉는 표현식 트리를 분석한 후 분석된 로직을 제공자provider에 적합한 형태로 변경한 다음 이를 데이터가 실제 위치하고 있는 컴퓨터에서 수행한다. 따라서 로컬 컴퓨터로 가져와야 할 데이터의 양이 상대적으로 적을 뿐 아니라 전체적으로 시스템의 성능도 개선된다. 하지만 Queryable〈T〉가 구현하고 있는 IQueryable〈T〉를 이용하면 코드로 표현할 수 있는 쿼리 표현식이 IEnumerable〈T〉에 비해 상대적으로 제한적이다.

아이템 37: 쿼리를 사용할 때는 즉시 평가보다 지연 평가가 낫다에서 살펴본 바와 같이 IQueryable〈T〉 제공자는 각각의 메서드를 분석하지 않는다. 대신 .NET Framework에서 구현하고 있는 일련의 연산자와 메서드 집합을 이해할 따름이다. 만약 쿼리 표현식이 다른 메서드를 호출하는 부분을 포함하고 있다면 Enumerable 구현체를 사용하도록 쿼리를 강제로 변경해야 한다.

```
private bool isValidProduct(Product p) =>
    p.ProductName.LastIndexOf('C') == 0;

// 다음 코드는 제대로 동작한다.
var q1 =
    from p in dbContext.Products.AsEnumerable()
    where isValidProduct(p)
    select p;

// 다음 코드는 반환된 컬렉션을 순회할 때 예외를 유발한다.
var q2 =
    from p in dbContext.Products
    where isValidProduct(p)
    select p;
```

첫 번째 쿼리는 잘 동작한다. LINQ to Objects는 델리게이트를 이용하여 쿼리를 메서드 호출로 변경하기 때문이다. AsEnumerable()를 사용하면 쿼리를 로컬 머신에서 강제로 수행하며 where 절은 LINQ to Objects를 이용하여 수행된다. 두 번째 쿼리는 LINQ to SQL이 IQueryable〈T〉의 구현체를 사용하기 때문에 예외를 일으킨다. LINQ to SQL은 쿼리를 내부적으로 T-SQL로 변환하는 IQueryProvider 구현체를 포함하고 있는데, 이를 통해 변환된 T-SQL은 원격지의 데이터베이스 엔진에 전달되어 SQL 구문을 수행한다(**아이템 38: 메서드보다 람다 표현식이 낫다** 참조) 이러한 접근 방식을 사용하면 계층 간 송수신해야 하는 데이터의 양이 적기 때문에 상당한 이점이 있다.

성능보다는 안정성을 위주로 하고 싶다면 쿼리 결과를 명시적으로 IEnumerable〈T〉로 변환하여 예외를 회피할 수 있다. 하지만 이러한 방식을 취하면 LINQ to SQL 엔진이 데이터베이스로부터 dbContext.Products의 전체 데이터를 반환하게 코드가 구성되고 쿼리의 나머지 부분은 로컬 머신에서 수행된다. IQueryable〈T〉가 IEnumerable〈T〉를 상속하고 있기 때문에 이러한 방식이 가능한 것이다.

이는 꽤 괜찮은 방식처럼 보이지만 모든 메서드 호출이 IEnumerable〈T〉 시퀀스를 대상으로 하게 된다는 문제가 있다. 개발자가 IQueryable〈T〉를 지원하는 소스를 사용하려는 경우에도 반드시 현재 프로세스의 메모리로 모든 데이터를 가져와서 추가 작업을 수행한 후 마지막으로 결과를 반환하게 된다.

일반적인 경우라면 가장 저수준의 공통 클래스나 인터페이스를 이용하는 메서드를 작성하는 것이 올바른 방법이지만 IEnumerable〈T〉나 IQueryable〈T〉의 경우는 예외적이다. 이 둘은 거의 동일한 기능을 가지고 있지만 개별 인터페이스의 구현상의 차이가 명확하기 때문에 어떤 데이터 소스를 사용하느냐에 따라 반드시 그에 부합하는 인터페이스를 사용해야 한다. 특정 데이터 소스가 IQueryable〈T〉를 지원하는지 아니면 IEnumerable〈T〉만을 지원하는지를 확인할 수 있으므로 만약 데이터 소스가 IQueryable〈T〉를 구현한다면 반드시 이를 사용해야 한다.

간혹 특정 메서드가 동일한 T 타입에 대해서 IEnumerable〈T〉와 IQueryable〈T〉를 이용한 쿼리를 모두 지원해야 하는 경우가 있다.

```
public static IEnumerable<Product> ValidProducts(
    this IEnumerable<Product> products) =>
        from p in products
        where p.ProductName.LastIndexOf('C') == 0
        select p;

// OK. LINQ to SQL 제공자는
// string.LastIndexOf()를 지원한다.
public static IQueryable<Product> ValidProducts(
    this IQueryable<Product> products) =>
        from p in products
        where p.ProductName.LastIndexOf('C') == 0
        select p;
```

이 경우 코드 중복이 발생할 가능성이 높다. 이럴 때는 AsQueryable()을 사용하여 IEnumerable〈T〉를 IQueryable〈T〉로 변경하면 중복을 제거할 수 있다.

```
public static IEnumerable<Product> ValidProducts(
    this IEnumerable<Product> products) =>
        from p in products.AsQueryable()
        where p.ProductName.LastIndexOf('C') == 0
        select p;
```

AsQueryable()은 시퀀스의 런타임 타입을 확인한다. 만약 시퀀스의 런타임 타입이 IQueryable이라면 IQueryable을 반환할 것이고, 반대로 IEnumerable 타입이라면

LINQ to Objects를 사용하여 IQueryable을 구현한 래퍼를 생성하여 반환한다. 이 경우 Enumerable 구현체를 얻기는 하겠지만 IQueryable 타입으로 래핑된 객체를 얻게 된다.

AsQueryable()을 사용하면 최대한 이점을 얻을 수 있다. 시퀀스가 이미 IQueryable을 구현하고 있는 경우 그 구현체를 사용하게 되고 IEnumerable만을 구현하고 있는 경우에도 문제없이 동작한다. IQueryable〈T〉 시퀀스 전달받은 경우 Queryable〈T〉 메서드를 올바르게 사용할 수 있으며 표현식 트리와 원격 수행의 장점을 그대로 취할 수 있다. 그리고 IEnumerable〈T〉를 전달받은 경우에도 IEnumerable〈T〉 구현체를 그대로 사용할 수 있다.

앞의 코드를 살펴보면 string.LastIndexOf()라는 메서드를 호출하는 부문이 있다. 이 메서드는 LINQ To SQL 라이브러리를 통해 올바르게 해석 가능한 메서드 중 하나이므로 LINQ to SQL 쿼리에서도 그대로 사용할 수 있다. 하지만 각각의 제공자들은 각기 제공하는 기능이 다르므로 모든 IQueryProvider 구현체가 이 메서드를 구현할 것이라고 가정해서는 안 된다.

IQueryable〈T〉와 IEnumerable〈T〉는 동일한 기능을 제공하는 것처럼 보인다. 하지만 이 둘은 매우 다르며 특히 쿼리 패턴을 구현하는 방법이 매우 상이하다. 따라서 데이터 원본이 어떤 인터페이스를 제공하느냐에 따라 올바르게 쿼리를 구성해야 한다. 또한 올바른 형식으로 변수를 선언해야만 제대로 작업을 수행할 수 있다.

아이템 43: 쿼리 결과의 의미를 명확히 강제하고, Single()과 First()를 사용하라

LINQ 라이브러리를 빠르게 살펴보면 이것이 일련의 데이터 세트, 즉 시퀀스를 반환하도록 설계됐다고 생각할 것이다. 하지만 LINQ는 단일의 값을 반환하는 메서드도 포함하고 있다. 이런 메서드들은 다른 메서드와는 달리 쿼리의 결과를 이용하되 단일의 스칼라 값을 반환해주는데, 이를 통해 개발자의 의도나 기대를 손쉽게 표현할 수 있도록 도와준다.

Single()은 정확히 1개의 요소만 반환한다. 만약 쿼리 결과에 어떤 요소도 포함되지 않거나, 혹은 여러 개의 요소가 포함되는 경우에 Single()은 예외를 유발한다. 이는 개발자의 의도를 정확히 드러내기 위한 강력한 수단이 되기도 한다. 만약 개발할 때의 가정이 잘못되어 여러 개의 요소가 반환될 경우 즉각적으로 문제를 확인할 수 있기 때문이다. 만약 특정 쿼리가 정확히

1개의 요소만을 반환해야 한다고 강력히 제한하고 싶다면 Single()을 사용하면 된다. 이 메서드는 단 하나의 결과만 반환되어야 한다는 개발자의 가정을 가장 명확하게 드러내는 메서드다. 당연한 이야기지만 이러한 가정이 틀릴 경우 문제가 발생하고 그 증상을 즉각적으로 확인할 수 있으므로 추가적으로 데이터에 손상이 발생하는 것을 미연에 방지할 수 있다. 즉각적으로 문제 증상이 드러나면 문제를 분석하고 수정하는 데 상당한 도움이 된다. 게다가 잘못된 데이터로 인해 향후에 응용프로그램이 다뤄야 하는 데이터에 대한 심각한 손상을 방지할 수 있다. 쿼리가 실패했다는 것은 개발자의 가정이 잘못되었음을 뜻하는 것이기 때문이다.

```
var somePeople = new List<Person> {
    new Person { FirstName = "Bill", LastName = "Gates"},
    new Person { FirstName = "Bill", LastName = "Wagner"},
    new Person { FirstName = "Bill", LastName = "Johnson"}
};

// 시퀀스 내에 여러 개의 요소가 포함되므로
// 예외를 일으킨다.
var answer = (from p in somePeople
              where p.FirstName == "Bill"
              select p).Single();
```

앞서 살펴봤던 다양한 쿼리와는 달리 이 코드는 쿼리 결과를 순회하기도 전에 예외를 일으킨다. Single()은 쿼리를 즉시 평가한 후 단일 요소를 반환하기 때문이다. 다음 쿼리 또한 오류 메시지의 내용은 다르지만 동일한 예외를 유발한다.

```
var answer = (from p in somePeople
              where p.FirstName == "Larry"
              select p).Single();
```

다시 말하지만 이 코드는 정확히 하나의 결과만이 반환될 것이라 가정하고 있다. 이러한 가정이 잘못됐기 때문에 Single() 메서드가 InvalidOperationException를 던지는 것이다.

만약 쿼리의 결과가 어떤 요소도 포함하지 않거나 혹은 하나의 요소만을 포함할 수 있다면 SingleOrDefault() 메서드를 사용할 수 있다. 하지만 이 경우에도 쿼리 결과에 포함된 요소가 2개 이상이면 예외를 일으킨다. 쿼리의 결과가 하나를 초과하지 않을 것이라고 가정했기 때문이다.

```
var answer = (from p in somePeople
              where p.FirstName == "Larry"
              select p).SingleOrDefault();
```

이 쿼리의 경우 쿼리에 부합하는 요소가 없으므로 null(참조 타입의 기본값)이 반환된다.

하나의 요소만이 반환될 것을 기대하기는 하지만 때로는 여러 개의 값이 반환되는 경우도 허용하고 싶을 수도 있다. 이 경우 First()나 FirstOrDefault()를 사용할 수 있다. 두 메서드 모두 반환되는 시퀀스로부터 첫 번째 요소만을 가져온다. 시퀀스가 비어 있는 경우라면 First()의 경우 예외를 발생시키고 FirstOrDefault()의 경우 기본값을 반환한다. 다음 쿼리는 가장 많은 득점을 한 포워드를 찾는 예다. 어느 포워드도 득점하지 못한 경우라면 null을 반환하거나 예외를 일으킨다.

```
// 정상 동작한다. null을 반환한다.
var answer = (from p in Forwards
              where p.GoalsScored > 0
              orderby p.GoalsScored
              select p).FirstOrDefault();

// 만약 시퀀스상에 어떤 요소도 없다면 예외가 발생한다.
var answer2 = (from p in Forwards
               where p.GoalsScored > 0
               orderby p.GoalsScored
               select p).First();
```

당연한 이야기지만 때로는 무조건 첫 번째 요소를 가져오는 것만으로는 충분하지 않을 수 있다. 이 경우 몇 가지 도움이 될 만한 방법이 있는데, 원하는 값을 첫 번째 위치로 옮기기 위해서 정렬을 수행하는 것도 하나의 방법이다(원하는 값을 가장 마지막 위치로 옮기도록 정렬을 수행할 수도 있겠지만 이 경우 시간이 약간 더 걸린다).

만약 얻어오려는 요소가 시퀀스상에서 몇 번째에 위치하는지 정확히 알고 있다면 Skip()과 First()를 함께 이용하여 원하는 요소를 가져올 수 있다. 다음 예는 세 번째로 득점을 많이 한 포워드를 가져오는 쿼리의 예다.

```
var answer = (from p in Forwards
              where p.GoalsScored > 0
              orderby p.GoalsScored
              select p).Skip(2).First();
```

Take() 대신에 First()를 사용한 이유는 정확히 1개의 요소만을 가져오려는 의도를 명확히 드러내기 위함이다. FirstOrDefault() 대신 First()를 사용했음에도 주목해야 한다. 이 경우 득점을 한 포워드가 최소 3명 이상은 있을 것이라는 가정이 있다.

특정 위치에 있는 요소를 찾으려는 경우 더 좋은 방법이 있을 가능성이 높다. 쿼리를 구성하기 위한 다른 속성이 있는지, 결과 시퀀스가 IList<T>를 지원하는지, 그리고 인덱스 작업을 지원하는지를 확인해보는 것이 좋다. 이 경우 다른 방법으로 코드를 구성하는 것이 개발자의 의도를 더 명확히 드러낼 가능성이 높다.

개발자가 작성하는 쿼리를 살펴보면 상당수가 단일의 스칼라 값을 반환한다. 단일의 값을 가져올 경우 단일 요소를 가진 시퀀스를 가져오기보다는 스칼라 값 그 자체를 가져오도록 쿼리를 작성하는 것이 좋다. Single()은 정확히 1개의 요소만이 필요하다는 뜻이다. SingleOrDefault()는 시퀀스에 포함된 요소가 없거나 혹은 1개라는 의미다. First()나 Last()는 시퀀스로부터 1개의 요소만을 가져오려 할 때 사용할 수 있다. 특정 요소를 찾기 위해서 그 외에 다른 메서드를 사용해야 한다면 쿼리가 명확하지 않거나 혹은 다른 방법이 있는지 찾아보는 것이 좋다. 이런 메서드를 사용하면 향후 코드를 다시 읽었을 때 이해하기도 어렵고 유지보수도 힘들다.

아이템 44: 바인딩된 변수는 수정하지 말라

다음 코드는 클로저에서 캡처된 변수를 수정했을 때 어떤 일이 일어나는지를 보여주기 위한 예다.

```
var index = 0;
Func<IEnumerable<int>> sequence = () =>
    Utilities.Generate(30, () => index++);
```

```
index = 20;
foreach (int n in sequence())
    WriteLine(n);
WriteLine("Done");

index = 100;
foreach (var n in sequence())
    WriteLine(n);
```

앞의 코드를 수행하면 20부터 50까지를 출력한 후 100부터 130까지를 출력한다. 출력된 결과가 놀라울지도 모르겠다. 이번 항목에서는 컴파일러가 앞의 코드를 어떻게 해석하고 어떻게 결과물을 만들어내는지에 대해서 살펴볼 것이다. 사실 컴파일러의 동작 방식은 상당히 합리적이며 이를 통해 개발자들은 많은 부분을 배울 수 있을 것이다.

C# 컴파일러는 쿼리 표현식을 실행 코드로 변환할 때 다양한 작업을 수행한다. 그간 C#에 다양한 기능이 새롭게 추가됐지만 새롭게 추가된 기능 대부분이 .NET CLR 2.0 버전과 호환되는 형태로 컴파일된다. 쿼리 표현식은 새롭게 추가된 어셈블리를 사용하기는 하지만 새로운 CLR 기능에 의존적이지는 않다. C# 컴파일러는 쿼리 표현식과 람다 표현식을 모두 정적 델리게이트나 인스턴스 델리게이트 혹은 클로저로 변환한다. 이 중 어떤 것을 선택하느냐는 람다 본문의 코드가 어떻게 작성됐느냐에 따라 결정된다. 이는 C# 언어 내부의 매우 지엽적인 특성처럼 보이지만 실제로 코드를 작성할 때 꽤 큰 영향을 주는 중요한 부분이다. 컴파일러가 어떤 방식을 선택하느냐에 따라 코드의 동작 방식이 미묘하게 차이나기 때문이다.

모든 람다 표현식이 항상 동일한 코드를 생성하는 것은 아니므로 컴파일러 입장에서 이에 대응하기 위한 가장 쉬운 방법은 델리게이트를 활용하는 것이다.

```
int[] someNumbers = { 0, 1, 2, 3, 4, 5, 6, 7, 8, 9, 10 };
var answers = from n in someNumbers
    select n * n;
```

컴파일러는 select n * n 람다 표현식을 정적 델리게이트를 정의하는 것으로 변환한다. 컴파일러가 생성하는 코드는 다음과 유사하다.

```
private static int HiddenFunc(int n) => (n * n);
private static Func<int, int> HiddenDelegateDefinition;
```

```
// 사용 예
int[] someNumbers = new int[] { 0, 1, 2, 3, 4, 5, 6, 7, 8, 9, 10 };

if (HiddenDelegateDefinition == null)
{
    HiddenDelegateDefinition = new Func<int, int>(HiddenFunc);
}

var answers = someNumbers .Select<int, int>(HiddenDelegateDefinition);
```

이 예제에서 람다 표현식의 내용을 살펴보면 인스턴스 변수나 지역변수에 전혀 접근하지 않음을 알 수 있다. 따라서 C# 컴파일러는 델리게이트를 통해 참조할 정적 메서드를 생성한다. 이 방법이 컴파일러 입장에서는 가장 간단하기 때문이다. 컴파일러는 private 정적 메서드를 생성하고 이를 참조하는 델리게이트를 정의한다. 컴파일러가 생성한 메서드는 앞의 예와 같이 간단한 표현식을 포함하거나 혹은 정적 클래스 변수에 접근하는 코드를 포함하게 된다.

이처럼 간단한 람다 표현식은 델리게이트를 이용하여 래핑된 메서드 호출 구문으로 해석된다.

그 다음으로 간단한 람다 표현식은 인스턴스 변수에는 접근하지만 지역변수에는 접근하지 않는 람다 표현식이다.

```
public class ModFilter
{
    private readonly int modulus;

    public ModFilter(int mod)
    {
        modulus = mod;
    }

    public IEnumerable<int> FindValues(
        IEnumerable<int> sequence)
    {
        return from n in sequence
                where n % modulus == 0 // 새로운 식
                select n * n; // 이전 예제와 동일한 식
    }
}
```

이 경우 컴파일러는 람다 표현식을 해석할 때 델리게이트를 통해 참조하는 인스턴스 메서드를 생성한다. 기본적인 방법은 이전과 크게 다르지 않지만 델리게이트에서 객체의 상태를 읽고 수정할 수 있도록 인스턴스 메서드를 생성한다는 차이가 있다. 람다 표현식을 코드로 변경한 부분은 델리게이트를 생성하고 메서드를 호출하는 코드를 포함하는 등 정적 델리게이트를 사용하는 이전 예제와 매우 흡사하다.

```
public class ModFilter
{
    private readonly int modulus;

    // 새롭게 추가된 메서드
    private bool WhereClause(int n) => ((n % this.modulus) == 0);

    // 기존 메서드
    private static int SelectClause(int n) => (n * n);

    // 기존 델리게이트
    private static Func<int, int> SelectDelegate;

    public IEnumerable<int> FindValues(IEnumerable<int> sequence)
    {
        if (SelectDelegate == null)
        {
            SelectDelegate = new Func<int, int>(SelectClause);
        }

        return sequence.Where<int>(
            new Func<int, bool>(this.WhereClause)).
            Select<int, int>(SelectClause);
    }
    // 다른 메서드는 생략
}
```

람다 표현식 내부에 객체 인스턴스의 맴버 변수에 접근하는 코드가 있으면 컴파일러는 해당 변수를 사용하는 인스턴스 메서드를 생성한다. 특별히 이해하기 어려운 부분은 없을 것 같다. 단지 컴파일러가 사용자 대신 일부 코드를 생성해줄 뿐이며 일반적인 메서드 호출 코드를 그대로 사용한다.

하지만 람다 표현식 내에 지역변수를 사용하는 코드가 포함돼 있거나 메서드의 매개변수를 사용하는 코드가 포함돼 있을 경우에는 컴파일러가 상당한 추가 작업을 수행하게 된다. 이 경우 클로저가 필요하기 때문이다. 컴파일러는 지역변수를 사용하는 클로저를 구현하기 위해서 private으로 중첩 클래스를 선언한다. 지역변수는 람다 표현식의 본문을 구현하는 델리게이트에 매개변수로 지역변수를 전달한다. 이 경우 람다 표현식 내에서 해당 지역변수를 수정한 경우 외부에도 그 변경 사항이 반영돼야 하는데 이에 대해서는 『The C# Programming』(3판, 7.14.4.1절)에서 자세히 설명하고 있다. 당연한 이야기지만 람다 표현식에서 접근하는 지역변수는 여러 개가 될 수 있으며 쿼리 표현식 또한 여러 개가 될 수 있다. 이 경우에도 동작 방식은 동일하다.

앞의 예제 코드를 지역변수에 접근하는 코드가 포함되도록 조금 수정해보자.

```
public class ModFilter
{
    private readonly int modulus;

    public ModFilter(int mod)
    {
        modulus = mod;
    }

    public IEnumerable<int> FindValues(IEnumerable<int> sequence)
    {

        int numValues = 0;
        return from n in sequence
               where n % modulus == 0 // 새로운 식
               // 지역변수에 접근하도록 select 절 변경
               select n * n / ++numValues;
    }

    // 다른 메서드는 생략
}
```

앞의 코드에서 주목할 부분은 select 절에서 지역변수인 numValues를 사용한다는 점이다. 이제 컴파일러는 클로저를 생성하기 위해서 중첩 클래스를 생성하는데 컴파일러가 생성하는 코드와 유사한 코드를 다음에 나타냈다.

```
// LINQ를 제거한 코드
public class ModFilter
{
    private sealed class Closure
    {
        public ModFilter outer;
        public int numValues;

        public int SelectClause(int n) => ((n * n) / ++this.numValues);
    }

    private readonly int modulus;

    public ModFilter(int mod)
    {
        this.modulus = mod;
    }

    private bool WhereClause(int n) => ((n % this.modulus) == 0);

    public IEnumerable<int> FindValues(IEnumerable<int> sequence)
    {
        var c = new Closure();
        c.outer = this;
        c.numValues = 0;

        return sequence.Where<int>(
            new Func<int, bool>(this.WhereClause))
            .Select<int, int>(
                new Func<int, int>(c.SelectClause));
    }
}
```

앞의 코드를 살펴보면 컴파일러가 람다 표현식 내에서 사용하는 모든 지역변수를 포함하는 중첩 클래스를 생성한다는 것을 알 수 있다. 실제로 람다 표현식 내에서 사용된 모든 지역변수들은 중첩 클래스 내의 필드로 대체된다. 따라서 람다 내부에서든 혹은 람다 외부에서든 완전히 동일한 필드에 접근하게 된다. 또한 람다 표현식의 본문은 중첩 클래스 내의 메서드 내부에 포함된다.

컴파일러는 람다 표현식에서 사용된 메서드의 매개변수를 지역변수와 완전히 동일한 방식으로 처리한다. 즉 매개변수를 중첩 클래스 내에 둔다.

이제 가장 앞서 살펴봤던 예제를 다시 보자. 이제 이 코드가 왜 그처럼 동작하는지 명확하게 이해될 것이다. incrementBy 변수는 쿼리가 수행되기 이전에 클로저 내에 포함되도록 코드가 생성된다. 내부적인 구현 방식이 이러하기 때문에 앞서 살펴본 바와 같이 결과가 출력되는 것이다.

여러 개의 쿼리를 연이어 수행할 때 바인딩된 변수의 값을 수정하게 되면 지연 수행과 컴파일러의 클로저 구현 특성 때문에 예상치 않은 문제가 발생할 수 있다. 따라서 클로저에 의해 캡처되어 바인딩된 변수는 수정하지 않는 것이 좋다.

CHAPTER 5

예외 처리

오류는 항상 발생한다. 최선을 다해 응용프로그램을 개발하더라도 예상치 못한 오류 상황은 언제나 발생하곤 한다. .NET Framework가 제공하는 메서드는 성공하기도 하지만 간혹 문제 상황이 발생했음을 알리기 위해서 예외를 일으키기도 한다. 응용프로그램을 작성하거나 라이브러리를 작성할 때 .NET Framework와 동일한 전략을 취하는 것이 개발자나 사용자 모두에게 도움이 된다. 그리고 예외가 발생했을 때 이를 어떻게 처리해야 할지 정확히 이해하는 것은 C# 개발자의 핵심 역량 중 하나다.

예외를 유발할 가능성이 있는 메서드를 호출하는 경우라면 이미 검증된 방식으로 코드를 작성해야 한다.

우리가 작성하는 코드에서 예외를 직접 발생시켜야 하는 경우도 있다. .NET Framework의 설계 지침에 따르면 요청된 작업을 올바르게 수행할 수 없다면 예외를 발생시키라고 가이드한다. 이 경우 실패의 근본 원인을 진단하고 가능하다면 오류 상황을 수정하는 데 필요한 모든 정보를 제공해야 한다. 또한 응용프로그램이 복구 가능한 상태인지를 명확히 알려줘야 한다.

5장에서는 예외를 통해서 정확하고 세부적으로 오류를 이해하는 방법에 대해서 살펴볼 것이다. 또한 복구 가능성을 높이기 위해서 응용프로그램의 상태를 어떻게 관리해야 하는지에 대해서도 알아볼 것이다.

아이템 45: 메서드가 실패했음을 알리기 위해서 예외를 이용하라

메서드가 요청된 작업을 제대로 수행할 수 없는 경우 예외를 발생시켜 실패가 발생했음을 알려야 한다. 오류 코드를 이용하는 경우 사용자가 이를 쉽게 무시해버릴 수 있고, 오류 코드를 검사하고 이를 활용하는 코드 때문에 정상적인 실행 흐름을 혼돈스럽게 만들고, 핵심 논리를 흐리게 한다. 하지만 일반적인 실행 흐름을 제어하는 메커니즘으로 예외를 사용해서는 안 된다. 추가적으로 다른 개발자가 사용할 라이브러리를 작성하는 경우에는 정상적인 운영 환경에서 예외가 발생할 가능성을 최소화하는 것이 좋다. 런타임에 발생하는 예외는 상당히 값비쌀 뿐 아니라 이에 대응하는 코드를 작성하는 것이 쉽지 않다. 따라서 개발자가 try/catch 블록을 작성하지 않고도 정상적으로 메서드가 수행될 수 있는지를 확인할 수 있는 API를 함께 제공하는 것이 좋다.

오류를 보고하는 메커니즘의 관점에서 보자면 반환 코드를 이용하여 오류를 보고하는 방식보다 예외를 이용하는 방식이 장점이 더 많다. 반환 코드를 이용하는 방식은 메서드의 원형에 영향을 미친다. 그리고 반환 코드는 계산의 결과를 나타내는 용도로 주로 사용되므로 오류가 발생했다는 사실 이외에 추가적인 정보를 전달하기가 어렵다. 이에 비해 예외는 클래스 타입이므로 개발자가 자신만의 예외 타입을 파생시킬 수 있으며 오류에 대한 추가적인 정보를 전달할 수 있다.

에러를 나타내는 반환 코드는 메서드 호출자에 의해서 처리된다. 반면 예외는 콜 스택을 통해서 적절한 catch 문이 구성된 위치까지 콜스택을 통해 전파된다. 따라서 개발자는 에러를 발생시키는 위치와 에러를 처리하는 부분을 여러 수준에서 분리하여 개발할 수 있다. 그리고 이렇게 분리하더라도 예외 클래스를 사용하면 에러에 대한 세부 정보를 잃지 않을 수 있다.

마지막으로 예외는 쉽게 무시하기 어렵다. 프로그램 내에 적절한 catch 문이 포함되어 있지 않으면 예외가 발생했을 때 응용프로그램이 종료된다. 오류가 발생했음을 무시한다면 데이터가 손상된 상태로 응용프로그램이 수행될 것인데 이 경우 정상적으로 수행을 이어가기 어렵다.

오류가 발생했음을 알리는 수단으로 예외를 사용하기로 결정했다 하더라도 항상 예외를 통해 오류를 보고해야 하는 것은 아니다. 즉, 모든 오류 상황을 예외로 다룰 필요는 없다. 실제로 File.Exists() 메서드는 매개변수로 주어진 파일이 존재하면 true, 그렇지 않으면 false를 반환한다. File.Open()의 경우는 파일이 존재하지 않는 경우 예외를 유발한다. 두 메서드가 이처럼 서로 다르게 구현된 이유는 File.Exists() 메서드의 경우 그 목적이 파일이 실제로 존재하는지를 확인하기 위한 메서드이기 때문이다. 따라서 파일이 존재하지 않더라도 File.Exists() 메서드 그 자체는 성공적으로 수행을 완료한다. 반면 File.Open() 메서드는 파일이 존재하고, 사용자가 해당 파일을 읽을 수 있고, 해당 프로세스가 파일을 읽을 권한이 있을 경우에만 성공적으로 작업을 완료한다. File.Exists()의 경우 개발자가 원하지 않는 결과가 반환되더라도 성공적으로 프로그램을 이어갈 수 있지만, File.Open()의 경우 메서드 호출 자체가 실패하므로 프로그램을 계속해서 수행할 수 없다. 개발자가 원하지 않는 답변이 반환되는 것과 작업 자체가 실패하는 것은 엄연히 다르다. 원하지 않는 답변이 반환되더라도 파일의 존재 여부를 확인했다는 측면에서 추가적인 정보를 획득한 것이기 때문이다.

이러한 차이는 메서드의 명명 방법에도 중대한 영향을 미친다. 메서드의 이름은 메서드가 어떤 작업을 수행하는지를 명확하게 드러내도록 지어야 한다. 단순히 특정 상황을 확인하는 메서드라면 테스트용 메서드임을 정확히 드러내도록 메서드의 이름을 지어야 한다. 추가적으로 테스트 메서드의 경우에는 가능한 한 예외를 사용하지 않는 편이 좋다. 예외를 처리하는 작업은 일반적인 메서드 호출보다 훨씬 더 시간이 많이 걸린다. 이런 이유로 특정 작업을 수행하기 전에 실패할 가능성이 있는지를 확인하는 메서드를 추가로 작성하면 좋다. 이 방법을 이용하면 프로그램을 보다 방어적으로 작성할 수 있으며, 설사 테스트 메서드를 사용하지 않기로 결정한 경우에도 예외를 통해서 오류 상황을 보고할 수 있다.

예외를 발생시키는 메서드를 작성할 때는 항상 예외를 유발하는 조건을 사전에 검사할 수 있는 메서드를 함께 작성할 것을 권장한다. 내부적으로는 작업 수행 이전에 이 테스트 메서드를 이용하여 작업을 정상적으로 수행할 수 있는 상황인지를 확인할 수 있으며 이를 통해 예외를 발생시킬지를 결정할 수 있다.

특정 위젯widget이 존재하지 않는 경우 작업을 완료할 수 없는 클래스가 있다고 가정해보자. 만약 위젯의 존재 여부를 확인하는 메서드는 제공되지 않고 작업을 수행하는 메서드만 있다면 다음과 같이 코드를 작성하게 될 것이다.

```
// 이런 방법은 사용하지 말라.
DoesWorkThatMightFail worker = new DoesWorkThatMightFail();
try
{
    worker.DoWork();
}
catch (WorkerException e)
```

```
{
    ReportErrorToUser(
        "Test Conditions Failed. Please check widgets");
}
```

이보다는 작업을 올바르게 수행할 수 있는 상황인지를 확인할 수 있는 메서드가 포함되어 있다면 좋을 것이다.

```
public class DoesWorkThatMightFail
{
    public bool TryDoWork()
    {
        if (!TestConditions())
            return false;

        Work(); // 여전히 실패할 수 있지만, 그 가능성은 낮다.
        return true;
    }

    // 이 메서드가 실패했다는 것은
    // 매우 심각한 문제가 발생했음을 의미한다.
    public void DoWork()
    {
        Work(); // 예외를 발생시킬 수도 있다.
    }

    private bool TestConditions()
    {
        // 본문은 생략
        // 테스트 조건을 구현한다.
        return true;
    }

    private void Work()
    {
        // 세부 내용은 생략
        // 임의의 작업을 수행한다.
    }
}
```

이러한 패턴을 사용하려면 2개의 public 메서드와 2개의 private 메서드가 필요하다.

TryDoWork() 메서드는 모든 입력 매개변수가 유효한지 확인하고 내부 객체의 상태가 작업을 수행할 수 있는지를 확인한다. 확인 작업이 성공적으로 완료되면 실제 작업을 수행하기 위해서 Work() 메서드를 호출한다. DoWork() 메서드는 단순히 Work() 메서드를 호출하므로 예외가 발생할 수 있다. 이러한 패턴은 예외를 유발할 가능성이 있는 작업을 수행할 때 성능을 개선하기 위한 목적으로 .NET 내부에서도 사용된다. 이 패턴을 활용하면 예외가 발생할 가능성이 있는 메서드를 호출하기 이전에 사전 조건을 테스트해볼 수 있으므로 예외로 인한 성능 저하 문제를 피할 수 있다.

위와 같이 코드를 추가하면 개발자는 더욱 깔끔하게 코드를 작성할 수 있다.

```
if (!worker.TryDoWork())
{
    ReportErrorToUser(
        "Test Conditions Failed. Please check widgets");
}
```

실제로는 사전 조건을 테스트 과정에서 매개변수가 정확한지를 확인하거나 내부 상태가 온전한지를 확인하는 등의 추가 작업을 수행해야 한다. 사용자의 입력이나 파일 입력 혹은 세부 내용을 알지 못하는 외부 코드로부터 전달된 매개변수를 사용해야 하는 경우 이 같은 패턴을 활용하면 상당히 도움이 된다. 이런 경우에 발생하는 오류는 흔히 발생하는 오류이기도 하거니와 대부분 대응 시나리오가 존재하는 오류이기도 하다. 따라서 예외를 일으키지 않는 방식으로 응용프로그램의 흐름을 제어할 수 있는 메커니즘을 지원하는 것이 좋다. 앞의 코드에서 Work() 메서드가 절대로 예외를 발생시키지 않을 것이라 단언하지 않았다는 점도 유념해야 한다. 사전에 매개변수를 확인하고 내부 상태를 확인하더라도 예상할 수 없는 오류가 발생할 가능성은 여전히 상존하기 때문이다. 이런 오류라면 TryDoWork()에서 확인하기 보다 예외를 이용하여 오류가 발생했음을 알리는 것이 좋다.

특정 메서드가 작업을 온전히 완료할 수 없을 경우 예외를 발생시킬지를 결정하는 것은 개발자의 몫이다. 하지만 오류가 발생하면 항상 예외를 발생시키도록 코드를 작성하는 것이 좋다. 다만 예외는 일반적인 흐름 제어 메커니즘으로 사용해서는 안 된다. 그리고 요청된 작업이 성공적으로 수행될 수 있을지를 사전에 테스트할 수 있는 메서드를 같이 제공하는 것이 좋다.

아이템 46: 리소스 정리를 위해 using과 try/finally를 활용하라

관리되지 않는unmanaged 시스템 리소스를 사용하는 타입은 IDisposable 인터페이스가 제공하는 Dispose() 메서드를 이용하여 명시적으로 리소스를 해제해야 한다. .NET 환경에서 이러한 규칙을 준수해야 할 책임은 해당 타입을 개발한 개발자의 몫이거나 하부 시스템의 역할이 아니라 해당 타입을 사용하는 사용자의 의무다. 이런 이유로 IDisposable 인터페이스를 구현한 타입을 사용할 때는 리소스 해제를 위해 반드시 Dispose()를 호출해야 한다. 사용자 입장에서 Dispose() 메서드가 항상 호출되도록 코드를 작성하기 위한 최선의 방법은 using 문이나 try/finally 블록을 활용하는 것이다.

관리되지 않는 리소스를 사용하는 모든 타입은 IDisposable 인터페이스를 반드시 구현해야 한다. 더불어, 사용자들이 Dispose() 메서드를 호출하는 것을 혹시라도 잊어버린 경우에 대비하기 위해서 finalizer를 방어적으로 작성해야 한다. Dispose() 메서드를 호출하는 것을 잊은 경우에도 finalizer가 수행될 때 리소스가 해제될 수 있도록 하기 위함이다. 하지만 이 경우 해당 리소스가 메모리상에 더 오래 살아남을 것이기 때문에 리소스가 낭비될 뿐 아니라 프로그램의 수행 성능에도 나쁜 영향을 미치게 된다.

다행스럽게도 C# 언어 설계자들은 리소스를 명시적으로 해제하는 작업이 빈번이 이루어질 것으로 생각하고 사용자가 좀 더 쉽게 이러한 작업을 수행할 수 있도록 언어 명세에 관련 키워드를 추가해뒀다.

다음과 같이 코드를 작성한다고 가정해보자.

```
public void ExecuteCommand(string connString, string commandString)
{
    SqlConnection myConnection = new SqlConnection(connString);
    var mySqlCommand = new SqlCommand(commandString, myConnection);
    myConnection.Open();
    mySqlCommand.ExecuteNonQuery();
}
```

SqlConnection과 SQLCommand는 둘 다 Dispose()를 구현한 객체지만 사용자가 Dispose() 메서드를 호출하지 않았기 때문에 두 객체는 finalizer가 호출될 때까지 메모리에 남게 된다(실제로 이 2개의 타입은 System.ComponentModel.Component로부터

finalizer를 상속한다).

이 문제를 해결하려면 command와 connection 객체에 대해서 Dispose()를 호출해주면 된다.

```
public void ExecuteCommand(string connString, string commandString)
{
    var myConnection = new SqlConnection(connString);
    var mySqlCommand = new SqlCommand(commandString, myConnection);
    myConnection.Open();
    mySqlCommand.ExecuteNonQuery();

    mySqlCommand.Dispose();
    myConnection.Dispose();
}
```

수정한 내용이 괜찮아 보일지는 모르겠지만 이는 SQL 명령을 수행하는 동안 어떠한 예외도 발생하지 않을 것이라는 비현실적인 가정이 있을 때만 유효한 방식이며, 실제로 앞의 코드를 수행하는 중에 예외가 발생하게 되면 Dispose() 메서드가 호출되지 않는다. 이 경우 using 문 내에서 객체를 할당하면 C# 컴파일러가 해당 객체에 대해 try/finally 블록을 자동으로 생성하여 항상 Dispose()가 호출되도록 해준다.

```
public void ExecuteCommand(string connString, string commandString)
{
    using (SqlConnection myConnection = new SqlConnection(connString))
    {
        using (SqlCommand mySqlCommand =
            new SqlCommand(commandString, myConnection))
        {
            myConnection.Open();
            mySqlCommand.ExecuteNonQuery();
        }
    }
}
```

두말할 필요 없이 Dispose()를 호출해야 하는 객체를 사용할 경우 이를 보장하기 위한 가장 간단한 방법은 using 문을 이용하는 것이다. C# 컴파일러가 using 문을 발견하면 해당 객체를 감싸는 try/finally 블록을 자동으로 생성해준다. 실제로 아래 두 C# 코드를 각각 컴파일해

보면 생성된 IL 코드가 완전히 동일하다.

```
SqlConnection myConnection = null;

// using 문의 사용 예
using (myConnection = new SqlConnection(connString))
{
    myConnection.Open();
}

// try/catch 블록의 사용 예
try
{
    myConnection = new SqlConnection(connString);
    myConnection.Open();
}
finally
{
    myConnection.Dispose();
}
```

IDisposable 인터페이스를 지원하지 않는 타입에 대해서 using 문을 사용하면 컴파일 에러가 발생한다.

```
// 컴파일되지 않는다.
// string 타입은 IDisposable 인터페이스를 지원하지 않는다.
using (string msg = "This is a message")
    Console.WriteLine(msg);
```

using 문은 컴파일타임에 IDisposable 인터페이스를 지원하는 타입에 대해서만 사용할 수 있으므로 다음과 같이 컴파일타임에 object로 해석되는 타입에 대해서도 사용할 수 없다.

```
// 컴파일되지 않는다.
// object는 IDisposable 인터페이스를 지원하지 않는다.
using (object obj = Factory.CreateResource())
    Console.WriteLine(obj.ToString());
```

이 경우 as를 이용하면 타입이 IDisposable를 실제로 구현했는지와 상관없이 더 안전하게 코드를 작성할 수 있다.

```
// 오류 수정
// 해당 객체가 IDisposable 인터페이스를
// 구현했는지와 상관없이 잘 동작한다.
object obj = Factory.CreateResource();
using (obj as IDisposable)
    Console.WriteLine(obj.ToString());
```

만약 obj가 IDisposable를 지원한다면 using 문은 앞서 살펴본 try/catch 블록과 동일한 리소스 정리 코드를 생성한다. 반면 obj가 IDisposable를 지원하지 않는다면 런타임에 이 코드가 using(null)로 해석되겠지만 이 경우 어떤 작업도 수행되지 않을 것이므로 안전하다 할 수 있다. 만약 임의의 객체에 대해서 using 문을 사용할 수 있을지 확실치 않다면 IDisposable를 구현했을 것이라 가정하고 앞에서와 같이 코드를 작성하는 것이 좋다.

using 문의 간단한 사용 예는 모두 살펴봤다. 메서드 내에서 IDisposable 인터페이스를 구현한 객체를 지역변수로 사용하는 경우라면 항상 using 문을 사용하기 바란다. 이제 조금 복잡한 예를 살펴보자. 첫 번째 예를 다시 보면 connection과 command 2개의 객체에 대해서 Dispose() 메서드를 호출해야 했다. 앞의 예제에서는 2개의 using 문을 이용했는데 이 경우 각각의 using 문은 개별적으로 try/finally 블록을 생성한다. 이는 다음과 같이 코드를 작성한 것과 같다.

```
public void ExecuteCommand(string connString, string commandString)
{
    SqlConnection myConnection = null;
    SqlCommand mySqlCommand = null;

    try
    {
        myConnection = new SqlConnection(connString);

        try
        {
            mySqlCommand = new SqlCommand
                (commandString, myConnection);

            myConnection.Open();
```

```
                mySqlCommand.ExecuteNonQuery();
            }
            finally
            {
                if (mySqlCommand != null)
                    mySqlCommand.Dispose();
            }
        }
        finally
        {
            if (myConnection != null)
                myConnection.Dispose();
        }
    }
```

using 문장을 사용하면 이처럼 매번 새롭게 중첩된 try/finally 블록을 생성해준다. 다행스러운 것은 하나의 메서드 내에서 IDisposable을 구현하고 있는 2개 이상의 객체를 사용하는 경우는 매우 드물다는 것이다. 그리고 2개 이상의 객체에 대해서 위와 같이 Dispose()를 호출한다고 하더라도 크게 문제될 것은 없다. 다만 코드가 최적화된 구성은 아니기 때문에 다음과 같이 try/finally 블록을 자체적으로 구현해주는 것도 좋은 방법이다.

```
public void ExecuteCommand(string connString, string commandString)
{
    SqlConnection myConnection = null;
    SqlCommand mySqlCommand = null;

    try
    {
        myConnection = new SqlConnection(connString);
        mySqlCommand = new SqlCommand(commandString, myConnection);
        myConnection.Open();
        mySqlCommand.ExecuteNonQuery();
    }
    finally
    {
        if (mySqlCommand != null)
            mySqlCommand.Dispose();
        if (myConnection != null)
            myConnection.Dispose();
    }
}
```

이와 같이 코드를 바꿔 쓰지 않고 using 문을 그대로 유지하는 편이 좋은 경우도 있는데, 대표적인 예가 using 문을 as와 함께 사용하는 경우다.

```
// 좋지 않은 방법. 리소스가 누출될 가능성이 있다.
SqlConnection myConnection = new SqlConnection(connString);
SqlCommand mySqlCommand = new SqlCommand(commandString, myConnection);

using (myConnection as IDisposable)
using (mySqlCommand as IDisposable)
{
    myConnection.Open();
    mySqlCommand.ExecuteNonQuery();
}
```

이 코드는 이전 코드보다 깔끔해 보이지만 미묘한 버그가 숨어 있다. 만약 SqlCommand의 생성자를 호출하는 동안 예외가 발생하면 SQLConnection 객체에 대해 Dispose() 메서드가 호출되지 않는다. myConnection 객체의 생성 시점이 using 블록 내로 진입하기 이전이기 때문이다. using 블록 내에서 생성자를 호출하는 경우가 아니라면 Dispose() 메서드를 호출하는 코드는 실행되지 않는다. 이러한 문제를 피하려면 IDisposable을 구현한 모든 객체가 using 블록이나 try 블록 내에서 생성되는지를 확인해야 하며 그렇지 않을 경우 리소스가 누출될 수 있다.

지금까지 가장 명확하게 보이는 두 가지 예를 살펴봤다. 먼저 IDisposable 인터페이스를 구현한 객체를 사용할 경우 using 문을 이용하면 어떤 상황에서도 해당 객체가 할당한 리소스를 정상적으로 해제할 수 있다. 둘째로 Dispose()를 호출해야 하는 객체가 2개 이상인 경우 using 블록을 중복해서 쓰거나 자체적으로 try/finally 블록을 구현하는 것이 좋다.

IDisposable 인터페이스를 구현한 객체를 해제할 때 상당히 미묘한 상황이 발생하기도 한다. 일부 타입의 경우 리소스를 해제하기 위해서 Dispose()와 Close() 2개의 메서드를 제공하는 경우가 있다. SqlConnection이 바로 그런 타입의 예다. SqlConnection을 다음과 같이 사용했다고 가정해보자.

```
public void ExecuteCommand(string connString, string commandString)
{
    SqlConnection myConnection = null;
```

```
    try
    {
        myConnection = new SqlConnection(connString);
        SqlCommand mySqlCommand = new SqlCommand(commandString, myConnection);
        myConnection.Open();
        mySqlCommand.ExecuteNonQuery();
    }
    finally
    {
        if (myConnection != null)
            myConnection.Close();
    }
}
```

이 코드는 Close()를 호출하여 연결을 정확하게 닫고 있기는 하지만 Dispose() 메서드를 호출한 것과 완전히 동일한 것은 아니다. Dispose() 메서드는 리소스를 해제하는 작업 외에도 GC.SuppressFinalize()를 호출하여 가비지 수집기에게 이 객체에 대해서는 finalizer를 호출할 필요가 없음을 알리는 작업을 추가로 수행하는데, Close() 메서드는 일반적으로 이러한 작업을 수행하지 않는다. 따라서 위와 같이 코드를 작성하면 이 객체에 대해서는 finalizer를 호출할 필요가 없음에도 여전히 finalizer 큐에 이 객체가 남게 된다. 만약 두 메서드 중 하나를 선택할 수 있는 상황이라면 Close()보다 Dispose()를 호출하는 것이 좋다(**아이템 17: 표준 Dispose 패턴을 구현하라** 참조).

Dispose()가 객체를 메모리에서 제거해주지는 못한다. 다만 관리되지 않는 리소스를 해제할 수 있도록 기회를 주는 메서드일 뿐이다. 따라서 Dispose() 메서드를 호출한 이후에도 해당 객체가 메모리상에 남아 있을 수 있는데 이러한 객체를 다시 사용하게 되면 문제가 발생할 수 있다. 앞의 예제를 다시 살펴보자. SqlConnection의 Dispose() 메서드는 데이터베이스로의 연결을 닫는다. 하지만 연결이 닫힌 이후에도 SqlConnection 객체는 여전히 메모리상에 남아 있는데 이 객체는 사실상 데이터베이스로의 연결을 소실한 상태다. 메모리에 남아 있지만 쓸모가 없다는 뜻이다. 만약 해당 객체를 다른 부분에서 재사용할 가능성이 조금이라도 있다면 절대 Dispose()를 호출해서는 안 된다.

어떤 면에서 보자면 C++보다 C#에서 리소스를 관리하기가 더 어려운 경우가 간혹 있다. 모든 리소스에 대해서 명확한 시점에 리소스를 정리하는 것이 불가능하기 때문이다. 하지만 자동화된 가비지 수집기가 있는 환경이 그렇지 않은 환경에 비해 전반적으로 리소스 관리가 편리하다는 측면은 부정하기 어렵다. 자주 사용되는 대다수의 타입은 IDisposable을 구현하지 않으며, .NET Framework에 포함된 수많은 타입 중에서 IDisposable을 구현하고 있는 타입은 일부에 지나지 않는다. 다만 IDisposable를 구현한 타입을 사용할 때는 반드시 Dispose() 메서드를 호출해야 한다는 것을 잊지 않기 바란다. 이때 using 문이나 try/finally 블록을 이용할 수 있으며 어떤 경우라도 올바르게 Dispose() 메서드가 호출될 수 있도록 코드를 작성해야 한다.

아이템 47: 사용자 지정 예외 클래스를 완벽하게 작성하라

예외는 오류를 보고하기 위한 메커니즘이며 예외가 발생한 위치로부터 상당히 떨어진 위치에서조차 발생한 예외를 처리할 수 있는 방법을 제공한다. 오류가 발생한 원인을 나타내기 위한 정보는 반드시 예외 객체 내에 포함돼야 한다. 예외 객체에 포함된 기존 오류 관련 정보를 훼손하지 않으면서도 저수준의 에러 내용을 응용프로그램 관점으로 재해석한 정보를 해당 객체에 포함시키고 싶을 수 있을 것이다. 이 경우 C# 응용프로그램 내에서 사용자 지정 예외 클래스를 만들면 되는데 이때 각별히 주의해야 한다.

우선 예외 클래스를 언제 작성할지, 예외 클래스를 작성해야 하는 이유가 무엇인지, 그리고 계층적으로 어떤 정보를 담도록 작성할지를 알아야 한다. 우선 catch 문을 작성할 때 예외의 런타임 타입에 따라 서로 다른 작업을 수행하도록 코드를 작성하는 것이 일반적이다. 즉 예외를 발생시킬 때 어떤 예외 클래스를 사용하느냐에 따라 서로 다른 작업이 수행된다는 점을 알아야 한다.

```
try
{
    Foo();
    Bar();
}
catch (MyFirstApplicationException e1)
{
    FixProblem(e1);
}
catch (AnotherApplicationException e2)
{
```

```
        ReportErrorAndContinue(e2);
    }
    catch (YetAnotherApplicationException e3)
    {
        ReportErrorAndShutdown(e3);
    }
    catch (Exception e)
    {
        ReportGenericError(e);
        throw;
    }
    finally
    {
        CleanupResources();
    }
```

앞의 예와 같이 예외의 런타임에 타입별로 각기 다른 catch 문을 작성할 수 있다. catch 문 내에서 서로 다른 작업을 수행해야 한다면 별개의 예외 클래스가 필요하다. 위의 예에서만 보더라도 각각의 예외 별로 각기 다른 작업을 수행하고 있음을 알 수 있다. 예외를 유발할 가능성이 있는 타입을 사용하는 사용자의 관점에서 보자면 서로 다르게 처리돼야 하는 예외에 대해서만 독립적으로 catch 문을 작성하고 싶을 것이다. 따라서 예외 클래스를 개발하는 개발자는 다른 예외와는 달리 별도의 조치가 필요하다고 예상되는 경우에만 추가적으로 예외 클래스를 만드는 것이 좋다. 그렇지 않으면 쓸모없는 예외 클래스를 만드는 꼴이 될 뿐이다. 예외가 발생할 때마다 어떤 예외가 발생했는지에 대해서만 기록하고 응용프로그램을 종료해버릴 수도 있겠지만 이 경우 사용자로부터 별 5개의 평가를 받기는 포기해야 할 것이다. 이보다 발생된 예외를 더욱 면밀히 살펴보고 극복할 수 있는 오류 상황인지를 판단하여 추가 조치를 할 수 있다면 좋지 않겠는가.

```
    private static void SampleTwo()
    {
        try
        {
            Foo();
            Bar();
        }
        catch (Exception e)
        {
            switch (e.TargetSite.Name)
```

```
        {
            case "Foo":
                FixProblem(e);
                break;
            case "Bar":
                ReportErrorAndContinue(e);
                break;
            // Foo나 Bar가 아닐 경우 호출할 코드
            default:
                ReportErrorAndShutdown(e);
                throw;
        }
    }
    finally
    {
        CleanupResources();
    }
}
```

이와 같이 코드를 작성하는 것이 여러 개의 catch 문을 사용하는 것보다 훨씬 마음에 들지 모르겠지만 이 코드는 사실 별로 견고하지 못하다. 루틴의 이름을 변경해도 문제가 생기고, 에러를 유발하는 코드를 공유 라이브러리로 옮기기만 해도 문제가 생긴다. 이러한 문제는 예외를 유발하는 코드의 콜스택call stack이 깊어지면 깊어질수록 더욱 더 취약해진다.

이 주제에 대해서 자세히 설명하기 전에 두 가지 전제 조건을 먼저 이야기하자. 먼저 우리가 직면하게 될 모든 오류 상황을 예외로 표현할 필요는 없다. 이에 대한 명확한 지침이 있는 것은 아니지만 개인적으로는 즉각적으로 처리되거나 보고되지 않았을 때 문제가 심각한 경우에는 예외를 발생시키는 것을 선호한다. 예를 들어 데이터베이스 내에 데이터 정합성 문제가 발생한 경우는 예외를 발생시키는 것이 좋다. 이러한 종류의 오류는 무시할 경우 더욱 큰 문제로 확산될 가능성이 크기 때문이다. 반면 응용프로그램의 창 위치에 대한 환경 설정을 저장하는 수준의 작업은 실패하더라도 큰 문제가 되지 않는다. 이 경우 실패를 나타내기 위한 리턴 코드를 정의하는 정도만으로도 충분하다.

둘째로 throw 문을 이용하여 코드를 작성한다고 해서 새로운 예외 클래스를 만들 시점이 됐다고 생각하지는 않기 바란다. 물론 개인적으로는 추가적으로 예외 클래스를 생성하는 것이 더 자연스러운 방법이라고 생각하지만 말이다. 실제로 너무 많은 개발자들이 예외를 발생시켜야 할 시점에 System.Exception 예외 클래스만을 과도하게 남용하는 것이 사실이다. 이 예외 클래스는 예외 상황에 대해서 그다지 많은 정보를 제공해주지 못하므로 예외가 발생한 원인에 대한 세부 정보와 복구 가능성에 대한 추가 정보를 제공하기 위해서 새로운 예외 클래스를 작성할지 검토해 보아야 한다.

다시 말하지만 서로 다른 예외 클래스를 활용하여 예외를 발생시키는 유일한 이유는 catch 문을 사용하여 예외를 다루는 코드를 작성할 개발자가 그 각각을 구분하여 서로 다른 작업을 수행할 수 있도록 해주기 위함이다. 따라서 에러가 발생한 시점에 복구 가능성을 염두에 두고 추가적인 정보를 담도록 예외 클래스를 작성하는 것이 좋다. 특정 파일이나 디렉터리가 존재하지 않는 경우 응용프로그램을 복구할 수 있는가? 부적절한 보안 권한에 대한 문제는 복구 가능한가? 네트워크 접속이 불가능한 경우는? 이처럼 다른 작업이나 복구 메커니즘으로 이어질 가능성이 있는 오류가 발생한 경우라면 새로운 예외 클래스를 만들자.

이제 사용자 정의 예외 클래스를 작성하는 방법에 대해서 살펴보자. 우선 예외 클래스를 작성할 때는 개별 예외 클래스의 고유한 책임을 명확하게 규정해야 한다. 둘째로 모든 예외 클래스의 이름은 Exception으로 끝나야 한다. 그리고 System.Exception 클래스나 혹은 더 적절한 예외 클래스를 상속해서 구현해야 한다. 베이스 클래스에 직접 기능을 추가해야 하는 경우는 거의 없다. 서로 다른 예외 클래스를 만드는 이유는 catch 문 내에서 예외가 발생한 원인을 서로 구분하기 위함임을 잊지 말자. Visual Studio나 혹은 다른 편집기를 사용하는 경우라도 대부분 새로운 예외 클래스를 쉽게 만들 수 있도록 템플릿을 제공하기 때문에 이를 활용하여 예외 클래스를 만들기 바란다. 설사 이러한 편집기를 사용할 수 없는 경우라도 예외 클래스의 일반적인 구현 방식을 절대로 벗어나서는 안 된다.

```
// 기본 생성자
public Exception();

// 에러 메시지를 포함하는 생성자
public Exception(string);

// 에러 메시지와 내부 예외를 포함하는 생성자
public Exception(string, Exception);

// 입력 스트림을 이용하는 생성자
protected Exception(SerializationInfo, StreamingContext);
```

새로운 예외 클래스를 작성할 때에는 앞의 예에서 나타낸 것처럼 반드시 4개의 생성자를 작성해야 한다. 마지막 생성자는 예외 클래스가 serialize 가능해야 함을 의미하는 것이기도 하다.

```
[Serializable]
public class MyAssemblyException : Exception
{
    public MyAssemblyException() : base()
    {
    }

    public MyAssemblyException(string s) : base(s)
    {
    }

    public MyAssemblyException(string s, Exception e) : base(s, e)
    {
    }


    // .NET Core가 지원하는 모든 플랫폼에서 이 기능이 사용 가능한 것은 아니다.
    protected MyAssemblyException(SerializationInfo info,
        StreamingContext cxt) : base(info, cxt)
    {
    }
}
```

매개변수로 Exception 타입을 취하는 생성자에 대해서는 좀 더 살펴볼 필요가 있다. 때때로 외부 라이브러리가 예외를 유발하는 경우가 있다. 라이브러리의 사용자 관점에서는 이처럼 외부 라이브러리에서 발생한 예외에 대해서는 복구 작업을 위한 세부적인 정보를 확인하기가 어려우므로 발생한 예외를 단순히 전달해야만 하는 경우도 있다.

```
public double DoSomeWork()
{
    // 외부 라이브러리에서
    // 예외가 발생할 수 있다.
    return ThirdPartyLibrary.ImportantRoutine();
}
```

예외 객체를 생성할 때에는 오류 상황을 세부적으로 나타내는 고유한 정보를 포함시키는 것이 좋다. 따라서 이 경우 새로운 예외 객체를 이용하여 관련 정보를 채우되, 앞서 발생한 예외가 있다면 InnerException 속성에 저장하는 것이 좋다. 이렇게 하면 기존 예외에 더하여 추가적인 정보를 제공해줄 수 있다.

```
public double DoSomeWork()
{
    try
    {
        // 외부 라이브러리에서
        // 예외가 발생할 수 있다.
        return ThirdPartyLibrary.ImportantRoutine();
    }
    catch (ThirdPartyException e)
    {
        var msg = $"Problem with {e.ToString()} using library";
        throw new DoingSomeWorkException(msg, e);
    }
}
```

이렇게 코드를 작성하면 확실히 더 많은 정보를 전달할 수 있다. ToString() 메서드를 적절히 사용하면 문제 증상을 설명하는 세부적인 문장을 가져올 수 있다. 여기에 더해 InnerException을 이용하면 문제의 근본 원인이 외부 라이브러리에 있었음을 확인할 수 있다.

이 같은 기법을 예외 변환exception translation이라고 하는데 저수준의 예외에 대해서 보다 세부적인 상태 정보를 포함하는 고수준의 예외로 변경하는 작업을 일컫는 말이다. 에러가 발생했을 때 더욱 세부적인 정보를 제공하면 오류의 원인을 규명하고 문제 증상을 해결하는 데 많은 도움이 된다. 사용자 정의 예외 타입을 작성하면 저수준의 예외를 진단하고 가능한 한 그 문제를 극복할 수 있도록 세부적인 정보를 포함하는 예외로 변환할 수 있다.

응용프로그램에서 예외는 항상 발생한다. 물론 이상적으로라면 그리 자주 발생해서는 안 되지만 말이다. 예외에 대하여 추가적인 작업을 수행하지 않았다면 .NET Framework가 제공하는 메서드를 호출하는 과정에서 문제가 생긴 경우 .NET Framework의 기본 예외가 발생한다. 하지만 이보다 더 자세한 정보를 제공해줄 수 있다면 사용자가 오류 증상을 진단하고 수정할 때 도움이 된다. 서로 다른 방식으로 다루는 것이 적절하다고 생각되는 오류라면 그 각각을 분리하여 독립된 예외 클래스로 작성해야 한다. 예외 클래스를 작성할 때에는 상위 클래스가 제공하는 모든 생성자를 반드시 구현해야 한다. 그리고 InnerException 속성을 이용하면 저수준에서 발생한 오류 상황 이외에도 추가적인 정보를 전달할 수 있다.

아이템 48: 강력한 예외 보증을 준수하는 것이 좋다

예외를 발생시킨다는 것은 응용프로그램 입장에서는 상당히 파괴적인 동작을 요청하는 것과 다르지 않다. 응용프로그램의 제어 흐름이 크게 바뀌기 때문에 수행될 것으로 예상한 작업이 제대로 수행되지 않을 수 있다. 더 나쁜 것은 예외를 잡는 코드를 작성할 책임이 온전히 개발자에게 있다는 것이다. 예외를 잡은 이후에 어떤 작업을 수행할 수 있을지를 결정하는 과정은 예외 발생 시점에 응용프로그램이 상태를 얼마나 온전하게 저장하고 있는지와 직접적으로 결부되어 있다. 고맙게도 앞서 C++ 커뮤니티에서 안전한 예외 처리 전략을 충분히 고민해준 덕분에 C# 커뮤니티는 이에 대한 부담을 많이 덜 수 있었다. C++ 커뮤니티는 실제로 이에 대해서 수많은 논의를 해왔는데, 톰 카길Tom Cargill의 '예외 처리: 보안에 대한 잘못된 인식'부터 시작하여 데이브 에이브람스Dave Abrahams, 허브 서터Herb Sutter, 스콧 마이어스Scott Meyers, 맷 오스턴Matt Austern, 그레그 콜빈Greg Colvin 등이 그 내용을 이어 가면서 C# 응용프로그램에서도 적용이 가능한 최상의 사례들을 만들어왔다. 예외 처리와 관련된 내용은 1994년부터 2000년에 이르기까지 거의 6년 동안 집중적으로 논의됐는데, 상당히 어려운 문제임에도 불구하고 지속적으로 논의와 토의가 이어졌다. 이에 C# 커뮤니티는 이들이 앞서 노력한 결과물을 잘 활용하는 것이 좋겠다.

데이브 에이브람스는 예외에 대한 보증을 기본 보증basic guarantee, 강력한 보증strong guarantee, 예외 없음 보증no-throw guarantee 세 가지로 구분하여 정의했다. 허브 서터는 그의 책 『Exceptional C++』(Addison-Wesley, 2000)에서 이 세 가지 예외 보증에 대해서 심도 있게 논의했다. 기본 보증이란 특정 함수 내에서 발생한 예외가 이 함수를 빠져나오더라도 어떤 리소스도 누수되지 않으며, 모든 객체의 상태가 유효한 상태를 유지함을 의미한다. 이는 예외가 발생한 메서드 내에서 finally 구문이 구현되어 있음을 의미하는 것이기도 하다. 강력한 예외 보증은 기본 보증에 더하여 예외 발생 시에도 프로그램의 상태가 변경되지 않음을 추가로 보증하는 것을 의미한다. 예외 없음 보증은 작업이 결코 실패하지 않으며 따라서 예외가 발생하지도 않음을 보증하는 것을 의미한다.

.NET CLR은 기본 보증을 준수한다. 관리 환경은 메모리 전반을 관리하므로 IDisposable을 구현한 리소스를 소유한 상태에서 예외를 유발하는 경우를 제외한다면 리소스가 유출될 가능성이 없다. 이미 **아이템 17: 표준 Dispose 패턴을 구현하라**를 통해 예외가 발생했을 때 리소스 유출을 피할 수 있는 방법에 대해서도 살펴본 바 있다. 하지만 이는 지엽적인 이야기에 지나지 않

으며 객체의 상태를 유효하도록 보장하는 것은 여전히 개발자의 책임이다. 특정 컬렉션에 포함된 요소의 개수를 저장하고 있는 필드를 가진 타입이 있다고 가정해보자. 컬렉션에 임의의 요소를 추가하는 Add() 메서드에서 예외가 발생한 경우 컬렉션의 실제 크기가 타입 내에 저장된 값과 일치할지를 보장하는 것은 상당히 까다롭다. 이처럼 요청한 작업이 온전히 완료되지 못하고 일부만 완료된 경우 응용프로그램의 상태를 손상시키는 경우는 얼마든지 있을 수 있다. 이러한 문제를 자동으로 해결하기 위한 표준화된 코딩 기법이 없기 때문에 이는 처리하기 무척 까다로운 문제이기도 하다. 다행스러운 것은 문제의 상당수가 강력한 보증을 준수함으로써 해결할 수 있다는 점이다.

강력한 보증이란 예외로 인해 요청됐던 작업이 중단되는 경우에도 응용프로그램을 변경 이전의 상태로 유지해야 함을 의미한다. 즉, 작업이 온전히 완료되거나 혹은 응용프로그램의 상태가 그대로 유지되거나 둘 중 하나의 경우만 가능해야 하며, 그 중간은 존재하지 않음을 의미한다. 강력한 보증을 준수하면 예외를 catch한 경우에도 응용프로그램을 이어서 수행하기가 수월하다. 예외가 발생한 경우에도 요청된 작업이 마치 수행되지 않은 것처럼 기존 상태가 유지될 것이기 때문이다. 따라서 프로그램의 상태는 작업 요청 이전과 전혀 달라지지 않는다.

앞서 살펴봤던 다양한 권고 사항은 강력한 예외 보장을 준수하는 데 상당한 도움이 된다. 그리고 프로그램이 사용하는 데이터 요소는 변경 불가능한 값 타입에 저장하는 것이 좋다. LINQ 쿼리를 이용하는 함수형 프로그래밍 스타일을 사용하는 것도 도움된다. LINQ 쿼리를 사용하면 기본적으로 강력한 예외 보증 요건을 준수하게 된다.

때로는 함수형 프로그래밍 스타일을 사용할 수 없는 경우도 있는데, 이 경우 방어적인 프로그램을 위해 기존 데이터에 대한 복사본을 유지하고 예외를 유발할 가능성이 있는 작업을 온전히 완료한 후 값을 교환하는 방법을 사용하면 된다. 데이터를 수정하는 과정을 일반화해보면 다음과 같다.

1. 방어적인 프로그램을 위해 수정할 데이터에 대한 복사본을 마련한다.
2. 복사해둔 데이터를 수정한다. 수정 과정에서 예외가 발생할 수도 있다.
3. 수정된 복사본과 원본 데이터를 교환한다. 이 교환 작업은 예외를 일으켜서는 안 된다.

이러한 지침을 쉽게 구현하려면 변경 불가능한 데이터 구조를 사용하는 것이 좋다.

예를 들어 다음 코드는 직원들의 직함과 급여에 방어적인 복사본을 활용하는 방식을 적용한 예다.

```
public void PhysicalMove(string title, decimal newPay)
{
    // PayrollData라는 구조체가 이미 존재한다고 가정하자.
    // 매개변수가 유효하지 않을 경우 생성자는 예외를 발생시킬 수 있다.
    PayrollData d = new PayrollData(
        title, newPay, this.payrollData.DateOfHire);
    // d가 올바르게 생성되었다면, 이제 교환한다.
    this.payrollData = d;
}
```

때로는 강력한 보증의 요건을 준수하는 것이 너무 비효율적인 경우도 있고, 미묘한 버그로 인해 이를 준수하는 것이 불가능한 경우도 있다. 이러한 예 중 가장 간단한 예는 루프를 이용하는 경우다. 루프 내에서 응용프로그램의 상태를 변경하는데 이 과정에서 예외가 발생할 가능성이 있다면 매우 어려운 선택을 할 수밖에 없다. 루프 내에서 수정하는 모든 객체에 대한 복사본을 구성하거나 기대 수준을 낮춰 기본 예외 보증만을 지원할 수밖에 없다. 견고하면서도 동시에 신속히 동작하는 방법은 없지만, .NET 환경에서는 메모리 관리 작업을 최적화하기 위해서 상당한 노력을 기울인 덕분에 비관리 환경에 비해서 객체를 복사하는 작업이 비교적 빠르게 이뤄지는 편이다. 복사본을 만들지 않으면 일정 수준의 성능을 발휘할 수 있지만, 개인적으로는 크기가 큰 컨테이너 객체를 복사해야 하는 경우에도 가능하면 강력한 예외 보증을 준수하도록 복사본을 이용하는 방식을 선호한다.

하지만 몇몇 경우에는 복사본을 구성하는 것이 전혀 합당하지 않은 경우도 있는데, 예를 들면 예외가 발생했을 때 응용프로그램이 종료돼야 하는 경우다. 사실 이 경우에는 강력한 예외 보증을 준수해야 할 이유가 없다. 이보다 더 와 닿는 예는 참조 타입을 교환해야 하는 코드를 작성하는 경우다. 다음 예를 살펴보자.

```
private List<PayrollData> data;
public IList<PayrollData> MyCollection
{
    get
    {
        return data;
    }
}

public void UpdateData()
```

```
{
    // 실패할 가능성이 있는 신뢰할 수 없는 작업을 수행
    var temp = UnreliableOperation();

    // 이 작업은 UnreliableOperation()이
    // 예외를 일으키지 않는 경우에만 수행된다.
    data = temp;
}
```

앞의 코드는 방어적인 복사 메커니즘을 잘 사용한 것처럼 보인다. 데이터의 복사본을 담을 임시 저장소를 선언하고 새로운 데이터를 가지고 왔다. 마지막으로 임시 저장소와 원본 저장소를 교환한다. 데이터를 가져오는 동안 문제가 생기면 원본 저장소의 내용은 변경되지 않을 것이다.

앞의 코드의 유일한 문제점은 흥미롭게도 우리가 원하는 대로 동작하지 않는다는 것이다. MyCollection 속성은 데이터 객체에 대한 참조를 반환한다. 이 클래스를 사용하는 측에서는 기존의 List<> 객체에 대한 참조를 가지고 있을 수 있으며, 이는 UpdateData() 호출 이후에도 기존 참조를 그대로 유지할 것이다. 결국 갱신된 데이터를 참조하지 못하고 기존 데이터를 그대로 참조하게 된다. 이처럼 작업의 마지막 단계로 임시 저장소와 실제 저장소를 교환하는 방법은 참조 타입에 대해서는 올바르게 동작하지 않으며, 값 타입에 대해서만 제대로 동작한다. 이 문제를 해결하려면 현재 참조 중인 객체 내의 데이터를 수정해야 하며, 이 과정에서 예외가 발생하지 않을 것임을 보증하는 수밖에 없다. 그런데 컬렉션에서 기존 데이터를 제거하고 새로운 데이터로 교체하는 두 가지 작업은 원자적atomic으로 수행될 수 있는 작업이 아니므로 이를 보증하는 것은 어렵다. 기존 데이터를 삭제하고 새로운 데이터를 추가하는 작업이 뭐 그리 위험한 작업이냐고 생각할지도 모르겠다.

```
private List<PayrollData> data;
public IList<PayrollData> MyCollection
{
    get
    {
        return data;
    }
}

public void UpdateData()
{
    // 실패할 가능성이 있는 신뢰할 수 없는 작업을 수행
```

```
    var temp = UnreliableOperation();

    // 이 작업은 UnreliableOperation이
    // 예외를 일으키지 않을 경우에만 수행된다.
    data.Clear();
    foreach (var item in temp)
        data.Add(item);
}
```

앞의 코드는 어느 정도는 타당해 보일지 몰라도 완벽한 해결책이 될 수는 없다. 만약 완벽한 해결책이 필요하다면 이보다 더 많은 작업을 해야 한다. 이를 위해 객체 내부의 데이터 교환 작업을 안전하게 수행할 수 있는 방법인 봉투-편지Envelope-Letter 패턴을 소개한다.

봉투-편지 패턴은 사용자로부터 래퍼(봉투) 안에 구현부(편지)를 감추는 방식을 말한다. 앞의 예제에 이 패턴을 적용하려면 컬렉션과 IList〈PayrollData〉를 사용하는 구현부를 포함하는 래퍼 클래스를 생성해야 한다. 이 클래스는 List〈PayrollData〉를 포함하도록 해야 하며 외부에서 이 클래스를 사용할 수 있도록 메서드를 제공해야 한다.

내부 데이터를 사용하는 부분을 수정하여 Envelope 클래스를 사용하도록 변경한다.

```
private Envelope data;
public IList<PayrollData> MyCollection {
    get
    {
        return data;
    }
}
public void UpdateData()
{
    data.SafeUpdate(UnreliableOperation());
}
```

Envelope 클래스는 IList를 구현해야 하며 Envelope 클래스로의 요청을 내부 List〈PayrollData〉로 전달한다.

```
public class Envelope : IList<PayrollData>
{
    private List<PayrollData> data = new List<PayrollData>();
```

```
    public void SafeUpdate(IEnumerable<PayrollData> sourceList)
    {
        // 복사본 생성
        List<PayrollData> updates =
            new List<PayrollData>(sourceList.ToList());
        // 교환
        data = updates;
    }

    public PayrollData this[int index]
    {
        get
        {
            return data[index];
        }
        set
        {
            data[index] = value;
        }
    }

    public int Count => data.Count;
    public bool IsReadOnly => ((IList<PayrollData>)data).IsReadOnly;
    public void Add(PayrollData item) => data.Add(item);
    public void Clear() => data.Clear();
    public bool Contains(PayrollData item) => data.Contains(item);
    public void CopyTo(PayrollData[] array, int arrayIndex)
        => data.CopyTo(array, arrayIndex);
    public IEnumerator<PayrollData> GetEnumerator() => data.GetEnumerator();
    public int IndexOf(PayrollData item) => data.IndexOf(item);
    public void Insert(int index, PayrollData item)
        => data.Insert(index, item);
    public bool Remove(PayrollData item)
    {
        return ((IList<PayrollData>)data).Remove(item);
    }

    public void RemoveAt(int index)
    {
        ((IList<PayrollData>)data).RemoveAt(index);
    }

    IEnumerator IEnumerable.GetEnumerator() => data.GetEnumerator();
}
```

이래저래 보일러플레이트boilerplate 코드가 많기는 하지만 내용을 이해하기는 어렵지 않을 것이다. 다만 몇 가지 유심히 살펴보아야 하는 부분이 있는데, 먼저 IList 인터페이스에 포함된 멤버들은 이미 List〈T〉 클래스에 구현되어 있다는 점이다. 이를 활용하기 위해서 메서드 내부에 캐스팅 연산이 많이 사용됐다.

또한 PayrollData 타입이 값 타입임을 전제로 코드를 작성했다. 만일 PayrollData가 참조 타입이었다면 코드를 좀 더 간단히 작성할 수 있는데 둘 간의 차이를 드러내기 위해서 값 타입으로 전제했다. 타입 검사 또한 PayrollData가 값 타입임을 전제하고 있다.

이 코드의 핵심은 사실 SafeUpdate 메서드를 어떻게 작성하느냐 하는 것이다. 본질적으로 이 메서드는 앞서 작성한 코드와 다를 바가 없다. 하지만 이 코드는 매우 안전하게 동작하도록 작성됐기 때문에 멀티스레드 운영 환경에서도 올바르게 동작할 뿐 아니라 교환 작업은 중도에 중단되지 않는다.

일반적으로 변경 이전의 객체에 대한 참조를 사용 측에서 이미 저장하고 있는 경우 참조 타입의 교환 문제를 해결할 도리가 없다. 교환 작업은 값 타입에 대해서만 동작하기 때문이다. 하지만 이 정도만으로도 당면한 문제를 해결하는 데는 부족함이 없다.

마지막으로 알아볼 것은 가장 엄격한 보증 방식인 예외 없음 보증에 대한 것이다. 예외 없음 보증 방식은 특정 메서드가 예외를 전혀 발생시키지 않으며, 항상 완벽하게 수행될 뿐 아니라, 예외가 이 메서드 밖으로 전파되지 않을 것임을 보장하는 것이다. 하지만 대규모 응용프로그램 전체에 대해 이러한 보증 방식을 적용하는 것은 실용적이지 못하므로 일부 루틴이나 메서드에만 적용하는 것이 현실적이다. finalizer와 Dispose() 메서드는 절대로 예외를 발생시켜서는 안 된다. 이런 메서드가 예외를 일으키면 더 큰 문제가 벌어지게 된다. finalizer가 예외를 일으키면 리소스를 온전히 정리하지 못한 채 프로그램이 종료된다. 메서드 내의 전체 코드를 try/catch 블록으로 감싸서 내부에서 발생하는 예외를 무시하는 방법으로 예외 없음 보증 방식을 준수할 수 있다. finalizer나 Dispose()와 같이 메서드의 역할이 극히 제한된 메서드의 경우 반드시 예외 없음 보증을 준수해야 한다. 따라서 방어적인 코딩 방식이 반드시 필요하다.

Dispose() 메서드 내에서 예외를 발생시키게 되면 두 가지 문제를 일으킨다. 먼저 .NET 환경은 기존 예외를 무시하고 새로운 예외를 발생시킨다. 이로 인해 실제 예외가 어디서 발생했는지에 대한 정보를 완전히 잃어버리게 된다. 앞서 발생한 예외를 시스템이 삼켜버리는 것이다. 이로 인해 오류 처리 과정이 매우 복잡해질 수밖에 없다. 보이지 않는 예외로부터 시스템을 복구하기란 거의 불가능에 가깝다.

예외 필터의 when 절 내에서도 예외를 발생시켜서는 안 된다. 이 경우에도 기존 예외는 사라지고 새로운 예외가 생성되기 때문이다.

예외 없음 보증을 준수해야 하는 마지막 위치는 델리게이트의 대상이 되는 메서드 안이다. 멀티캐스트 델리게이트의 경우 대상이 되는 메서드 중 하나가 예외를 일으키면 다른 대상 메서드가 호출되지 않는 문제가 있다. 이 문제를 해결하기 위한 방법은 델리게이트의 대상이 되는 메서드 내에서 예외를 발생시키는 않는 방법밖에 없다. 정리하면 델리게이트의 대상이 되는 메서드(이벤트 핸들러를 포함하여)는 절대로 예외를 발생시켜서는 안 된다. 이는 결국 이벤트를 발생시키는 코드는 강력한 예외 보증을 준수하도록 코드를 작성할 수 없다는 것을 의미하기도 한다. 앞서 **아이템 7: 델리게이트를 이용하여 콜백을 표현하라**에서 예외가 발생했을 때 이를 극복하기 위한 델리게이트 호출 방법에 대해서 이미 살펴봤으므로 이 방법을 사용하면 된다. 하지만 모든 개발자들이 이처럼 코드를 작성하지는 않을 것이기 때문에 델리게이트의 타깃 메서드 내에서는 가능한 한 예외를 발생시키지 않아야 한다.

예외가 발생하면 응용프로그램의 제어 흐름이 완전히 뒤바뀌게 된다. 최악의 경우 무슨 일이 발생했는지도 알기 어렵고, 무엇이 제대로 수행되지 않았는지도 알기 어렵다. 예외가 발생했을 때 응용프로그램의 상태가 변경되지 않도록 강력한 예외 보증을 준수하는 것이 좋다. 즉, 작업이 온전히 완료되지 않으면 응용프로그램의 상태가 변경되지 않도록 코드를 작성하는 것이다. finalizer, Dispose(), when 절, 그리고 델리게이트의 타깃이 되는 메서드는 매우 특별한 경우이므로 어떠한 상황에서도 절대로 예외를 발생시켜서는 안 된다. 마지막으로 참조 타입의 값을 교환해야 하는 상황에서는 더욱 신중하게 코드를 작성해야 한다. 이로 인해 발견하기 어려운 버그가 발생할 수 있기 때문이다.

아이템 49: catch 후 예외를 다시 발생시키는 것보다 예외 필터가 낫다

표준 catch 절은 예외의 타입에 따라 그에 부합하는 예외만을 잡으며 다른 타입의 예외에 대해서는 신경 쓰지 않는다. 응용프로그램의 상태나 객체의 상태 혹은 예외 객체가 가진 각종 속성

등을 다루는 코드는 반드시 해당 catch 문 안에 작성해야 했다. 이러한 한계 때문에 우선 예외를 잡은 후 분석 과정을 수행한 다음, 그 내용을 기반으로 예외를 다시 발생시키는 코드를 작성하곤 했다.

하지만 이러한 코딩 방식은 분석을 상당히 어렵게 만들 뿐 아니라 추가적인 런타임 비용이 발생한다. 어떤 경우 예외를 잡고 처리할 것인지를 결정하는 방법으로 예외 필터를 사용하면 사후 분석을 더 효과적으로 수행할 수 있고 런타임 비용 또한 최소화할 수 있다. 따라서 catch 문 내에서 조건문을 이용하여 분기하기보다는 예외 필터를 이용하여 개발하는 방식을 사용하는 것이 좋다.

위에서 논의한 두 가지 경우에 대해 컴파일러가 생성한 코드가 어떻게 다른지를 살펴보면 예외 필터가 훨씬 낫다는 것을 명확하게 이해할 수 있다. 예외 필터는 catch 문 이후에 when 키워드를 이용하여 구성하게 되는데 catch 문에 지정한 예외 타입에 대해서만 필터가 수행된다.

```
var retryCount = 0;
var dataString = default(String);

while (dataString == null)
{
    try
    {
        dataString = MakeWebRequest();
    }
    catch (TimeoutException e) when (retryCount++ < 3)
    {
        WriteLine("Operation timed out. Trying again");
        // 재시도 이전에 잠깐 멈춘다.
        Task.Delay(1000 * retryCount);
    }
}
```

컴파일러는 스택 되감기stack unwinding를 수행하기 이전에 예외 필터를 수행하도록 코드를 생성한다. when 절에서는 예외에 대한 위치를 알고 있기 때문에 호출 스택이나 지역변수 등에 대한 모든 정보에 접근할 수 있다. 만약 예외 필터가 false를 반환하면 런타임은 콜 스택을 따라 올라가면서 앞서 발생한 예외의 타입에 부합하는 catch 문을 계속 찾아나간다. 이 과정에서 응용 프로그램의 상태는 변경되지 않으며 그대로 유지된다.

이러한 과정은 우선 예외를 catch하고 처리할 수 있는 예외인지를 판별한 후, 그렇지 않은 경우 예외를 다시 발생시키는 기존 방식과는 상당히 다르다.

```
var retryCount = 0;
var dataString = default(String);

while (dataString == null)
{
    try
    {
        dataString = MakeWebRequest();
    }
    catch (TimeoutException e)
    {
        if (retryCount++ < 3)
        {
            WriteLine("Timed out. Trying again");
            // 재시도 이전에 잠깐 멈춘다.
            Task.Delay(1000 * retryCount);
        }
        else
            throw;
    }
}
```

위와 같이 코드를 바꿔 쓰면 런타임은 예외를 처리할 수 있는 catch 문을 찾은 후 즉각 스택 되감기를 수행한다. 따라서 예외를 일으킨 메서드 내에서 선언된 지역변수의 대부분은 도달 불가능 객체가 된다(지역변수가 클로저에 의해서 캡처된 경우에는 여전히 접근 가능하다). 이로 인해 분석을 위한 주요 정보들에 접근할 수 없을 수 있으며 상태 정보의 일부는 소실된다.

catch 문 내에서는 오류가 복구 가능할지를 판단하고 있는데 복구가 불가능하다고 판단되면 앞서 발생한 예외를 다시 발생시킨다. 이를 위해 빈 throw 문을 사용했다. 명시적으로 새로운 예외 객체를 생성한 후 이 예외를 발생시키면 예외 발생 위치가 바뀌므로 그렇게 해서는 안 된다.

이 두 가지 다른 방식은 분석과 디버깅을 수행할 때 매우 다른 양상을 나타낸다. 두 번째 예의 경우 지역변수의 값을 모두 잃을 뿐 아니라 예외가 발생했을 때의 수행 과정에 대한 정보도 모두 소실된다. 하지만 예외 필터를 사용하면 예외 발생의 원인을 진단하는 데 도움이 될 만한 프로그램 상태 정보가 모든 살아있으므로 이에 접근할 수 있다. 스택 되감기로 인해 정보가 소실되는 것이다. 아래의 TreeOfErrors()와 TreeOfErrorsTwo()를 살펴보면 예외 필터를 사용하는 경우와 그렇지 않은 경우 각각에 대해서 호출 스택상의 예외 발생 위치가 다르게 나타남을 확인할 수 있다.

```
static void TreeOfErrors()
{
    try
    {
        SingleBadThing();
    }
    catch (RecoverableException e)
    {
        throw; // 이 위치가 호출 스택에 나타난다.
    }
}

static void TreeOfErrorsTwo()
{
    try
    {
        SingleBadThing(); // 이 위치가 호출 스택에 나타난다.
    }
    catch (RecoverableException e) when (false)
    {
        WriteLine("Can't happen");
    }
}
```

throw 문을 사용하면 호출 스택상에 빈 throw를 호출한 위치가 나타나게 된다. 따라서 catch 문 내에서 throw를 호출하면 예외를 일으킨 메서드의 위치가 호출 스택에 나타나는 것이 아니라 catch 문 내의 throw 호출 위치가 나타나게 되며 try 블록 내에 포함된 오류 발생 메서드에 대한 함수 호출 정보는 모두 소실된다. 하지만 예외 필터를 사용하면 예외를 발생시켰던 메서드의 호출 정보를 호출 스택에 온전히 보전할 수 있다. 앞의 예의 경우 매우 간단한 코드이므로 어느 경우나 예외 발생 위치를 쉽게 판별할 수 있겠으나 코드가 길어지면 길어질수록 첫 번째 예를 이용하는 경우에는 예외 발생 위치를 찾아내는 것이 점점 더 어려워질 수밖에 없다.

예외 필터를 사용하는 편이 응용프로그램의 성능에도 긍정적이다. .NET CLR은 코드상에 try/

catch 문이 있더라도 catch 문 내부로 진입할 가능성이 없는 경우 최적화를 수행하여 성능을 개선한다. 스택 되감기 작업이나 catch 문으로의 진입 과정은 수행 성능에 상당한 영향을 미친다. 예외 필터를 사용하면 스택 되감기와 catch 문으로의 진입 자체가 제한적으로 이뤄지기 때문에 성능이 개선되는 것이다. 최소한 성능이 더 나빠지지는 않는다.

기존 코드 중 예외 필터를 적용하면 즉각적으로 개선 효과를 볼 수 있는 예가 꽤 있다. 몇몇 사례를 살펴보면 예외의 특정 속성값을 통해 예외 처리가 필요한지의 여부를 결정하는 경우가 있다. 가장 일반적인 사례 중 하나는 테스크task 기반의 비동기 프로그램을 작성할 때다. 어떤 테스크가 1개 이상의 자식 테스크를 가지는 경우, 각각의 자식 테스크가 예외를 일으켜 여러 개의 예외가 동시에 발생하는 경우가 있다. 이런 경우를 일관되게 처리하기 위해서 Task 클래스 내의 Exception 속성은 AggregateException 타입으로 선언된다. 이 속성의 InnerExceptions 속성을 살펴보면 자식 테스크들이 유발한 예외 전체에 대한 내용을 살펴볼 수 있으며 이를 통해 예외 처리가 필요할지를 사전에 확인할 수 있다.

또 다른 예의 하나로 COMException 클래스를 들 수 있다. 이 클래스는 HResult 속성을 가지고 있는데, COM 객체 호출에 의해 반환되는 HRESULT을 담고 있으며 이 값을 통해 예외 처리를 할 것인지의 여부를 결정할 수 있다. 예외 필터를 사용하면 catch 문 내로 진입하기 이전에 이 값을 조회할 수 있으며 이를 통해 예외 처리를 수행할지의 여부를 결정할 수 있다.

마지막 예는 HTTPException 클래스의 경우다. 이 클래스는 HTTP의 응답 코드를 얻어오는 GetHttpCode()를 가진다. 일부 HTTP 응답 코드(301 redirect 등)는 예외를 극복할 수 있는 방법이 있지만, 404 not found와 같은 응답 코드는 대응 방안이 없을 수도 있다. 마찬가지로 예외 필터를 사용하면 예외 처리가 필요한지를 사전에 결정할 수 있다.

예외 필터를 추가하면 예외 처리가 반드시 필요한 경우에 한해서만 catch 문을 수행하도록 코드를 구조화할 수 있으며, 오류에 대한 세부 정보를 잃지 않고 그대로 지킬 수 있다. 예외의 타입 정보 외에 추가적인 정보를 살펴보고 예외 처리 여부를 결정해야 한다면, 예외 필터를 추가하여 catch 문 내로 진입하기 이전에 예외 처리를 수행할지를 사전에 결정할 수 있다.

아이템 50: 예외 필터의 다른 활용 예를 살펴보라

예외 필터를 작성할 때 항상 false를 반환하도록 작성하는 것이 이상하게 보일런지 모르지만 이렇게 코드를 작성하는 것이 유용한 예가 있다. **아이템 49: catch 후 예외를 다시 발생시키는 것보다 예외 필터가 낫다**에서 살펴본 바와 같이 예외 필터는 스택 되감기를 수행하기 이전에 호출 스택을 따라가는 작업 과정에서 수행됨을 염두에 두고 아래 내용을 살펴보기 바란다.

아주 전형적인 예를 우선 살펴보기로 하자. 운용 환경에서 수행되는 응용프로그램은 통상 처리되지 않은 예외를 각 머신에 개별적으로 저장하기도 하고 혹은 한 장소에 모두 취합하기도 한다. 제대로 작성된 응용프로그램이라면 정상적으로 작업이 이뤄지지 않은 경우를 저장해두기 마련이다. 다음의 예를 살펴보자.

```
public static bool ConsoleLogException(Exception e)
{
    var oldColor = Console.ForegroundColor;
    Console.ForegroundColor = ConsoleColor.Red;
    WriteLine("Error: {0}", e);
    Console.ForegroundColor = oldColor;

    return false;
}
```

이 메서드는 모든 예외의 내용을 콘솔에 출력한다. 이 메서드는 로그 정보를 생성하려는 경우라면 어디서든 사용할 수 있을 것이다. 이제 이 메서드를 사용하기 위해서 try/catch 문에 예외 필터를 사용해보자.

```
try
{
    data = MakeWebRequest();
}
catch (Exception e) when (ConsoleLogException(e))
{
}
catch (TimeoutException e) when (failures++ < 10)
{
    WriteLine("Timeout error: trying again");
}
```

이 코드를 살펴보면 매우 유용한 패턴을 몇 가지 발견할 수 있다. 첫 번째 catch 문의 예외 필터는 항상 false만을 반환한다. 따라서 더 이상 예외가 전파되지 않는다. catch 문은 Exception 예외 타입으로 catch를 수행하기 때문에 모든 예외를 catch하게 된다. 따라서 어떤 타입의 예외가 발생하더라도 로깅을 수행하게 된다. 첫 번째 catch 문은 Exception 타입을 catch하는데, 일반적으로 Exception 타입을 catch하는 예외 처리기를 가장 앞쪽에 배치하는 경우는 없다. 하지만 이 경우 어떤 경우에도 예외 처리문 안으로 진입하지 않을 것이기 때문에(예외 필터가 항상 false를 반환하므로) 가장 앞에 위치해도 무방하며, 런타임은 계속해서 이하의 catch 문을 실제 발생한 예외 타입에 적용할 수 있을지 살펴볼 것이다. 이러한 패턴은 모든 예외에 대해 공통적인 작업을 수행해야 하는 경우 활용할 수 있다.

위와 같은 패턴을 적용하면 catch 문을 덧붙이더라도 수행 성능에 영향을 미치지 않는다. 또한 try/catch 문을 사용하는 곳이라면 제한 없이 이 패턴을 적용할 수 있다. 단순히 catch (Exception e) when log(e) {}를 기존 catch 문의 가장 앞쪽에 삽입하기만 하면 된다.

앞의 코드는 모든 예외에 대해 로그를 남기는 예이지만 제한된 일부 타입의 예외에 대해서만 로그를 남기고 싶을 수도 있다. 이 경우 로깅을 위한 예외 필터는 항상 false를 반환하도록 유지하고 catch하는 예외 타입을 변경하기만 하면 된다.

또 다른 방식으로 로그를 남기는 catch 절을 가장 마지막으로 옮길 수도 있다. 이렇게 하면 앞쪽에 배치된 catch 문에 의해서 처리되지 않은 예외에 대해서만 로그를 남기게 된다.

```
try
{
    data = MakeWebRequest();
}
catch (TimeoutException e) when (failures++ < 10)
{
    WriteLine("Timeout error: trying again");
}
catch (Exception e) when (ConsoleLogException(e))
{
}
```

이 메서드의 또 다른 이점은 제어 흐름을 수정하지 않고도 라이브러리나 패키지에 대해서도 동일한 방식을 적용할 수 있다는 것이다. 일반적으로 응용프로그램 수준의 로그를 남기기 위해서 최상의 메서드에만 로깅 기능을 작성하는 경우가 있다. 이 경우 런타임에 처리되지 않은 예외만을 로그로 남기게 된다. 이와는 달리 응용프로그램 내에서 예외가 발생하는 모든 지점에서 로그를 남기도록 코드를 작성하는 경우도 있다. 이 경우 개발자가 직접 작성한 코드 내에서 예외가 발생하는 경우에 대해서는 로그를 빠짐없이 남길 수 있지만 그 이하의 코드에서 발생하는 예외에 대해서는 로그를 남길 수가 없다. 두 가지 어떤 전략을 취하더라도 라이브러리나 패키지에 대한 정보를 로그로 남기는 것은 쉽지 않은데, 이를 위해 예외를 catch 후 '다시 던지는 rethrow' 방식을 사용하면 **아이템 49: catch 후 예외를 다시 발생시키는 것보다 예외 필터가 낫다**에서 알아본 바와 같이 디버깅이 상당히 까다로워진다. 라이브러리 개발자라면 이러한 패턴을 모든 공개 API에 대해서 적용할 수 있다. 이 경우 로그를 남기기 위해 호출 스택을 어쩔 수 없이 손상해야 하는 경우를 미연에 방지할 수 있다.

당연한 이야기지만 로그를 남기는 것이 예외 필터의 유일한 활용 예는 아니다. 또 다른 유용한 예 중 하나로 디버깅을 수행할 때는 catch 문 내의 예외 처리 루틴을 수행하지 않도록 할 수 있다.

```
try
{
    data = MakeWebRequest();
}
catch (Exception e) when (ConsoleLogException(e))
{ }
catch (TimeoutException e) when ((failures++ < 10) &&
    (!System.Diagnostics.Debugger.IsAttached))
{
    WriteLine("Timeout error: trying again");
}
```

이 예제의 예외 필터를 살펴보면 디버거가 붙어 있는지를 확인하여 디버깅 시에는 예외 처리기가 수행되지 않도록 하고, 그 외에는 예외 필터를 통과하여 예외 처리기가 수행되도록 해준다.

위의 예는 디버그 빌드 혹은 릴리즈 빌드와 같은 빌드 설정에 영향을 받는 것이 아니다. Debugger.IsAttached 속성은 디버거가 해당 프로세스에 붙어 있는 경우에만 true를 반환하므로 어떤 환경하에서 프로세스가 수행 중인지에 따라 예외 필터의 결과가 달라지게 된다. 이처럼 코드를 작성했을 때 얻을 수 있는 이점은 디버거가 붙어 있는 상태에서는 어떤 예외 처리기도 수행되지 않는다는 것이다. 이 같은 패턴을 코드 전반에 걸쳐 적용하면 디버깅 시에는 예외 처리기가 수행되지 않기 때문에 예외가 발생했다는 사실을 디버거가 즉각적으로 감지할 수 있게 된다. 또한 디버거가 붙어 있지 않은 환경에서는 응용프로그램에 어떤 영향도 미치지 않기 때문에 디버깅을 통해 코드가 유발하는 오류의 원인을 규명하고자 할 때 상당히 유용하다.

예외 필터를 잘 활용하면 예외가 발생했을 때 어떤 일이 벌어지고 있는지를 자세히 살펴볼 수 있다. 규모가 큰 코드를 작성할 때 이번 아이템에서 살펴본 예와 같이 예외 필터를 활용하면 문제의 원인을 찾는 데 큰 도움이 될 것이다. 어느 부분에서 문제가 발생 했는지를 확인할 수만 있다면 디버깅은 훨씬 수월해진다.

INDEX

INDEX

ㄹ

ㅁ

INDEX